「コト八日」の祭祀論的研究

曺圭憲

지식과교양

目次

序章
研究対象および本書の構成

(1)コト八日とは

「コト八日」は、2月8日と12月8日の両日に行われる年中行事を示す民俗学の学問用語といえる。この「コト八日」は、現在、民俗学において、イエの行事として行われる、魔よけの「目籠」のイメージをともなって連想されることが多い。しかし、以下の日本民俗大辞典をみれば、じつに複雑な形態をもってあらわれる儀礼であることがわかる。まずは、本稿の研究対象やその背景を示す意味でも、その全文を紹介しておきたい。

ことようか 事八日

二月八日と一二月八日の行事。中部地方以東では両日にほぼ同様の行事が行われるが、西日本では一二月八日に集中している。事八日の行事を両日とも行う地域では、二月八日をコトハジメ(事始め)、一二月八日をコトオサメ(事納め)と呼ぶ所が多いが、東京など関東の一部で逆に呼ぶ例がある。コトを一年の行事と解釈するか、正月を中心とした祭祀期間と考えるか二つの解釈があり、いずれの呼び方が妥当か定め難いが、二月八日と一二月八日は対応するのが本来の形であったと考えられ、この両日が物忌を要する特別な日として強く意識されていたことは確かである。事八日には各地で各種の神や妖怪の来訪が伝えられており、厄病神の到来を恐れる伝承は東日本の広い範囲にみられる。栃木県では二月と一二月の八日にダイマナコ(大眼)という一ツ目の厄病神が、東京周辺では一目小僧、神奈川県ではミカリ婆さんという妖怪が来るとされている。これらの妖怪を防ぐために、目籠を高く掲げる、ヒイラギを戸口に刺す、グミの木を囲炉裏で燃やすなどなどの魔除けを施

す。また、山入りや遠出を慎む、静かに過ごして早く寝る、履物を外に出さないなどの禁忌を伴う例も多い。厄神送りの習俗もみられる。愛知県北設楽群では二月・六月・一二月八日にヨウカオクリといってコトの神の藁人形を村境まで送る。事八日に去来する神を福神や農神とする例もある。宮城県には一二月八日に出雲に出かけた厄神様が二月八日に種子を買って帰ってくるという伝承がある。茨城県では笹神様あるいは大黒様が二月八日に稼ぎに出て一二月八日に帰って来るという。ここでは家々で掲げる籠は魔除けではなく宝を受ける容器と考えられている。また、長野県・群馬県などでは二月八日の行事が道祖神祭となっている例がみられ、関東周辺には事八日に訪れる厄病神の帳面を道祖神が燃やして災難を逃れるという伝承がある。事八日に針供養をする習俗は全国的に分布しており、折れ針を豆腐に刺すなどして針仕事を休み、淡島神社にお詣りをする。北陸地方では一二月八日に針千本という魚が浜に上がるという伝承がある。一二月八日は八日吹きで天候が荒れるとするところが西日本各地にあるが、これも事八日に神の出現があることを示すものといえよう。西日本では二月八日の行事が少ないが、愛媛県では二月八日をイノチゴイ(命乞い)と称し、イモや魚の混ぜ飯を藁包に入れ、カヤの箸を添えて屋根に上げる。これを鳥がくわえていくと幸いであるという。同様の行事は西日本各地でみられるが、多くは二月・三月の春事として行われており、二月八日の行事との習合が考えられる。このほか、山梨県では二月八日をオヤイワイ、一二月八日をコイワイと称して家族が共食する日とする。二月八日の行事には、茨城県のエリカケモチや静岡県のヨウカモチなどのように、子どもの無事成長を祈る日とするものもある。一二月八日の行事では、東北地方でヤ

クシバライなどと称し年間の医薬代や借金の決済日とするものや、岡山県・広島県・愛媛県の嘘つき祝いのように一年中の嘘の罪滅ぼしをする日という例がある。事八日の習俗は多様かつ複雑な様相を呈しており、その位置づけについては、コトの神の性格や、団子や目籠などの行事物や標示物など、さらに多方面からの詳細な検討が必要であろう（福田アジオ編1999〜2000前掲書:636〜637）。

(2)研究対象

　以上みてきたように、「コト八日」とは期日や行事内容から、東日本と西日本の地域差が著しいといえる。その期日に注目すれば、大枠として、東日本では2月8日と12月8日にほぼ同様の儀礼が行なわれる場合が多いが、一方、西日本では儀礼の期日は12月8日に集中している。

　本稿は、東日本において、神や霊的存在にかかわるイエとムラの「コト八日」を研究対象として取り上げたいと考えている。

　上記にあるように、イエの「コト八日」は、災をもたらすとされる鬼、厄病神、一つ目小僧などの到来を恐れ、目籠を庭などに高く掲げたり、団子、ニンニク、ヒイラギなどを戸口に刺しておくことなど、屋外になんらかの掲示物を出しておく慣行がある。いわゆる、負の霊的存在に対しての行事である。一方、こうした負の霊的存在より分布的には明らかに少ないものの、コトの神、田の神、山の神、恵比寿、大黒などが訪れるとされる伝承を持った地域もある。上記の辞典からは、こうした神に対して具体的にどのような行事が行われているかが定めがたいが、「コト八日」という民俗事象になんらかの神が訪れるのも事実として存在している。

また、ムラの行事としても「コト八日」は行われている。主に中部地域に分布しているが、行事内容としては主に以下の2通りがある。藁人形をムラ境などに立てる人形道祖神の祭祀と風邪の神送りなどと呼ばれる(神送り・八日送り)ものが典型的な事例として知られている。したがって、ムラの「コト八日」には、同じく災厄や負の霊的存在に対して行事が行われる面から、イエの掲示物慣行との類似的性格を認めることができよう。

(3)用語の説明

　さて、筆者は、こうしたイエとムラの「コト八日」から神や負の霊的存在を分析対象とし、「コト八日」を再解釈する必要があると考えている。なぜなら、次章から具体的にみていくが、「コト八日」の研究史には、これらの性格が曖昧にされたまま、「コト八日」の祭祀的(儀礼的)な位置づけが通説に至る問題があると思われるからである。

　そこで、本稿では分析のための暫定的な用語として、図0－1のように「神」と「妖怪」というカテゴリを設けた。とりわけ、「妖怪」においては、ここで2つほど指摘しておく点がある。①一つ目小僧、ミカワリバアサンなどは明らかに擬人化かつ人格化されている。②厄病神・風邪の神などは、ここでは分析のため、「妖怪」のカテゴリに含ませたが、これらは神の名を有する負の霊的存在であること。繰り返しになるが、この分類はあくまで分析のため設定したものであることをことわっておく。

図0−1 本稿における「神」と「妖怪」（分析のための暫定的な用語）

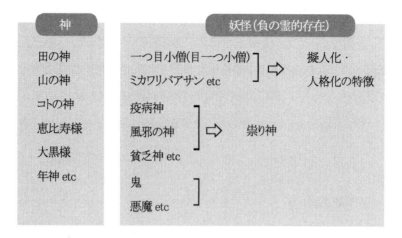

(4)本書の構成

　第1章では、従来の「コト八日」研究史のから、「神」と「妖怪」の一元的理解を作り出す原因および背景を明らかにすることを目的とする。とりわけ、以下の3つの問題に注目する。

　①田の神・山の神去来信仰による稲作一元論の問題
　②「神」と「妖怪」の一元的理解をもたらした祖霊一元論の問題
　③柳田民俗学と折口学の学説が検証されることなく通説に至る問題

　第2章では、研究史の問題点として指摘した稲作一元論・祖霊一元論の影響を踏まえ、「神」と「妖怪」の明確な分離を行い、「神」を儀礼論的分析の対象とする。とりわけ、「神」を分析することの意義は次のようになる。

①「コト八日」は、稲作農耕のため田の神と山の神が去来する日という、日本民俗学の通説の前提。いいかえれば、「コト八日」が2月8日と12月8日の1セットに捉えられてきたことの再検討。

②「年神」の位置づけによるコトハジメ・コトハジメ論再考。

③「神」と「妖怪」を同質化させた「田の神」＝「山の神」論理の検証。

　第3章では、ムラの「コト八日」として現地調査による長野県松本市の7集落の事例を取り上げる。具体的に7集落の「コト八日」から設定できた2類型、「祀り吊し・巻き」「祀り捨て・燃やし」の祭祀論的かつ儀礼論的分析に焦点をあてる。災厄や祟りのため行われるムラ「コト八日」は、イエ「コト八日」とのかかわりにおいても次のような重要性を有する。

①「コト八日」における8日の問題を解き明かす糸口を提供。

②「祟り神」と来訪神の神格の相違。

③山の神・一つ目小僧・来訪神の関連性をより鮮明にさせてくれる可能性。

　第4章では、ムラ「コト八日」の分析によって明らかになった来訪神信仰や祟り神信仰を基盤とし、再び、イエの「コト八日」にもどり、「妖怪」を分析対象とする。祖霊一元論によって「山の神」に吸収されていた一つ目小僧・厄病神・鬼などを本来の場に取り戻すことを目的とする。具体的には次の4点が再考のポイントになる。

①来訪神と依代の祭祀構造

②祟り神と直会の祭祀構造

③山の神の両義性と来訪神の擬人化・人格化問題

④災厄や祟りと8日祭日の関連性

　終章においては、各章の考察を総括し、「コト八日」の「神」と「妖怪」の明確な位置づけにより、通説における神去来思想による稲作一元論・祖霊一元論を超えて、「コト八日」の祭祀的意味を再解釈する。

第1章

「コト八日」研究史－柳田民俗学の
祖霊信仰学説が残した課題

第1節　神去来思想による稲作一元論・祖霊一元論の肥大化

(1)2つの通説—「神」と「妖怪」の一元的理解への疑問から—

　本章の目的は、これまで論じ尽くされた感のある「コト八日」研究を、ここであえて取り上げる理由、とりわけ通説の再検討が必要な理由を明確にするところにある。

　まずは、研究史全体に対する筆者の基本的な問題意識を述べておきたい。

　おもに、1970年代までの民俗学研究においては「コト八日」を、「田の神・山の神去来による稲作農耕儀礼」とするのが通説であった。これは主に、柳田民俗学の系統をひく研究者たちの説である。彼らは、「コト八日」に来訪するさまざまな「妖怪」(一つ目小僧・厄病神・鬼など)と「神」(山の神・田の神・恵比寿・大黒など)が、本来は去来する田の神・山の神(田の神・山の神去来信仰)であるとの理解に基づき、この儀礼の祖形を「稲作農耕儀礼」と位置付けた[注1]。

　一方、現在、「コト八日」は、民俗学の通説としても、また社会的通念としても、「魔除け行事」と認識されている。この「魔除け行事」説は、「コト八日」の象徴的な掲示物である目籠の呪術的性格から語られることが多く、したがって、「妖怪」と目籠との関係から成り立ったと言えるだろう。

　この2つの通説は、基本的には「神」と「妖怪」の解明から位置づけられたものである。しかし、「神」と「妖怪」を同質に捉えることによる「稲作農耕

儀礼」説や、「妖怪」のみを取り上げた「魔除け」説では、「神」と「妖怪」の性格が一元的に理解されており、したがって儀礼の性格もそれぞれ一元的となる。

　「神」と「妖怪」の解明から儀礼の性格を位置づけようとする視点そのものには、筆者も同感するところである。しかし、この「神」と「妖怪」の捉え方に大きな疑問を感じる。たとえば、「田の神・山の神去来信仰による稲作農耕儀礼」説は、「妖怪」の存在を、儀礼論的分析を行わずいとも簡単に、去来する山の神のカテゴリの中に吸収させているのではないだろうか。逆に、「魔除け行事」説は、「妖怪」のみに偏った理解であり、「コト八日」という民俗事象のなかに事実として存在する「神」に対しては、まったくあるいはほとんど注意を払っていないと思える。さらに、両説に対して共通していえることだが、「妖怪」にも、一つ目小僧・疫病神・鬼などある。これらもまたすべて同質のものとして理解してよいのかどうか大きな疑問が残る。このように、筆者の問題意識は、従来の研究における「コト八日」の「神」と「妖怪」の解明に向けられている。

　以上のことから、これから「コト八日」の研究史の検討を行うにあたって、次の2点を明らかにしたいと考えている。第1に、「コト八日」研究史の問題を集約的に表すと思われる、「神」と「妖怪」の一元的理解を作り出す原因および背景を明らかにすることである。第2に、「コト八日」の象徴的掲示物である目籠の問題に重点をおき、研究史上の問題をさらに具体的に指摘する。また、ここでは重要と思われる分析視点を導き出すことである。

(2)山民否定的思考の発見－2つの山の神の一体化

　「コト八日」をはじめて真正面から取りあげたのは、卑見によれば、山口貞夫による1936年初出の「十二月八日と二月八日」（『旅と伝説』9巻12号・10巻2号、1936年12月～1937年2月）［のち『地理と民俗』(1944、生活社)所収］である。「田の神・山の神去来による稲作農耕儀礼」説も、また、「神」と「妖怪」の一元的理解の起点を作ったのも、この論文であった。この説の骨子は、「2月8日及び12月8日は、元々山の神の去来する日」であり、「山の神が一つ目小僧に零落することによって、依代の目籠も魔除け用になり、さらにそこに、臭気をかがせて邪霊を祓う行事までが付け加えるようになった」というものである。そこで山口は、「山の神が一目一足だという伝承」に注目し、「一つ目小僧をもともとは山の神」として位置づけた柳田の『一つ目小僧その他』(柳田1997(初出1934))を引用している[注2]。また、ムラの「神送り」（風邪の神送りなど）については、柳田国男の「神送りと人形」(柳田1990(初出1934))を引用しつつ、同じく神去来の思想に重点をおき、「本来は、田の神(12月8日)、山の神(2月8日)を送ることに始まった」と解釈している(大島(編)1989:27－30)。このように、山口は、「田の神・山の神去来信仰」説を基本とし、それに「山の神の零落」説をリンクさせるかたちで、「コト八日」の「神」と「妖怪」を一元的に捉える起点を創り出したのである。

　この山口説が儀礼論的分析からではなく、柳田説の援用によるものであることはいうまでもないだろう。しかし、援用の仕方にも大きな問題があったといわなければならない。なぜなら、「山の神零落」説のため引用された『一つ目小僧その他』は、柳田民俗学の妖怪論の代表的な著書であ

り、そこでの山の神は初期の柳田民俗学が強い関心をよせていた山人論と連続していたからである^(注3)。つまり、そもそも柳田民俗学においても、一つ目小僧は山民に仮託された山の神であって、稲作民の山の神として想定された去来する山の神ではなかった。すなわち、山口の議論には、異なる性格をもつ2通りの山の神が一体化されていたのである。こうした欠点は、2月8日と12月8日の「コト八日」を、あくまで「田の神・山の神去来信仰」の前提にたって議論を展開しようしたところにあったように思われる。

　繰り返しになるが、「農耕儀礼」としての「コト八日」の位置づけは、はじめから山民の山の神が去来する山の神にすり替えられて立論されるようになったといえよう。きわめて一元的発想であり、このことこそが、「コト八日」研究に潜んでいる山民否定的思考といえるのではないだろうか。

(3)「田の神・山の神去来による稲作農耕儀礼」説の成立過程

　次に、日本民俗学において、「コト八日＝田の神・山の神去来による稲作農耕儀礼」が定説化されていった過程を検討してみよう。

　山口説を継承するような論考は、1950年代から1970年代後半にわたって多く登場するようになる。たとえば、土橋里木(1950)の「こと八日と山の神」、藤田稔(1958)の「田の神信仰と二月八日の伝承」、橋本武(1974)の「山と里の事八日感覚－会津地方の場合－」、打江寿子(1976)「コト八日」、富山昭(1978)「静岡県の『コト八日』伝承－その事例と考察」などでも、「田の神・山の神去来信仰」が一年の農事との関連から「稲作農耕

儀礼」として位置づけられている[注4]。これらは、山口の論考と同様、2月8日と12月8日を田の対象の神と山の神が去来する日としての理解を示しながらも、農民(水稲耕作民)がその信仰の対象として田の神の重要性をより強く意識するきらいがあった。さらに土橋と藤田の論考では、この田の神信仰が「コト八日」の子供祝い的儀礼を派生させた点を論じつつ、田の神を先祖神として捉えている(大島(編)1989前掲書：51－53、94－96)。つまり、この説の根幹は、①田の神・山の神の去来、②田の神を重視した稲作農耕儀礼、③先祖神としての田の神という3点から成り立っているといえる[注5]。このようにして立論された「コト八日」をめぐる「田の神・山の神去来による稲作農耕儀礼」説は、1970年代末まで、日本民俗学においてほとんど議論なく定説とされていた[注6]。要するに、坪井洋文の表現を借りれば、まさしく柳田民俗学の「日本文化一元論」に基づいた学説であったともいえよう[注7]。

(4)「田の神・山の神去来信仰」の再考の必要性

　これまでみてきたように、前段で取り上げた一連の研究が、「コト八日」を通して「稲作民」＝「日本人」を描こうとしたものといっていいだろう。そして、それを学説として可能とする根拠は、柳田民俗学の「田の神・山の神去来信仰」にあった。しかし、「田の神・山の神去来信仰」論が、後期柳田民俗学を象徴する山の神研究であり、なおかつ柳田民俗学の到達点ともいえる祖霊信仰研究の一環であったことにはもっとも注意を払う必要がある。

　はたして、柳田民俗学の「田の神・山の神去来信仰」は、「コト八日」

を「稲作農耕儀礼」として解釈できるほど十分な妥当性を有するものだったのか。次の岩田の指摘を参考すれば、彼らが、「田の神・山の神去来信仰」として「稲作農耕儀礼」を解き明かそうとすることじたいが大きな誤解ではなかったと思われる。

　岩田によれば、柳田の祖霊信仰学説の形成から「田の神・山の神去来信仰」の展開過程がみてとれ、「柳田民俗学の初期に河童の民俗としての関連での理解が、1930年代後半から40年代初頭に農耕儀礼論として、その後『先祖の話』により祖霊信仰の体系に組み込まれるようになった」という。

　そして、その背景には柳田民俗学の政治性があると言及する。つまり、柳田学説の展開が、「1930年代前半の農業恐慌、農村窮乏に対する配慮、1930年代後半からアジア太平洋戦争期に蔓延する国体論や国家神道に対する違和感、さらに、戦死や『七生報国』を祖霊信仰という『常民』の民間信仰の体系から説明しようとした結果」に起因すると説明しているのだ（岩田2003a：97－108）。

　このように、「田の神・山の神去来信仰」論は、柳田民俗学にとっても、そもそも農耕儀礼を説明するものではなかった。いわば社会的使命感による本人の思想表現として、農耕儀礼論をさらに祖霊信仰論に展開させたのである。

　上述した「コト八日」の「田の神・山の神去来信仰による稲作農耕儀礼」説の形成過程は、柳田自身の思想表現ともいうべきものが、傘下の民俗学者たちによって、学問的検証がさほどなされないまま定説化していく問題を明確に表しているものといえよう。したがって、「コト八日」は、そもそも「田の神・山の神去来信仰」として捉えられる行事なのかとい

う、根本的な再考が必要といわなければならないだろう。

　また、本章の冒頭で疑問を呈した「神」と「妖怪」の一元的理解の原因も明らかであろう。つまり、「コト八日」に来訪するとされる「神」と「妖怪」は、「田の神・山の神の去来信仰」のなかに吸収される形で一元的に捉えられていたのである。すでに指摘したとおり、「コト八日」の「妖怪」が、「田の神・山の神去来信仰」に吸収されることには、「山の神零落」説の対象である一つ目小僧が、去来する山の神にすり替えられる経緯があった。さらにいえば、一つ目小僧が田の神にもなる論理である。これはきわめて飛躍的な発想ではないだろうか。

　こうした経路をみれば、戦後日本の民俗学一部が意図した、神去来思想による稲作一元論・祖霊一元論の肥大化かつ組織化の傾向が、「コト八日」の「神」と「妖怪」の一元的理解を招いた最大の原因といえよう。したがって、本稿では、稲作一元論・祖霊一元論のもと、「田の神・山の神去来信仰」に吸収されている「神」と「妖怪」の性格を本来の場に取り戻すことが重要であろう。そのためには、当然、従来の研究のような柳田民俗学の影響による先入観にとらわれない綿密な儀礼論的分析が必要といえよう。それによってはじめて「コト八日」の再考が可能になると考えられるのだ。

第2節 稲作一元論・祖霊一元論の肥大化がもたらしたもう一つの問題

(1)目籠をめぐる南方熊楠の魔除け説と折口信夫の依代説
－視点の相違－

　小松和彦によれば、「魔除け」とは、「魔」つまり「悪霊」のたぐいが侵入してくるのを防ぐための呪術的な行動を意味するという(小松2002：228)。さらに、たとえば、「節分の『豆まき』やコト八日の日に設置される『目籠』、あるいは五月五日の端午の節句の日に設置される『菖蒲』などは、特定の日のみの『魔除け』の行動であり装置である」(小松2002前掲書：232)も指摘する。このように、「コト八日」の目籠は「魔除け」を説明する例としてしばしば紹介されている。

　こうした魔除け説のほかに「コト八日」の目籠のもつ機能としては、依代説がある。それは、前節でみた「田の神・山の神去来による稲作農耕儀礼」説において、目籠が本来、魔除けの呪物ではなく神の依代と解釈されているからである。

　本節では、こうした目籠をめぐる2つの説との関わりで「コト八日」研究史に潜んでいる問題を指摘したい。そこでまずは、草創期民俗学における「コト八日」の目籠をめぐる南方熊楠と折口信夫の議論を確認しておこう。この議論が、日本民俗学の学問的基盤のひとつともいうべき、折口信夫の「依代」概念の出発点とも関係があると思われるためである。

日本民俗学において、年中行事の目籠について初めて論じたのは、筆者の知るかぎり、出口米吉の1908年初出の「小児と魔除」(『東京人類学雑誌』第274号、1908年1月)である。ここから目籠の魔除け説が展開し始め、これを承けて学説として確立させたのが南方熊楠の同タイトル「小児と魔除」(原題「出口君の『小児と魔除』を読む」と(南方1987)、これとほぼ同内容である雑誌『郷土研究』の第2巻3号(1914)の「紙上問答」の欄「答56、二月八日の御事始」という文章である(南方1987)。煩瑣をいとわずその全文をみてみよう。

　　　「一九〇五年五月二七日ロンドン発行『ネーチュール』に、予一書を出し、長々しく御事始に目籠を出す邦俗を、『用捨箱』『守貞漫稿』などより引いて述べ、東京国で除夜に目籠を掲げ、アフリカ・コルドファンで家内不在のさい同様の物を入口に置く等の例を列ねたが、同年七月八日の同誌に、カルカッタ・インド博物館のアンナンデール博士寄書して、カルタッタ等では家を建つるさい竿頭に目籠と箒を掲ぐ、二つながら下級掃除人の印相にてもっとも嫌わるる物ゆえ邪視を避くるためならん、と言った。『用捨箱』にも鬼は目籠を畏るとあったと記臆するが、イタリアで沙をもって邪視を禦ぐごとく、悪神が籠の目の数を算えるうちに、邪視の眼力が耗り去るとの信念から出たのだろ」(南方1987:223)。

　このように南方は、近世の随筆『用捨箱』(年号)『守貞漫稿』(年号)などの挿絵を参考とし、さらに、インドなどの類似する例を考慮しつつ、「コト八日」(御事始)の目籠について言及している。そして、「鬼は目籠を畏る」などからもわかるように、南方の魔除け説は、①目籠そのもの呪術性への着目(モノ中心)、②伝承者の言い伝え(魔除け・悪神除け)の受容に

よるものといえよう。

図1-1
(『用捨箱』)

図1-2
(『守貞漫稿』)

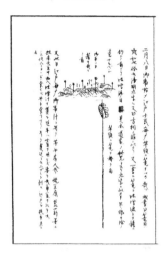

　こうした南方の魔除け説に対して、折口は「依代」という言葉と、その明確な観念とを得たという意味でも記念的論文である「髯籠の話」(『郷土研究』第3巻第2号～第3号＋第4巻第9号、1914年4月～5月＋1916年12月)[のち『古代研究』民俗学偏1(1929、大岡山書店)所収]の最初の段落で、次のように明らかに批判的な意見を提示する。

　「其日はちょうど、祭りのごえん(後宴か御縁か)と言うて、まだ戸を閉ぢた家の多い町に、曳き捨てられただんじりの車の上に、大きな髯籠が仰向けに据ゑられてある。長い髯の車にあまり地上に靡いてゐるのを、此は何かと道行く人に聞けば、祭りのだんじりの竿の尖きに附ける飾りと言ふ事であつた。最早十余年を過ぎ記憶も漸く薄らがんとしてゐた処へ、い

つぞや南方氏が書かれた目籠の話を拝見して、再此が目の前にちらつき出した。尾芝氏の柱松考(郷土研究三の一)もどうやら此に関聯した題目であるらしい。因って、自分の此に就いて考へを、少し纏めて批判を願ひたいと思う」(折口1995:175)

　折口にとって「依代」という概念は、神の依り付く物体(神の宿り)にほかならない。従来、民俗学では、折口の依代論と柳田の神樹論(柱松考による)の相違の問題が多く注目されてきた。つまり、髯籠などの「だし」を一つの軸とした依代論が傾向として人工的な象徴に神の宿りを強く求めているのに対し、神樹論は、神樹というより自然的な宿りに神を招こうとしているとのことである(西村(編)1998:54)。

　しかし、ここで注目したいのは、目籠をめぐる南方の魔除け説と折口の依代説においての両者の視点の相違である。「祭りのだんじりの竿の尖きに附ける飾りと言ふ事であつた」から理解できるように、折口には、南方が引用した『守貞漫稿』の、立てられた竹竿の先の目籠こそが神の依代になるのだ。つまり、南方が目籠そのものへの着目からの魔除け説だとすれば、折口は竹竿をも含む形状への着目による依代説であった。
　また、伝承者の言い伝えに対する認識も、折口は南方と異なっていた。「髯籠の話」のなかで、折口がより具体的に「コト八日」の目籠を言及したもう一カ所をみてみよう。

　「髯籠の因みに考ふべき問題は、武蔵野一帯の村々に行はれて居る八日どう又は八日節供と言ふ行事である。二月と十二月の八日の日、全晩からメカイ(方形の目笊)を竿の先に高く掲げ、此夜一つ眼と言ふ物の

来るのを、かうしておくと眼の夥しいのに怖ぢて近づかぬと伝へてゐる。南方氏の報告にも、外国の魑魅を威嚇する為に目籠を用ゐると言ふ事が見えてゐたが、其は、恐らく兇神の邪視に対する睨み返しともいうべきもので、単純なる威嚇とは最初の意味が些し異なって居たのではないか。天つ神を喚び降ろす依代の空高く掲げられてある処へ、横あひからふと紛れ込む神も無いとは言はれぬ」(折口1995、前掲書:185－186)

　このように折口は、単純な魔除けとしての伝承者の言い伝えを、そのまま受容することにも批判的であった。その理由が、高く掲げられた竹竿の先の目籠を天つ神の依代として捉えるところにあることはいうまでもない。すなわち、悪神の邪視に対する天つ神の睨み返しが本質的なもののようで、伝承者の言い伝えとしての目籠の呪術性は二次的現象ではないかという解釈である。要するに、折口における依代説の特徴を整理すれば、①竹竿の先の目籠への着目(形状中心)②天つ神の来訪による災厄除け・魔除けといえよう。

　これまでの検討からわかるように、1910年代の草創期民俗学において、折口と南方の「コト八日」の目籠をめぐる議論には、こうした明確な視点の相違が存在していた。

(2)神去来思想の先入観が生み出した依代説

　すでに指摘したように、折口の依代説を継承したのは、祭祀として「コト八日」を定義する「田の神・山の神去来信仰による稲作農耕儀礼」説である。

「稲作農耕儀礼」説での目籠の位置づけを確認してみよう。まず、山口は「山の神が一つ目小僧に零落することによって、依代の目籠も魔除けのものになり、さらに、臭気をかがせて邪霊を祓う行事まで付け加えるようになった」(大島(編)1989前掲書:29)という。一つ目小僧の「山の神零落」説により、目籠も本来の山の神の依代から魔除けの呪物になったと解釈されている。しかし繰り返し指摘したように、ここでの一つ目小僧は農耕儀礼を目的とする去来する山の神になっている。橋本の論考は山間部と平坦部の地域差に注目したものであるが、「平坦部では神々は杵の音を依代に昇降する。またそこにも善神・悪神をカゴ即ち篩にかけて撰り別けるいわゆる神撰りを意識してカゴを長い竿に吊し、屋根にかかげる。そして慎ましく終日家に忌み籠る」(大島(編)1989前掲書:124)傾向があるという。橋本は目籠を善神と悪神を撰別する手段としつつ、最終的には「田の神・山の神去来」の指標として解釈し、事実上、目籠を依代とする。打江は、「目籠を吊す理由は、目籠を眼数の多さで妖怪変化を撃退するためだというが、本来は神の依代であったろう」(大島(編)1989前掲書:138)とする。彼はまたここでの神を、「二月八日と十二月八日は、農事始めと農事納めの時期における節日であったと思われる」として、去来する田の神・山の神を想定している(大島(編)1989前掲書:137)。富山は、「元来『神迎え』の依り代であったといわれる『目籠』について、もとは県下(静岡県)に広くこの春の農事に先立つ時季にいっせいに立てられたものが(節分とコト八日)、神の来訪転じて物忌・攘災といった面のみが強調されるに至る信仰の変遷の中で、それぞれ具体的な妖怪の姿を規定、出現せしめたものと考えてよいのかどうかである」(大島(編)1989前掲書:152)と「コト八日」と「節分」に同時にみられる目籠

に疑問を示しつつも、「私はこの目一つ小僧の来訪とメカゴの風は、やは
り春の農事に先立つ時季の『神迎え』であったと考えたい」(大島(編)1989
前掲書:173)としている。ここでも一つ目小僧が農耕儀礼のため迎えられ
る山の神になっている。

　橋本、打江、富山の論考はいずれも1970年代のものである。上述した
ように、「コト八日」の目籠について、儀礼論的分析が欠如されているもの
の、それぞれ特徴を述べている。しかし結局は「稲作農耕儀礼」を見据え
ながら去来する田の神・山の神の依代として位置づけることになる。

　いささか性急な位置づけと思われるが、これを可能とした根拠はなん
だっただろうか。それは、1930年代、山口によりはじめて提出された、
「2月8日及び12月8日は、元々山の神の去来する日」という、「コト八日」
に与えられた前提につきると考えられる。もちろん、すでに指摘したよう
に、この主張の背景には、柳田民俗学が同時代に「田の神・山の神去
来信仰」の位置づけを、河童の民俗から農耕儀礼に転換させたことを
忘れてはならないだろう。つまり、従来の「コト八日」研究は、常にこのよう
な前提もしくは潜在的な先入観に立って議論を展開してきたといえるの
ではないだろうか。

(3)拡大化された概念としての「依代」

　こうした一連の「稲作農耕儀礼」研究は、目籠を「依代」として捉える点
では、折口の「依代」説を継承していたようにみえるが、折口のそれとは
大きなズレがある。折口により設定された概念としての「依代」とは、他界
(外部)から招かれる「神の宿り(物体)」にほかならない。そのことを明確に

示すセンテンスを「髯籠の話」からみてみよう。

　　「神の標山には必神の依るべき喬木があつて、而も其喬木には更に
　　或よりしろのあるのが必須の条件であるらしい」(折口1995前掲書、185)

　　ここには、神の「標山」とその標山の中の神のよるべき「喬木」、さらに
その喬木に高く掲げられた「依代」が想定されている。重要なことは、折
口は神の依る「山」・「樹木」と、神の宿りの「依代」とを区分している点で
ある。
　　繰り返しになるが、「髯籠の話」においては、「コト八日」の目籠が「依代
」に含まれるという厳然たる事実があった。そして、この「髯籠の話」のも
つ意義とは、草創期民俗学の段階に学問的(分析)概念「依代」の設定
にあるといえよう。しかし、一連の「稲作農耕儀礼」研究では、こうした事
実を軽視していたように思われる。具体的にその問題を確認してみよう。
　　第一に、「依代」という概念が根本的に異なる意味で使用されてきた
点である。たとえば、すでに紹介した橋本の論考では、目籠が、去来す
る田の神・山の神の「指標」として認識されている。打江は、ただ「本来
は神の依代であったろう」という表現でとどまっている。神の宿りなのか、
もしくはほかに違う意味も含んでいるのか不明になっている。また、富山
は「神迎え」を「依代」として表現していた。「神の指標」「神迎え」からは、
柳田の「神樹」論に近いともいえる。しかしそれにしても、ここでは、「神樹
」論において重要な「自然的なモノ」、たとえば、竹竿など「コト八日」の目
籠とかかわるモノへ特別に注意を払ったわけでもない。このように考え
ると、ここでは、「神の宿り」という本来の「依代」概念をやや拡大解釈して

使用していたといえよう。

　第二に、「依代」に招かれる神の性格も異なっていたと思われる。折口の「依代」に招かれる神は、生活世界の外部(他界)からの来訪神である。しかし、「稲作農耕儀礼」説における田の神・山の神は、他界からの来訪神としては想定されてないだろう。ここでの去来信仰は、田の神と山の神が交替する認識によるものだが、前節で指摘したように、1950年代から70年までにはより田の神を重要視する傾向が強まっていく。稲作一元論をより強く主張するためだが、その根底に先祖神＝田の神＝山の神の祖霊一元論の思想も同時に存在していることを忘れてはならないだろう。どっちかといえば、生活世界の内部の祖霊が強く意識されたように思われる。本来の「依代」概念の安易な使用は、連鎖的に「他界」から招かれる本来の「来訪神」の概念をも曖昧にさせたと考えられる。

　このように一連の「稲作農耕儀礼」研究において、本来、「神の宿り」としての「依代」が、その基準も設定されず単に「神の指標」「神迎え」の意味に拡大化され使用されているのである。そもそも時期的にも早い段階で、折口が「コト八日」の目籠を「依代」のカテゴリに含ませたことを考慮すれば、すくなくとも、折口の「依代」との異同関係は明らかにしておくべきだっただろう。概念としての性格を失った「依代」という用語のみがひとり歩きをしてきたように思われてならない。

　前節では、戦後日本の民俗学が努めた、神去来思想による稲作一元論・祖霊一元論の肥大化かつ組織化の傾向が、「神」と「妖怪」の一元的理解の問題をもたらした最大の原因ではないかと述べた。これまでの検討からわかるように、概念としての「依代」の拡大的使用は同じことが原因といえよう。とくに「依代」の問題からは、戦後の日本の民俗学が

いかに柳田中心であったかを、「コト八日」研究史から見て取ることができたと思われる。

　また、このようにも考えられる。岩田重則は、民俗学の問題のひとつとして、柳田民俗学にしろ折口学にしろ、その学説が論証されることなく通説に至っている点を指摘した(岩田2003b：2)。たしかに、折口の「依代」論じたいも、積極的にその妥当性が検証されてきたとはいいがたい。

　したがって、本稿では、「コト八日」の儀礼論的分析を行うにあたり、折口学の「依代」論の妥当性を検証するためにも、神去来思想による稲作一元論・祖霊一元論のもと拡大化されてきた「神迎え」の「依代」ではなく、本来の概念である「神の宿り」としての「依代」を使用する必要があると考えている。

(4)折口の依代説の再検討－境界・目籠・人形道祖神の 関連性の示唆－

　ここでもう一度、「髯籠の話」に戻ってみよう。折口の依代説には、さらに重視すべき分析視点が潜んでいると考えられる。

　「髯籠の話」における目籠の位置づけおよびその内容は次のようになる。竹竿の先の目籠に天つ神が招かれ依付く。その天つ神の力(睨み返し)によって災厄が鎮圧されることになるのだ。折口にとって、この天つ神こそ、他界から訪れ災厄を鎮圧する「まれびと(来訪神)」と呼ぶのにふさわしいものであろう。このように折口は、目籠を立てることの目的、すなわち、儀礼の意味を「来訪神の力による災厄除け」にあると考えていたと思われる。そこに農耕儀礼的性格を見て取ることは不可能であろう。

具体的に折口がみた「コト八日」は、「武蔵野一帯の村々に行はれて居る八日どう又は八日節供と言ふ行事」であった。すなわち、関東地方を中心に軒先・屋根などに高く立てられた目籠である。ここで見逃すわけにはいかないのは、軒先・屋根という儀礼空間ではないだろうか。折口も積極的に軒先・屋根の意味まで言及を行っているわけではない。しかし、折口の形状への「観察」という視点(南方も観察の視点では共通している)は、おのずと儀礼空間としての軒先・屋根にも注目する視点を与えてくれる。

　では、屋根・軒先は儀礼空間としてどのような意味をもつのだろうか。小松和彦の次の指摘をみてみよう。

　　大晦日や節分の日に、家の戸口や軒下に、『針千本』や『蜂の巣』『よもぎ』『山椒』『唐辛子』『柊に刺した鰯の頭』をつけるのも、突起物や刺激臭、悪臭などで軒先まで来た魔物を撃退するためであった。さらに、コト八日の日に、侵入してくる一つ目の妖怪を追い払うために、荒目の籠を作って軒に掛けるのも、同様にして、軒が境界であったからなのである（小松2002前掲書：239－240）

　このように、小松は「コト八日」の目籠の例もあげながら、「魔除け」が行われることは、そこが戸口・軒などの「境界」であるからと説明している。いいかえれば、「境界」的空間は、「魔除け」の儀礼空間にほかならないとのことである。小松のこの指摘じたいに疑問を提示する必要はないだろう。こうした「境界」への注目は、「コト八日」の目籠が軒先・屋根に立てられる理由が「魔除け」「災厄除け」を目的としていることを教えてくれ

る。すくなくとも、屋根・軒先の目籠が農耕儀礼的な装置ではないということだけはいえるだろう。

　このようにみてくると、分析視点としての儀礼空間がきわめて重要な意味をもってくる。前述したように、本稿は、従来の研究における「神」と「妖怪」の一元的理解への問題提起からはじまって、儀礼論的分析による「神」と「妖怪」の性格の解明から「コト八日」を再考することを目的とする。「神」と「妖怪」の性格を本来の場に取り戻すためにも、ここでみた軒先・屋根だけではなく、「コト八日」にかかわるすべての儀礼空間に注目する必要があろう。なぜなら、「コト八日」の儀礼空間はこうした「境界」的空間だけではないからである。また、本稿で忘れてはならないことは、概念としての「依代」の継承かつ発展であり、こうした意味では、「依代」と儀礼空間の組み合わせによる分析が重要になってこよう。

　最後に折口の依代説の可能性を述べてみたい。「境界」であるから「魔除け」「災厄除け」という理解は、むしろ南方の魔除け説に近く、折口の依代説にそのままには当てはまらない。儀礼の目的の面では同一しているといえるが、その方法においては大きな隔たりがあるといえよう。折口の依代説は、あくまで招かれた「天つ神(来訪神)の力による災厄除け」からである。

　一連の「稲作農耕儀礼」研究のひとつとして取り上げた、打江の論考に、事例的な発見にとどまる内容だが、「コト八日」の目籠と人形道祖神との関わりが指摘されている。この関連性は折口の依代説の妥当性を裏づける上で重要な糸口になるものと思われる。

写真1-1. 3月8日(月遅れ)のショウキ様［新潟県東蒲原郡三川村熊渡、筆者撮影］

　人形道祖神の主な儀礼内容は、ニンギョウ、ショウキ、カシマ、ドンジンなどと呼ばれる、巨大な藁人形をつくりあげ、ムラ境まで送って行って、そのまま立てておくことである。新潟県東蒲原郡津川町大牧、同郡三川村熊渡などでは、2月8日の「コト八日」にショウキ祀りといい、こうした人形道祖神の儀礼が行われる。打江によると、2月8日にショウキを祀る村では、同じ日に目籠をかけないが、そのようにショウキを祀らない村では、厄病神・鬼などが来るといい、家ごとに目籠をかけるという(大島(編)1989前掲書：139－140)。このことからは「コト八日」における除厄をめぐるイエとムラの儀礼的関わりをうかがうことができよう。まず、両方とも儀

礼空間がイエとムラの「境界」である。そして、もっとも注目すべき点は、ショウキ様（人形道祖神）はあくまでムラの境界神として存在することである。つまり、魔除けの呪具ではなく神の力によって災厄を防ごうとする心性がショウキ祀りには込められているのだ。当然、さらなる検証を要するが、このショウキ祀りと「コト八日」の目籠との関連性は、折口依代説の可能性を示唆するものとしてとりあえず理解しておきたい。

　上述したように、打江はこうした重要な事例を指摘しながらも、「コト八日」を「稲作農耕儀礼」をもつ儀礼と位置づけていた。たしかに2月8日と12月8日の年2回行われるという「コト八日」の年中行事としての特殊な性格があったとしても、「境界」の目籠を、田の神・山の神の依代としていることはやはり無理があるといえるのではないか。2月8日と12月8日は田の神・山の神が去来する日という、従来の「コト八日」定説の前提をみなおすためには、年2回行事が行われることの意味と「境界」の目籠の意味との相関関係を明らかにすることがもっとも必要と考えられる。

第3節 「コト八日」の儀礼論的研究の必要性

(1)稲作一元論・祖霊一元論の問題

　これまで「コト八日」研究史を検討してきたが、その問題点は次の3点に要約できるのではないかと思われる。

　第1に、田の神・山の神去来信仰による稲作一元論の問題である。柳田民俗学の系統をひく民俗学者たちによる一連の「稲作農耕儀礼」説は、柳田民俗学の「田の神・山の神去来信仰」説をもって「日本人」＝「稲作民」を描こうとするものであった。すなわち、この説が成立された最大のポイントは、「田の神・山の神去来信仰」説が「稲作農耕儀礼」を説明できるものと考えられたからにほかならない。こうした理解の背景には、1910年代から20年代に「田の神・山の神去来信仰」を河童との関連で論じていた柳田民俗学が、1930年代からそれを農耕儀礼の一環として捉え始めたことがある。つまり、そもそも柳田民俗学にとっても、「田の神・山の神去来信仰」は農耕儀礼を説明するものではなかったのだ。結局のところ、「コト八日」は、「田の神・山の神去来信仰」が「稲作農耕儀礼」の根拠になり得るかどうかという根本的な問題が検証されてないまま、日本民俗学の稲作一元論に組み込まれるようになったといえよう。

　第2に、「神」と「妖怪」の一元的理解をもたらした祖霊一元論の問題である。「コト八日」に訪れるとされる「神」と「妖怪」が一元的に締めくくられているには「田の神・山の神去来信仰」がその根底にあったのであ

ろう。この田の神・山の神去来信仰による稲作農耕儀礼説は、2月8日と12月8日に一年の農事のため田の神と山の神が交替することを示すものである。すなわち、「田の神」=「山の神」の論理である。そこで恵比寿・大黒などの「神」は田の神に吸収されることになる。また、一つ目小僧・疫病神・鬼などの「妖怪」も一つ目小僧の「山の神零落」説を糸口とし山の神に吸収されることになる。つまり、「田の神」=「山の神」の論理のもと一体化されている様々な「神」と「妖怪」は、本質的に同じ性格なのかが検証されてないまま、「田の神・山の神去来信仰」に吸収されてしまったのである。こうした考え方の背景には、上述した稲作一元論だけではなく、柳田民俗学の『先祖の話』(1946)による祖霊一元の思想も考えるべきであろう。「コト八日」の一つ目小僧は最初「山の神」の零落した存在として「田の神・山の神去来信仰」に吸収され、「田の神」=「山の神」の理論のもと、結局のところ「田の神」ないしその異形として、祖霊信仰説の枠内に取り込まれるようになったのである。「コト八日」の「神」と「妖怪」の一元的理解には、こうした戦後日本の民俗学が努めた、柳田の祖霊観念の肥大化かつ組織化の傾向が潜んでいたといえよう。

　第3に、柳田民俗学と折口学の学説が検証されることなく通説に至る問題である。上の研究史における2通りの問題から、戦後の日本の民俗学が、神去来思想を通して、日本人の起源を稲作民としてなおかつ日本人の信仰(神観念)を祖霊一元的に組織化していく過程が見て取れたと思われる。そして、そこでの最大の問題は、論拠となった柳田民俗学の学説が積極的に検証されることなく援用されてきたところにあると思われる。さらに、この柳田民俗学中心の風潮からは、折口学の学説の妥当性を検証することなく、「依代」概念を拡大解釈してきた傾向すらみら

れた。とくに、「コト八日」の目籠と人形道祖神の関連を指摘しながらも、結局はこれが「稲作農耕儀礼」として結論づけられたことは、そのことをもっとも典型的に示すものと考えられる。

(2)研究課題および目的

次に、以上のように整理した研究史上の問題から本稿の具体的課題および目的を述べることにしたい。

第1に、「コト八日」から柳田民俗学の先入観を取り払うことである。そこでのポイントは、「田の神・山の神去来信仰」の再考にある。とりわけ、2月8日と12月の8日の「コト八日」は、稲作農耕のため田の神と山の神が去来する日という民俗学の所与の前提を取り払うことが重要と考えている。福田アジオと岩田重則は、柳田民俗学のテキスト分析にとどまらず、柳田民俗学が個人の思想表現(ここでは柳田民俗学を受け継ぐ研究者たちによる無批判的な援用)として扱った民俗事象そのものを、柳田思想を取り払ったうえ再解釈すべきと強く主張する(福田1991:247-248、岩田2003a前掲書:195-196)。しかし、こうした両者の重要な問題提起を継承し、「コト八日」を再考した研究は、卑見の限り見当たらない[注8]。

第2に、「田の神・山の神去来信仰」に吸収されている「神」と「妖怪」を、前述したとおり本来の場に取り戻すことである。柳田の妖怪論は、一つ目小僧の「山の神零落」説からもわかるように、「妖怪」を「神」の零落したものと捉えるところに特徴があった。一方、小松和彦は、「神」と「妖怪」ははじめから併存するもので、祀られる超自然的存在を「神」、祀られぬ超自然的存在を「妖怪」と規定し、「神」と「妖怪」の両義性を指摘する

（小松1982：213－214）。こうした柳田と小松の妖怪論を考慮すれば、「神」と「妖怪」の解明には、「神」と「妖怪」に含まれている様々な神・霊的存在を、明確な神格の相違から区分しつつ、一方では両義性をも考慮していく必要があろう[注9]。

　小松和彦がいうように、柳田国男の祖霊信仰論であれ、折口信夫のまれびと論であれ、本来、民俗学研究は日本のカミの解明に目的があった（小松2002前掲書：102）。つまり、「コト八日」から「神」と「妖怪」を解明することは、日本のカミの解明にほかならないといえよう。

　したがって、本稿の目的は、「コト八日」の定説化した前提かつ潜在的な先入観をつくり出した、神去来思想による稲作一元論・祖霊一元論を再検討しつつ、綿密な儀礼論的分析による「神」と「妖怪」を解明し、そこから「コト八日」を再解釈するところにあるといえよう。こうした目的をもつ本研究は、日本文化論の分野に幾分なりと貢献できるのではないか、さらに、日本の基層文化を構成する神観念を知る上で、それなりの意義をもつものではないかと考えている。

(3)研究方法―「依代」・祭祀空間・神格―

　本稿の研究対象は、東日本の「コト八日」であるが、儀礼を執り行っている主体に注目すればイエとムラの「コト八日」に大別できる。

　岩田重則は、「民間信仰分析の方法論」で、神・霊魂の意味を解くためには、具象化された形象・具体的行為を読み解くことを第一義的目的とすべきと主張する（岩田2003b前掲書：1－6）。本稿における「コト八日」の儀礼論的分析を行うにあたって、この岩田の方法論を基本的な

研究方法として用いるつもりである。したがって、イエとムラの「コト八日」に訪れるとされる「神」と「妖怪」を解明するために、具体的な行事内容（具象化された形象・具体的行為）を、分析視点としての一定の基準を設定したうえ比較・考察を行いたいと考えている。また、本稿全体を通しての基準となる分析視点は、すでに述べてきたように、①「神の宿り」としての「依代」概念、②儀礼空間論的視点、③神格の一致の視点、ということになる。

「注」────────────────────

(注1) 「コト八日」自体を取り上げた研究ではないが、周圏論的に「コト」の問題を捉えようとした論考がある。小野重朗の「コトとその周圏」である。コトの周圏を調べることにより、コトの本質とその変遷について考察しようとした試論である。特に、「コト八日」や「春ゴト」とともに、その類似の行事として、南九州の「トキ」、奄美の「キトウ」や「カネサル」、沖縄の「フーチゲーシ」、「シマクサラシ」や「ムーチ」などが取り上げられて、「コトの民俗の周圏は近畿・中国の春ゴトをほぼ中心にして東日本側にはごく単純な周圏をなし、西日本側には複雑な周圏を描いて広がっている」と論じている。さらに、周圏の構造を東西対称的なものとせず、陸続きで単純な東日本側と、島を連ねた複数の西南日本側とで分けた見方は、古い民俗に限って見られる構造として、民俗周圏論の幅を広げる意義をもつと述べている（大島(編)1989：210−261）。

(注2) 最近、「コト八日」の「妖怪」を取り上げたものとしては、高橋典子(1994)の「川崎のヨウカゾウとミカリバアサン」がある。そこでは「妖怪」(ヨウカゾウとミカリバアサン)を「人々に災厄をもたらす神でありながら災厄を操る性質をもつ神」として位置づけている。なお、入江英称(2002)は神奈川県から静岡県の東部に多く伝えられている一つ目小僧と道祖神の伝説に注目し、一つ目小僧(目一つ小僧)を「節目の日である事八日に去来する妖怪、または悪神である」定義している。

(注3) 柳田民俗学の山人研究への次の指摘は参考にすべきであろう。「柳田の山人＝先住民説に立っていた初期の山人研究が大正13年の『山の人生』になると確実に里人の信仰・心意の問題としてだけ論じられていくのと符帳を合わせるように、生贄を実在のものと見た「一つ目小僧」の立場はやがて捨てられ、これも山人の場合と同じように里人の心意がつくりだしたフィクションに帰せられていくだろうということ

である」(中村2001：293)

(注4) 「コト」に関する研究を2つ紹介しておきたい。西谷勝也(1968)は、兵庫県における「
春ゴト」と関東地方のコトのカミの行事と比較分析し、兵庫県の事例からコトの本来
の形態を探ろうとした論考である。この日に使った箸を編んで、これを木の枝など
にかけたり、また屋根の上にあげたりするしきたりは、一般の「コト八日」の掲示物伝
承と対応されるように思われ、もっとも注目すべきものであろう。なお、兵庫県に分
布している片足の神は、日本全域においては山の神であるがゆえに、この地域で
は百姓の神でありながら、山の神の性格をもつものであると説いている。したがっ
て、稲作に関する事例や春の行事が主体であるという面から「コト」は本来、農事に
関する祭りであり、この信仰から悪霊退散の呪いの志向を持つ信仰に移行された
という結果を出しているのである。しかし、兵庫県の山間地方におけるコトの行事は
現在でも昔のコトの行事を維持している所が残存しており、そこからコトの行事の変
遷を捉えようとする視点は評価できる。しかし、所々に見られる悪魔除けの事例に
対して、異例として指摘するだけに止まり明確な論理までは到ることができなかった
といえるであろう。また、村ゴトと家ゴトの解釈にあたっても山の神の性格や農事的
信仰にとらわれすぎたようで、村落共同体の連帯意識の中に、田の神祭りの古い
形を見ることができるという指摘からは多少こじつけの感を受ける。また、井之口章
次(1985(初出1955))は長崎県の平戸地方の事例を取り上げ、正月の七日や十一日
などに、「コト」または「コト節供」と称して、苞に握り飯を入れたものを、家中の神に供
えてから、庭の木などにかけるという伝承に注目した。そのようなことは神の去来を
意味することであると述べている。なお、正月の「コト節供」は年の先祖祭りである
ゆえに、祖霊と田の神との関連から、農耕の実務にひきよせられ、田の仕事の休み
日になったと説いている。

(注5) 『先祖の話』の全81節において、柳田国男が具体的に「田の神・山の神去来信仰
」を祖霊信仰として捉えた節として、二九「四月の先祖祭」・三〇「田の神と山の神」
などがあげられる。

(注6) ところが1980年代以降、以上のような説を展開してきた「コト八日」研究は、ほとんど
姿を消してしまう。そこには、『イモと日本人』(坪井1979)、『稲を選んだ日本人』(坪
井1982)により、稲作単一的な文化史的発想を再検証した坪井洋文の大きな功績
があった。

(注7) 詳しい内容は坪井洋文の『イモと日本人』の「柳田国男の農耕文化論」を参照され
たい(坪井1982前掲書：20－41)

(注8) これまでの多くの民俗学研究に対して、小松和彦は、柳田国男の文章や柳田国
男論の無批判的利用は止めるべきと厳しく批判している(小松2002前掲書：107)。

(注9) 柳田の「一つ目小僧」は「いずれの民族を問わず、古い信仰が新しい信仰に圧迫
せられて敗退する節には、その神はみな零落して妖怪となるものである。妖怪はい
わば公認せられざる神である」(柳田1997前掲書)というのである。

第2章

「神」と「妖怪」の分離から何がみえるか
―コトハジメ・コトオサメ論再考―

第1節　「コト八日」における「神」の解明の意義

(1)本章の目的

　本章では、「コト八日」に来訪するとされる「神」と「妖怪」のなか「神」に焦点をあてて儀礼論的分析を行いたいと考えている。すでに研究史の問題点として指摘した稲作一元論・祖霊一元論の影響を踏まえた際、「神」を儀礼論的分析の対象とすることの目的は次のようになると思われる。

　①「コト八日」は、稲作農耕のため田の神と山の神が去来する日という、日本民俗学の通説の前提。いいかえれば、「コト八日」が2月8日と12月8日の1セットに捉えられてきたことの再検討。

　②「神」と「妖怪」を同質化させた「田の神」=「山の神」論理の検証。

(2)1セットの「コト八日」―コトハジメ・コトオサメの呼称と物忌

　1936年初出の論考「十二月八日と二月八日」において、山口は、「東日本は二月八日と十二月八日に神の去来の信仰あるいはその痕跡が見られるが、西日本は神去来の信仰が消滅し、針千本、針供養、嘘晴し、誓文払などの多様な信仰が見られる」と述べ、さらに、「関東を中心として発達した十二月八日、二月八日の同様の行事と、近畿中国で発達

した十二月八日、二月八日の分化した行事が両方から広がって信州付近で混同したと考えることも不可能ではない」としている（大島（編）1989前掲書：27－30）。

　こうした「コト八日」通説の起点となった山口の議論からもわかるように、2月8日と12月8日の両日に同様の行事が行われる東日本の「コト八日」が、本来の姿でもあるかのように位置づけられ、西日本の「コト八日」は「神去来信仰が「消滅」したことになっている。つまり、従来の研究において、「コト八日」が、1セットの行事として捉えられた根拠は、年2回に同様の行事が行われたところにある。

　では、この1セットの「コト八日」がどのように説明されてきたのか、通説の最大公約数を示すと考えられる辞典・事典からその内容を確認してみよう。ここでは、日本民俗学におけるはじめての本格的な辞典・事典といえる『民俗学辞典』(1951)、『日本民俗事典』(1972)、近年の『日本民俗大辞典』(1999〜2000)の3点を取り上げることとする。

　　まず、『民俗学辞典』における「事八日」の項目（執筆者不詳）である。
　　「コトとは元来、祭とか祭事のコトであり、この日は禁忌する謹慎行事が
　　やがて鬼や疫神を怖れる行事を派生した。コトを正月の祝事と解した所
　　からは十二月八日をコトハジメ、二月八日をコトオサメとする風が起こり、
　　一方また二月八日を一年のコトの日の初めとしてコトハジメと呼んだ土地
　　もあった」（柳田国男監修1951前掲書：208－209）。

　　次に、『日本民俗事典』の「事八日」の項目（田中宣一）である。
　　「両日ともする所では2月8日をコトハジメと呼ぶのが一般的であり、1年

の行事の始めという意味である。逆に12月8日をコトハジメと呼ぶのは関東の一部であり、12月8日が新年に対する散斎の始まりで、2月8日がその終わりだと考えられるが、ともあれ、この日は物忌すべき日だと考えられていたようで物忌の厳重なるがゆえに様々の神・妖怪の到来を恐れる伝承を生んでいる。西日本に2月8日の行事が少ないのは、その頃に行なわれる春ゴトと関連があるようである」(大塚民俗学会編1972前掲書：260〜261)

次に、『日本民俗大辞典』上巻(1999〜2000)の「事八日」の項目(高橋典子)である。

「事八日の行事を両日とも行う地域では、二月八日をコトハジメ(事始め)、十二月八日をコトオサメ(事納め)と呼ぶ所が多いが、東京など関東の一部で逆に呼ぶ例がある。コトを一年の行事と解釈するか、正月を中心とした祭祀期間と考えるか2つの解釈があり、いずれの呼び方が妥当か定めがたいが、二月八日と十二月八日は対応するのが本来の形であったと考えられ、この両日が物忌を要する特別な日として強く意識されていたことは確かである」(福田アジオ編1999〜2000前掲書：636〜637)

以上の辞典・事典の内容からわかるように、「コト八日」が1セットの儀礼として説明される最大のポイントは、コトハジメ・コトオサメの呼称の存在にあった。一連の稲作農耕儀礼研究において、「コト八日」は田の神と山の神が去来する日であるため、年2回同様の行事が行われるという通説の前提を考慮すれば、このコトハジメ・コトオサメの呼称は、そのこ

との妥当性を補強する役割を果たしてきたともいうことができよう。

　また、『日本民俗事典』に「西日本に2月8日の行事が少ないのは、その頃に行なわれる春ゴトと関連があるようである」という文章からも、コトハジメ・コトオサメの呼称をも含む「コト八日」の位置づけが、あくまで神去来思想を基盤とする、本来、年2回の「祭祀」という考え方がうかがえる。

　さらに、上記の辞典・事典の「コト八日」の項目には、こうした「祭祀」という位置づけを示すもうひとつの儀礼的ファクタが記されている。『民俗学事典』では、「コトとは元来、祭とか祭事のコトであり、この日は禁忌する謹慎行事がやがて鬼や疫神を怖れる行事を派生した」としている。ここでの禁忌・謹慎行事とは、「祭祀」の物忌を示唆するものと理解してよいだろう。また、『日本民俗事典』や『日本民俗大辞典』にもこの両日(コトハジメ・コトオサメ)が物忌すべき日と位置づけられている。

　要するに、1セットの「コト八日」を1セットとして捉える妥当的根拠とは、コトハジメ・コトオサメの呼称と「祭祀」の物忌にあるということができる。

(3)問題の所在

　以上の「コト八日」の1セットの根拠となる要素からすると、論理的には、稲作農耕儀礼としての「コト八日」が説明できたかのようにもみえる。しかし、その説明内容には、次のような不十分さや問題点を孕んでいるのではないかと思われる。

　第1に、コトハジメ・コトオサメの呼称は、あくまで地域的(分布的)特徴を示すものとして捉えるべきではないかという問題である。上記の辞典・事典では、コトハジメ・コトオサメの呼称が存在するから、1セットと

しての「コト八日」が妥当であるという論調である。しかし、「コト八日」の呼称は、年2回同様の行事が行われるとされる東日本においても、コトハジメ・コトオサメだけではない。たとえば、八日節供、節供ハジメ・節供オサメ、恵比寿講などじつにさまざまである。したがって、コトハジメ・コトオサメの呼称をもって1セットの「コト八日」を主張するためには、先に、異なる呼称をもつさまざまな行事との儀礼的同質性が解明されるべきだったのではないだろうか。

　第2に、コトハジメ・コトオサメの呼称をもつ地域において、明らかに「正月」との関わりを認めながらも、「年神」などについての言及がないことへの疑問である。とりわけ、『日本民俗事典』の、「12月8日をコトハジメと呼ぶのは関東の一部であり、12月8日が新年に対する散斎の始まりで、2月8日がその終わりだと考えられるが」というのがそのことを典型的に表すものと思われる。つまり、12月8日がコトハジメの場合、「コト八日」の一性格として「正月」の性格が認められている。にもかかわらず、なぜか、「年神」への言及は控えられていた。『日本民俗大辞典』上巻の「コトを一年の行事と解釈するか、正月を中心とした祭祀期間と考えるか2つの解釈があり」からわかるように、未だ、コトハジメ・コトオサメの「コト」の意味が明らかにされてないところにその原因があったとも思われる。しかし、根本的な問題は、12月8日を、稲作農耕儀礼として田の神と山の神が去来する日とする通説の前提では、説明のつかない特徴を帯びていたのではないか。要するに、コトハジメ・コトオサメの呼称の存在は、1セットの(「祭祀」としての)「コト八日」の根拠になり得ながらも、「祭祀」の対象である「神」は不明のままであったということができよう。

　第3は、上の問題ともかかわるが、コトハジメ・コトオサメの両日を物忌

すべき日としながらも、コトハジメ・コトオサメを説明するときと、物忌を説明するときに、「妖怪」発生説にズレがみられることである。物忌のもつ特徴として、『民俗学辞典』では、「この日は禁忌する謹慎行事がやがて鬼や疫神を怖れる行事を派生した」、また『日本民俗事典』では、「物忌の厳重なるがゆえに様々の神・妖怪の到来を恐れる伝承を生んでいる」という。つまり、物忌が「コト八日」に訪れるとされる忌避すべき「妖怪」の観念を生み出したということである。いわば、物忌を守らせるためのしかけのような空想の存在が「妖怪」になる(注1)。こうした「妖怪」発生説の背景にも、柳田民俗学が『日本の祭』において、この日に忌みを守らぬ者への戒めのために妖怪が登場してきたといったことなどが大きく影響を与えただろう(柳田1990(1942):426－427)。また、柳田は「ミカハリ考の試み」でも「もともとこのミカワリというのは、神の祭りに適するように、人の身が変ることであって、いわば物忌にあたるものであった」といい、より具体的に「コト八日」の「妖怪」(ミカワリバアサン)と物忌の関係を論じていた(柳田1963(1948):126)(注2)。このようにみてくると、従来の通説に論理的矛盾が潜んでいたといえるのではないだろうか。すでにみた、通説の前提の妥当性を裏づける役割をしてきたコトハジメ・コトオサメの呼称では、明らかに「田の神・山の神去来信仰」から稲作農耕儀礼として位置づけようとする意識が根底にあったと思われる。そうだとすれば、そこでの「妖怪」は一つ目小僧の零落した「山の神」によって生成されたことになる。すなわち、「山の神」＝「一つ目小僧」(妖怪)＝「田の神」という祖霊一元論のとらえ方である。要するに、同じ民俗事象を取り上げながらも、「妖怪」発生説ないし妖怪の位置づけが、「稲作農耕儀礼」を説明するときと、「物忌」を説明するときとが異なっていたのである。こうした両説のズ

レが、コトハジメ・コトオサメの両日を物忌すべき日としながらも、物忌の対象となる「神」を不明のままとする最大の原因ではなかったか。

　これまで、『民俗学辞典』(1951)から『日本民俗事典』(1972)、『日本民俗大辞典』(1999〜2000)に至るまで、ただ3つの民俗学辞典・辞典であったが、約50年間にわたって、そこに学説の展開がほとんどみられないことに気付く。このことだけでも、「コト八日」は田の神と山の神が去来する日であるため、年に2回、同様の行事が行われるという通説の前提を、ここで一度再検討してみることも意義のある試みではないかと思われる。

　そのため、「コト八日」の「神」が訪れるとされる地域の事例に儀礼論的分析の焦点をあてることにしたい。具体的には、①コトハジメ・コトオサメ呼称における「年神」の問題、②物忌の対象となる「神」の解明、③「田の神」＝「山の神」(田の神・山の神の交替)論理の妥当性の検証などが再考のポイントになると考えられる。

　なお、本章では、東日本(関東地方・中部地方の山梨県、静岡県、長野県の16県)を分析対象にしている。本稿末に掲載した表1〜16は、市町村誌や既刊調査報告書などから「コト八日」の行事内容をまとめたものである。とくに、行事内容のほかに、[神・妖怪][供物・掲示物][空間][特徴]などの項目を別途に用いた。

第2節 「屋内」に祀られる「神」－「農耕神」 的性格

(1)「屋内」に祀られるコトの神・田の神－供物と掲示物の 儀礼空間の相違－

まず、表4の山形県「コト八日」から、行事の名称が主にコトハジメ・コトオサメでありながら、コトの神が訪れるとされる地域の事例を議論の起点とし儀礼論的分析を行ってみよう。

表4の[神・妖怪]の項目を確認してみると、10、11、12、15番には「コトの神」のみが記されている。すなわち、ここでは「コト八日」にコトの神が訪れることであり、あくまでコトの神に対する儀礼が行われていると理解していいだろう。

まず、11番の米沢市の儀礼内容を具体的にみてみよう。

<事例>

2月8日コトハジメ

この朝「砕け餅」をつく。粳米の屑米を粉にし、それにもち米を加えて搗いた餅で「汚れ餅」ともいう。この餅は床の間、恵比寿、大黒などの神棚、仏壇にも供えるが、床の間にはその年の月の数だけの餅を小さくとって供えた。

12月8日コトオサメ

「砕け餅」伝承は同上。恵比寿様に尾頭付きの魚を上げるが、その時

には二匹の魚を腹合せにして皿にのせて供える。餅は二、三日して焼いて食べる。

　（表4−11番、米沢市）

　米沢市でのコトの神に対する儀礼内容は、2月8日をコトハジメ、12月8日をコトオサメといい、朝、砕け餅(汚れ餅)をつき、この餅を2月8日と12月8日に同様に「屋内」の神棚(床の間)、恵比寿、大黒、仏壇などに供えることである。いわば、コトハジメ・コトオサメが1セットの儀礼として行われている。ここで確認しておきたいのは、儀礼空間が神棚などの「屋内」ということである。すでにみた一連の稲作農耕儀礼研究において、田の神・山の神の依代とされてきた「境界」の目籠はみることができない。

　＜事例＞
2月8日コトハジメ、12月8日コトオサメ
砕け餅(汚れ餅・牡丹餅)を、普通は12個、閏年は13個、神棚へ
（表4−10番、南陽市）

2月8日コトハジメ、12月8日コトオサメ
砕け餅を神棚へ
（表4−12番、米沢市水窪）

2月8日コトハジメ、12月8日コトオサメ
砕け餅を月の数だけ床の間(神棚)、恵比寿様、仏様へ
（表4−15番、米沢市三沢東部）

このように儀礼空間に注目し行事内容を整理してみると、上記の米沢市とほぼ同様であることがわかる。また、月の数だけ砕け餅(牡丹餅)を供えることからは、1年間の豊作の祈願や感謝とかかわることが予想され、このコトの神に対する儀礼が農耕儀礼的性格を有していると理解していいように思われる。じっさい、表4－15番の米沢市三沢東部の12月8日の行事内容をみれば、豊作感謝のため供物をすると記されている。

これまでのコトの神に対する儀礼は、いずれも2月8日がコトハジメ、12月8日がコトオサメであった。ところで、「東京など関東の一部で逆に呼ぶ例がある」(福田アジオ編1999～2000前掲書：636)というような、12月8日をコトハジメとする事例が山形県にもある。そこでの行事内容を確認してみよう。

　　＜事例＞
2月8日コトハジメ(コトオサメ)、12月8日コトオサメ(コトハジメ)
　この日ボタ餅をつくり、小皿に盛り分けて裏の畑に出て「からす、からす小豆餅食べたければ、盆器と箸持ってこい」と箸でつまんで投げ、からすに食べさせる動作をやる。それでこの日の餅を「からすボタ餅」という
　(表4－13番、白鷹町)

　この白鷹町の「コト八日」で注目すべき点は、各イエが同様の行事を年2回行いながら、コトハジメ・コトオサメの呼称がイエごとに一致していないことである。つまり、イエによっては2月8日をコトハジメというところもあれば、12月8日をコトハジメというところもあるということである。従来のコトハジメ・コトオサメ論においても共通していえることだが、上記の辞典

のセンテンスからすると、あたかも12月8日をコトハジメとする地域は東京などに集中しているかの印象を与える。しかし、白鷹町にみられるコトハジメ・コトオサメ呼称の非一貫性は、マクロな分布の傾向と並行して、ミクロな分布的特徴にも注意をはらうことの重要性を示唆するものと考えられる。

　これまで、山形県のコトの神が訪れるところを中心に行事内容を確認してみた。そこでの特徴は次のように整理できると思われる。

　①儀礼空間が「屋内」の恵比寿様、大黒様、神棚、仏壇などということ
　　である。
　②そこでは、「餅類」の牡丹餅(砕け餅・汚れ餅)を月の数だけ供える
　　ことが一般的である。
　③行事の呼称は2月8日をコトハジメ、12月8日をコトオサメとするところ
　　が多い。周辺の類似行事では、逆に、12月8日をコトハジメ、2月8
　　日をコトオサメとするところも存在していた。いずれにしても、コトハ
　　ジメ・コトオサメの呼称をともなうコトの神は、農耕儀礼的性格を有
　　する「神」として理解していいのではないかと思われる。

　以上のような特徴からは、重要な民間信仰の一性格を見て取ることができると思われる。ここで祀られる「神」はコトの神であるが、恵比寿様、大黒様、仏壇、神棚などに同時に供物されることが多い。明らかに神仏習合的に儀礼が行われている。つまり、こうした農耕神的な性格の「神」は、それほど厳密な神格の区分を要する「神」ではなかったのではないか。儀礼を行う人々にからすると、神格の区分による祀り方より、屋内に供物する「行為」じたいが重要であったように思われる。

　この山形県の「コト八日」には、コトの神以外にも、民間信仰における

代表的な農耕神ともいえる田の神に対する儀礼も行われていた。その行事内容を確認してみよう。

　　＜事例＞
　　2月8日コトハジメ
　　餅をつき、その年の月の数だけ鍋の蓋にのせて米びつの上に上げる。これはお田の神様に供える。
　　一つ目小僧が来るので、下駄や草履は外に置かない

　　12月8日コトオサメ
　　餅をつき、その年の月の数だけ鍋の蓋にのせて米びつの上に供え、田の神を祭る。
　　（表4－21番、東置賜郡高畠町）

　この高畠町の「コト八日」をみると、2月8日は田の神と一つ目小僧が同時に訪れるとされるが、12月8日は田の神のみがみられる。つまり、田の神が年2回訪れるため、年2回同様の儀礼が行われるということになる。田の神が山の神と去来するということは不明確であるが、すくなくとも「田の神の去来」のため同様の儀礼2回行われることはいえそうである。したがって、部分的には従来の通説の前提に合致するといえよう。
　また、ここでの「田の神」とすでに検討した「コトの神」との行事内容はきわめて類似している。それは、①コトハジメ・コトオサメの呼称、②屋内の儀礼空間、③餅つきおよび月の数だけの供物である。つまり、田の神とコトの神は同質の農耕神として捉えることが可能と思われる。このように考えてくると、2月8日のみに訪れるとされる一つ目小僧は、「屋内」で

の供物とは、儀礼的には無関係ということができよう。

　さて、第1章の研究史の検討において、「妖怪」は儀礼空間的には「境界」と関わりをもつことを指摘した。逆に言えば、これまでの「神」(田の神・コトの神)が儀礼空間的に「境界」とはかかわりをもつとはいいがたい。じつは、この山形県の「コト八日」にも「妖怪」のみが来訪するとされる地域がある。そこでの事例を儀礼空間に注目し確認してみよう。

　　＜事例＞
　旧2月8日　厄病神の歩く日
　とろろ飯を食べる。とろろを屋敷の入り口にまく。
　(表4－2番、西村山郡朝日町宮宿)

　　旧2月8日　カゼの神除け
　朝、とうがらしと付け木を門口に下げ、とろろを橋や入り口に流して、カ
　ゼの神が入るのを防ぐ。
　(表4－5番、村山市稲下)

　ここでは、2つの事例を取り上げるだけでも充分だろう。「妖怪」が訪れるとされる地域では、儀礼空間としての「屋内」はみられなく、あくまで「屋外」かつ「境界」である。そして、コトの神・田の神がコトハジメ・コトオサメの呼称をともなう1セットとしての「コト八日」であったが、ここでの「妖怪」に対してはいずれも2月8日のみである。はたして、ここでの12月8日の儀礼は「消滅」していただろうか。このことは、通説の前提を再検討する重要な手がかりになるものとしてとりあえず理解しておきたい。

以上のようにみてくると、すくなくとも、「神」と「妖怪」をめぐって次のような図式が成立できるのではないかと思われる。

図2−1「神」と「妖怪」の儀礼空間の相違

①「神」−「屋内」−供物
②「妖怪」−「境界」・「屋外」−掲示物

　前述したように、コトの神・田の神は同質の「農耕神」として認めることができよう。しかし、ここでの田の神が山の神と去来(交替)していたのかといえば、どうもそのような性格を導き出すことができないのだ。

(2)屋内に祀られる恵比寿様−2回の供物と1回の目籠−

　次は、恵比寿様・大黒様が訪れるとされる地域の事例を、表7の茨城県の「コト八日」からみていきたい。表7の[神・妖怪]の項目をみれば一目瞭然と思われるが、10、12、15、17、23、25番に恵比寿様・大黒様が記されている。とくに、ここでは、山形県の「神」(コトの神・田の神)地域と「妖怪」(疫病神・カゼの神)地域との比較から仮定できた図2−1の妥当性をもさらに検証してみよう。

　＜事例＞
2月8日　恵比寿講、12月8日恵比寿講
　そば、豆、米を入れた一升マスと御飯、汁、頭付の魚を恵比寿様に供える。

（表7-15番、旧筑波郡谷田部町）

　このように、恵比寿様が訪れるとされるところでは、「屋内」において恵比寿様・大黒様の神像に供物をしている。さらに、恵比寿様・大黒様の地域においては、「屋内」の供物だけではなく、掲示物がともに出されるところもある。

　　＜事例＞
　　2月8日コトハジメ
　　餅、赤飯を恵比寿様に供える。御飯に煮魚と一升マスに財布を入れて供えた。

　　12月8日恵比寿講
　　餅、赤飯を恵比寿様供える。掲示物の目籠を軒先に竿の先につけて立てその下に銭をまく。
　　（表7-25番、竜ケ崎市）

　　2月8日恵比寿様・大黒様
　　朝、餅を搗いて皿に載せ、恵比寿・大黒の神像の前において供える。恵比寿様が道で滑らないように小豆餡をつける場合もある。弁当として粉餅を供えるところもある。

　　12月8日恵比寿様・大黒様
　　恵比寿様・大黒様へ供物は2月8日とほぼ同様
　　厄除けとして目籠を軒先に立てる。

（表7−12番、行方郡麻生町）

　ここで見逃すわけにはいかないのは、12月8日のみみられる掲示物の目籠ではないだろうか。従来の一連の稲作農耕儀礼研究において、恵比寿様・大黒様は「田の神」のカテゴリに吸収されたものであり、目籠は、田の神・山の神の依代とされていた。しかし、ここでの目籠に注目すれば、従来の説の問題を指摘できるように考えられる。

①恵比寿様・大黒様は、「コト八日」に「屋内」の神像を依代とし招かれ、供物を捧げられている。つまり、恵比寿様が2回訪れるから、2回「屋内」で供物をするのである。

②しかし、「目籠」は、12月8日のみみられる。「目籠」が田の神・山の神の依代であれば、2回出されるべきだったのではないか。

　繰り返しになるが、恵比寿様・大黒様の祭祀は「屋内」の供物にほかならない。つまり、「境界」の目籠は、あくまで災厄除けかつ魔除けとかかわる儀礼的装置であり、通説における田の神・山の神の依代ではないことが確実にいえそうである。

(3)供物の恵比寿講と掲示物の八日節供の相違−12月・2月と8日

　供物と掲示物の相違にさらに注目してみよう。ここでは表11の千葉県の「コト八日」を中心に検討してみたい。表11の［供物・掲示物］と［名称］の項目に注目すれば、2通りに分類が可能である。つまり、供物の

みか、あるいは供物と掲示物が同時にみられるところでは儀礼の呼称が「恵比寿講」と呼ばれ、掲示物のみがみられるところでは「八日節供」と呼ばれる。

　茨城県の「コト八日」での検討からもわかるように、当然、「屋内」の供物に祀られるのは恵比寿様・大黒様である。ところで、ここではとくに恵比寿講の「暦日」にも注目する必要を感じる。なぜなら2月8日と12月8日が対応していない恵比寿講が存在しているからである。

　　＜事例＞
　12月8日恵比寿講(田の神オタチ)、2月15日恵比寿講
　この日は神棚においてある大黒様と恵比寿様をおろして座敷にかざり、黄粉餅、鮒などを供える。黄粉を使うのは大黒様が「マメに働いてくるように」という。また一升枡にお金を入れて供えたりする。
　12月8日を「田の神オタチ」といって、田の神様が田から出てくる日とし、

　2月15日に帰ると言う。
　（表11－10番、成田市郷部）

　このように、成田市郷部の恵比寿講は、儀礼の暦日が12月8日・2月15日に対応している。また12月8日を「田の神オタチ」といって、この日田の神が田から出てくる日とし、二月十五日に帰ってくると言う。この語りを素直に読み取れば、12月8日に恵比寿様(田の神)が田から家に訪れ、2月15日まで(正月期間)家に滞在し、2月15日に田に向かうことになろう。
　ここでの恵比寿様は、明らかに田の神(稲作農耕の神とは限らない)と

同一化されている。これまでみてきた、コトの神・田の神・恵比寿様の「神」には、たしかに、(ただし山の神との去来は不明である)供物を捧げ、必ず2回同様の行事を行っている。ここまでは従来の通説の前提とほぼズレがないといってもいいかもしれない。

　しかし、この成田市郷部の恵比寿講のもつ特徴も看過すべきものではないと考えられる。つまり、暦日が2月15日ということである。このことは、2回去来する「神」が必ずしも「8日」にこだわらない場合もあり得ることを示唆するものではないだろうか。具体的には後述するが、1セットの「コト八日」を再考できる1つの重要な視点としてとりあえず理解しておきたい。

　次に、「屋内」の供物はみられず、掲示物のみをともなう八日節供の事例をみてみよう。すでに指摘したように、「コト八日」の通説は、コトハジメ・コトオサメの呼称が1セットの「コト八日」の妥当性を補強してきたため、八日節供という呼称はいままでそれほど注目されることはなかった。しかし、表10の埼玉県の「コト八日」の[名称]の項目を一見すればわかるように、ほとんど八日節供になっている。さらに、関東全域に視野を広げてみても広範囲に分布しているのがわかる。そして、折口のみた「コト八日」の目籠も、じつは「武蔵野一帯の村々に行はれて居る八日どう又は八日節供と言ふ行事」であった(折口1995、前掲書:185)。

　表11の千葉県の「コト八日」をみれば、1、2、3、6番が八日節供である。

＜事例＞
2月8日八日節供

前の日、竿の先端に目籠をかぶせ、軒に立て銭をまく。(朝その下に銭が落ちているという)

(表11－1番、野田市船形石川山)(注)

12月8日八日節供

籠を先に付けて軒先に立てる。

(表11－2番、柏市大青田地区)

2月8日八日節供

庭先(軒先)にメカゴをたてる。

12月8日八日節供

前日に庭先(軒先)にカゴをたて、朝早く親がお金を撒いておく。(子供が起きると庭にお金が落ちてくると告げ子供に拾わせる)

(表11－3番、柏市船戸地区)

2月8日八日節供

前日に目籠を長竿に付けて庭に立てる。この時に籠の口を上に向けておく。「お金が降ってくるのを受け止めるのだ」という。翌朝これを倒す。他地区では当日籠をたてている。なお、お金をうけるのではなく、籠を立てて下に金をばら撒く地区もある。

(表11－6番、流山市)

掲示物のみがだされる八日節供は、具体的に次のような特徴をもっていた。

①「屋外」に「目籠」を立てるかそこに銭をまく。

②2月8日もしくは12月8日のそれぞれ1回のところもあれば、両日の2回行うところもある。「神」への供物のような必ず2回行われるべき儀礼ではないのだ。いずれかかといえば8日中心である。これまでみてきた山形県、茨城県の「コト八日」においても、掲示物じたいは年1回が多かった。

　以上のように、恵比寿講と八日節供の行事内容を比較してみると、さらに次のようにも考えることができよう。

図2－2恵比寿講と八日節供の比較

①「神」－「屋内」－供物－（8日にこだわらない2月・12月中心の可能性）
②「妖怪」－「屋外」・「境界」－掲示物－（8日中心の可能性）

　当然、さらなる検証が求められる図式であるが、これまでの「コト八日」事例からは以上のように分類できると思われる。
　また、儀礼の呼称がコトハジメ・コトオサメの場合は、ほとんど供物とかかわっていた。一方、千葉県の事例に限ってであるが、八日節供は8日や掲示物とかかわっている。このように考えると、こうした八日節供は、コトハジメ・コトオサメ論に対比されるべき充分な要素をもっているのではないか。しかし、従来の「コト八日」研究は、常にコトハジメ・コトオサメの呼称に偏って議論されてきたように思われてならない。

(4)「神」の去来と農耕儀礼

　これまで「神」の訪れるとされる地域に焦点をあてて、儀礼空間的分析に基づき、供物と掲示物の相違から議論を展開してきた。以上の議論から、「コト八日」の「神」がすくなくとも「屋内」の供物によって祀られる存在であることが明らかになったと思われる。

　では、これまでみてきた「コト八日」の「神」が表す性格をまとめてみよう。このことは「コト八日」の位置づけにも重要な部分を示すものと思われる。

　第1に、コトの神・田の神・恵比寿様・大黒様について厳密な神格の区分がみられず、祀り方において神仏習合的な信仰がみられた。つまり、儀礼を行う人々にとっては、いわゆる「福」をもたらす「神」を「屋内」に迎え祀る「行為」じたいが重要であったと考えられる。

　第2に、コトの神・田の神・恵比寿様・大黒様は、「農耕神」としてのグルーピングが可能であることである。これらの「神」に対してほぼ同様の供物が共通してみられた。とりわけ、小豆系の餅や赤飯また豆などの畑作物が目立つ。坪井は、有名な「餅なし正月」の論理において、「餅＝白色→水田稲作農耕」という象徴的連鎖に対比される世界として、「非餅＝赤色＝火→焼畑農耕」の存在を提示した(坪井1983:194－195)。だとすれば、こうした「コト八日」の「農耕神」が稲作より畑作農耕にかかわる神である可能性がきわめて高いと思われる。また、漁撈神でもある恵比寿様・大黒様にも、「農耕神」の供物がみられることからは、小松がいうような「恵比寿信仰の民俗化(土着化)」がみてとれる(小松1998:128)。つまり、儀礼を行う人々にとって重要なことは、神格ではなく、「何

を供物にするか(選ぶか)」であったと考えられる。

　第3に、コトの神・田の神・恵比寿様・大黒様は、明らかにコトハジ
メ・コトオサメの呼称をともなうことが多いことである[注4]。このことは、こう
した「神」が、2回祀られるべき「神」であることを教えてくれる。そして、こ
こで重要なことは、「屋内」が儀礼空間であることではないだろうか。つま
り、ここにはイエと田を往復する神去来思想が潜んでいるように考えられ
る。このような意味では、能登のアエノコトに類似しているといえよう。

　以上の整理から、これまで分析してきた「コト八日」の「神」が、「コト八
日」の農耕儀礼的性格を示すものであることは間違いないように考え
る。

　しかし、通説にあるような、こうした「農耕神」(田の神)が山の神と去来
かつ交替している明確な信仰の痕跡はみあたらないのだ。はたして田
の神は山の神と去来しているのか。さらに具体的に田の神と山の神が
それぞれ訪れるとされる地域に分析の焦点を当ててみよう。

写真2-1　アエノコト〔石川県珠州市：日本民俗宗教辞典(1998)、373頁〕

第3節　2月・12月の「神」の去来する日— コトハジメ・コトオサメ—

　表6の福島県の「コト八日」の［神・妖怪］を一見すればわかるように、ここでは神々（「神」と「妖怪」）の同時移動の事例が多い。前節までの儀礼空間的分析からも理解できるように、当然、供物と掲示物が同時に行われている。とりわけ、この福島県の事例には、田の神、年神、山の神という本章において重点的に再考すべと思われる「神」がみられる。それぞれの訪れる地域の事例をこれまでのような儀礼空間に着目して分析を行っていきたいと思う。

(1)2月8日・12月8日にこだわらない「神」—正月と田の神のかかわり—

　前章で、「コト八日」からみてとれた「農耕神」の民間信仰的性格の整理からも、「神」が2月と12月の2回祀られることには疑問の余地はないだろう、しかし、ただ1つの事例からであったが、必ずしも「8日」ではないことの可能性を予想しておいた。ここではさらに、こうした儀礼の期日にも注目しつつ田の神が訪れるとされる地域から行事内容を詳しくみていきたい。

　＜事例＞
2月8日・10日田の神おろし、12月8日・12月10日呼称不明

田の神おろし(2月8日・10日、12月8日・10日)矢祭町

二月八日あるいは十日に田の神おろしをする。これがすまないと田に入らないという。正月の松飾りを燃やし、その煙にのって神様がおりてくるのだという。臼に米の粉をほんの一つかをいれ、三回臼をつく。田の神おろしは家の戸間でやる。ダンゴを一升ますに入れて供える。

また、厄病神が入らないように、屋敷の入り口に目籠をかけておく。

(表6−23、矢祭町)

　まず、「屋外」の目籠が厄病神にかかわる儀礼であることはいうまでもないだろう。したがって、目籠以外に行われることが田の神に対する行事と考えるべきだろう。その内容は、①「屋内」での団子の供物、②餅つき(臼をつく)、③正月の松飾りを燃やすという3つである。前章での「神」へ供物も小豆系の食物が多かったことはすでに確認したとおりである。したがって、ここでの田の神もそれらと同質の「農耕神」であることに疑いはないだろう。ただし、ここではこうした「屋内」への供物のほかに、確実に正月行事ともいうべき儀礼が加えられている。当然、ここからは年神との関連を予想すべきと思われる。

　ここでもっとも注目したいのは、儀礼の暦日が必ずしも「8日」ではないことである。つまり、8日あるいは10日に儀礼が行われているのだ。では、なぜ8日と10日の両日が祭日になっているのか。その答えは次の2つの事例が明確に教えてくれると思われる

　＜事例＞

2月8日・12月8日の目籠

七日の夜、八日の朝早く目籠を家の入り口にかける。家によって柊、唐辛子などもかけるところがある。この日の目籠は悪魔、厄病神を避けるためという。なお、ニンニク味噌やネギをこしらえて、厄病神がくさくて入ってこられないようにする家もある。目籠は十日にはずす。この日は餅をつく。十日は田の神おろし。

2月10日・12月10日　田の神おろし

十日の朝、餡のついた団子をつくって枡に盛り、敷わらの上に置いた臼の上の箕におく

おく前に、臼を三度つき、正月の門松など煙の出るものを燃やして田の神を迎える。この煙にのって田の神様がおりてくるという。臼をつくとき「ちはやぶる神の稲穂をこれにあり、おろさせたまえ今日の田の神」と三度唱える

（表6−22、塙町）

この事例によって、これまで疑問としてきた「神」（供物）と「妖怪」（掲示物）をめぐる祭日の問題が明らかになるのではないだろうか。ここでは、上でみた（8日あるいは10日に行われる）矢祭町とほぼ同様の儀礼が8日と10日に分離されている。その内容は次のように整理できる。

①8日は「妖怪」に対して目籠などの掲示物を行う。

②10日に目籠の掲示物の儀礼が終わり、「神」（田の神）への供物などの祀りが行われているのだ。

栃木県の「コト八日」から、もうひとつ、類似する事例をみてみよう。

＜事例＞

2月8日、ニンニク八日

ニンニクとさいの目に切った豆腐を茅に刺し、木戸口に草刈り籠を伏せ、そこに刺す。ニンニク豆腐は戸口・倉・便所・味噌小屋の入り口にもさす

2月10日、地鎮様おろし

厄病神を払うと、作神である地鎮様を迎える。空臼を三度つく。この音を聞いて地鎮様が「食べ物がなくなって、みんな困ってるな」と思い降りて来るのだという。団子は朝作り、重箱に山盛りに入れ臼の上に供える。

（表8－3、那須郡西那須野町）

つまり、「神」への儀礼は必ずしも8日ではなかった。神去来思想に基づき「2月」と「12月」に同様の「供物」を行うことが儀礼の基本であったといえよう。

また、「妖怪」への儀礼は、すでに紹介した八日節供の事例からもわかるように必ずしも2回とは限らない。あくまで「8日」に行われるのが重要な儀礼であったと思われる。

したがって、さらに次のような図式の設定が可能になると考えられる。

図3－1 「神」と「妖怪」の祭日の相違

①「神」－「屋内」－供物－2月・12月の2回中心
②「妖怪」－「屋外」・「境界」－掲示物－8日中心

このように祭日にも「神」と「妖怪」の分離が可能になるとすれば、次の
コトハジメ・コトオサメの呼称をもつ儀礼も、通説からなる先入観かつ前
提(田の神・山の神去来する日)を取り払い違う角度からみることができ
ると思われる。

　　<事例>
　2月8日コトハジメ
　　田の神が地に降りる日。杵の音を立てる。
　　一つ目小僧などに対して目籠を軒先高く立てる。ニンニクなどの臭気
　のあるものを戸口においたりする。12月8日に天に帰るという。

　　12月8日コトオサメの餅
　　コトオサメの餅といい餅をついてお祝いをする。
　　(表6−27、喜多方市)

　ここでは田の神に対して明確な供物の行事はみられない。しかし、掲
示物の目籠などが田の神に対する儀礼ではないことはいうまでもない
だろう。目籠はここに訪れるとされる「妖怪」の一つ目小僧に対する儀礼
とみるのが妥当である。
　そうだとすれば、2月「コトハジメ」の「杵の音を立てる」、12月「コトオサ
メ」の「餅をついて祝いする」というのが田の神に対する行事になろう。正
月行事の餅つきが田の神への儀礼になっており、したがって、ここでは
田の神が年神のようになっているのだ。このように考えてくると、コトハジ
メ・コトオサメの呼称が田の神や年神と関わりをもつことを予想すべき

ではないだろうか。なぜなら、前章で田の神の一種と位置づけたコトの神・恵比寿様・大黒様などの「農耕神」もコトハジメ・コトオサメの呼称をともなうことが多かったからである。

　ここまでの儀礼的分析からは通説のような山の神との去来の性格はみいだせない。次に年神が訪れるとされる地域の事例を確認してみよう。

(2)年神の性格

　前段では主に表6の福島県「コト八日」から田の神が訪れるとされる地域をみてきた。その結果、田の神に、「屋内」への供物だけではなく、一般的には正月の年神への儀礼と判断できる餅つき(臼をつく)や正月の松飾りを燃やすことも行われていることが明らかになった。

　では、表6の福島県「コト八日」の神々(「神」と「妖怪」)地域において年神が明記されているところをみてみよう。そこでの「屋外」の掲示物を除けば、年神への行事内容は次のようにまとめられる。

　　＜事例＞
　　2月8日・12月8日
　　平坦部では餅をついてその音で神を送迎する。
　　モチ米の乏しい家では空臼でもならす。
　　(表6−29番、河沼郡会津坂下町)

　　2月8日・12月8日
　　餅をつくか、空臼をつく。

（表6−30番、河沼郡湯川村）

2月8日・12月8日

赤飯、餅、団子などをこしらえる。いい神が来るように夕方松等でかが
り火を焚いた。

餅をつき供える。

（表6−36番、南海津郡飯館村）

2月8日・12月8日

朝、餅をつく。

　ここの年神への行事内容をみると、餅つき（臼をならす行事）と「屋内」
の供物、さらには供物と同様の儀礼食が基本になっている。すなわち、
田の神にも年神にも同じ行事が2回行われているのだ。このようにみて
くると、田の神と年神の関係が明らかではないだろうか。要するに、儀礼
を行う人々にとって、2月と12月を祭日とする田の神や年神は、同質の
性格をもつ「神」であるといえよう[注5]。

　また、ここで取り上げた事例は、2月8日と12月8日が祭日である。これ
まで論じてきたことから理解できるように、ここでも「8日」中心の行事と仮
定した目籠などの掲示物が出されている（詳しい行事内容は、表6の福
島県「コト八日」を参照されたい）。

(3)田の神と年神の去来(交替)ーコトハジメ・コトオサメ の「神」

　では、田の神と年神が同質の性格を有する「農耕神」であると判断し たところで、さらに、こうした「神」とコトハジメ・コトオサメの呼称との関連 性を考えてみたい。前節で明らかにしたように、「神」はコトハジメ・コト オサメの呼称をともなうことがきわめて多かった。

　　＜事例＞
　　2月8日コトハジメ・コト八日
　　1年の農事のはじめとしてコトハジメという。
　　餅はつかなくても、空臼でもならす
　　軒先に目籠を竿につけて高く立てる

　　12月8日師走八日
　　軒先に目籠を竿につけて高く立てる。

　　12月26日
　　餅つきをする
　　(表6−31番、大沼郡会津高田町)

　神々が移動するとされる地域の事例である。注意深くこの事例をみる と、1つのまとまった行事のようにみえた2月8日の行事が、12月には、12 月8日と12月26日の行事の2つに分離されてしまう。また、行事の呼称が2 月8日はコトハジメ(コト八日)であるが、12月8日は師走八日になっている。

つまり、「神」に対する2月8日の餅つき(空臼でもならせ)と12月26日の餅つきこそ1セットであろう。また、「妖怪」に対する目籠が2月8日と12月8日に2回行われている。すでに繰り返し指摘したように、この掲示物の目籠は、あくまで「8日」中心であり、2月と12月が1セットとはいいがたい。

　したがって、2月8日の餅つき(空臼でもならせ)が「コトハジメ」であるとすれば、「コトオサメ」になるのは12月8日の「師走八日」ではなく、12月26日の餅つきになるのである。

　こうした行事内容を考慮すれば、コトハジメ・コトオサメは明らかに「正月」とかかわる儀礼と考えるべきであろう。つまり、コトハジメ・コトオサメじたいも、「8日」の掲示物ではなく、あくまで「神」の2回(2月・12月)の「去来」にかかわる行事と考えられるのだ。いいかえれば、2月と12月の供物や餅つきなどの正月行事こそコトハジメ・コトオサメと呼ぶべき儀礼ではないだろうか。

　こうした考えが妥当であるとすれば、本章の重要課題であったコトハジメ・コトオサメに去来する「神」とは何かというのも理解しやすくなるのではないかと考えられる。次の事例がその去来する「神」とは何かを教えてくれるように思われる。

　　＜事例＞
　　2月8日コトハジメ
　　正月様が行って、田の神がくる日という神様に赤飯を供える。
　　(表6−18番、石川郡平田村)

　　2月8日コトハジメ

田の神が地に降りる日。杵の音を立てる。

12月8日に天に帰るという

12月8日コトオサメの餅

コトオサメの餅といい餅をついてお祝いをする。

（表6-27、喜多方市）

　ここのコトハジメ・コトオサメに行われる行事内容、すなわち、必ず2回行われる「屋内」の供物、餅つき（杵の音を立てる）の対象となる「神」こそが、コトハジメ・コトオサメに去来する「神」といえるのではないだろうか。また、「コトオサメの餅」という呼称はそのことを象徴的に示すものと思われる。

　つまり、石川郡平田村の「正月様が行って、田の神がくる日」のような、いわば「年神と田の神の交替」が正月かつ農耕行事として存在するコトハジメ・コトオサメに去来する「神」ではないかと思われる。

　すでに、年神と田の神を同質の「農耕神」と位置づけた。神格の区分がそれほど重要ではないこうした「農耕神」は、田の神が年神にもなり、逆に年神が田の神にもなれるものである。地域によってはコトの神や恵比寿様・大黒様が、田の神でもあり、年神でもあろう。

　従来のコトハジメ・コトハジメ論において、「事八日の行事を両日とも行う地域では、二月八日をコトハジメ（事始め）、十二月八日をコトオサメ（事納め）と呼ぶ所が多いが、東京など関東の一部で逆に呼ぶ例がある」（福田アジオ編1999〜2000前掲書：636〜637）というような理解が定着している。しかし、じっさいは、同じ地域でもコトハジメ・コトオサメの呼称

は一貫しているようではない。また、2月8日と12月8日が対応していない
ところもある。表12の東京都、表13の神奈川県の事例をみてみよう。

<事例>

2月8日コトハジメ・コトオサメ、12月8日コトハジメ・コトオサメ

白御飯・オコト汁(ケンチン汁)を灯明とともに神棚・仏壇に供える。

コトハジメ・コトハジメとも呼ばれるが一概に限定しがたいという。

鬼・疫病神などの来訪に対して目籠

(表12-13番、調布市)

2月8日コトハジメ・コトオサメ、12月8日コトハジメ・コトオサメ

オコト汁と呼ばれるケンチン汁をつくり、神棚に供え、皆でいただく

どちらかをコトハジメ・コトオサメと呼んでいる。

八日ゾウと呼び籠や笊をかぶせ軒先に立てている。

(表12-1番、大田区)

2月8日コトハジメ・コトオサメ

コトハジメで餅を搗いて供える。

一臼餅はついてはいけないといって、二臼以上搗くことになっている。

コトハジメともコトオサメとも言うようである

(表12-28番、新島村)

2月8日　コトオサメ

12月13日のコトハジメに対応する日

(表13-12番、津久井郡藤野町)

つまり、コトハジメ・コトオサメの「コト」とは、農耕でもあり正月でもあると思われる(注6)。2月と12月のコトハジメ・コトオサメとは、正月かつ農耕儀礼として、同質の性格をもつ「田の神」と「年神」の去来する日と理解すべきではないかと考えられるのだ。

　いわば、農耕期間と正月期間の交替する日であるから、人々はどれをコトハジメと呼んでもよかったはずである。したがって、正月を重要視する傾向が12月の方をコトハジメ(正月の神事)としてより強く意識するようになったのかもしれない。

　繰り返しになるが、すくなくとも、コトハジメ・コトハジメは、年神と田の神の去来(交替)を基盤とする儀礼であり、従来のような「田の神・山の神去来信仰」を基盤としているとはいいがたいのである(注7)。当然、恵比寿・大黒は、年神と田の神の両方の性格を有しているということができる。

　以上の内容をまとめると次のような図式に表現できると考える。

図3-2「神」の去来によるコトハジメ・コトオサメ

①「神」＝年神・田の神・恵比寿様・大黒様＝「去来神」
②「神」－「屋内」の供物・餅つき(空臼をつく)・儀礼食など－2月・12月の2回－コトハジメ・コトオサメ
③コトハジメ・コトオサメ＝田の神・年神の去来(交替)する日＝農耕期間と正月期間の交替日＝2月・12月の「神」の去来する日
④コトハジメ・コトオサメの「コト」＝田の神・年神の去来→正月＝農耕

第4節　山の神と「妖怪」の関連性

(1)厳重な禁忌をともなう山の神

　通説の「田の神」(「神」)＝「山の神」(「妖怪」)という祖霊一元論を考慮すれば、「田の神」のみが、あくまで2月と12月に去来するコトハジメ・コトオサメになるのである。したがって、「妖怪」を吸収させた「山の神」は、「田の神」とは違う儀礼が行われる可能性が極めて高いはずである。

　では、具体的に山の神にはどのような儀礼が行われているのか。まずは、神々(「神」と「妖怪」)移動が濃厚に分布する表6. 福島県「コト八日」に注目したい。[神・妖怪]の項目をみれば神々が同時移動するなかに明確に山の神が記されているところがある。

　　＜事例＞
　　2月8日・12月8日
　　　八日は山の神様の日という。毎月の八日は山の神の遊行日として山
　　行を慎むが、これを侵したら死につながる災厄があると信じられている。
　　　特に、2月と12月は霊験あらたかであるといって、山行きを厳重に戒め
　　ている山行きを慎む。この日山に行って山の神に会うと死ぬと言われる。
　　(表6－2、安達郡国見町)

　　2月8日・12月8日
　　毎月八日は山に入ることを忌む。

特にこの日は山の神が木の数を数える日だから山にいくと木の数に入られるといって恐れられている

（表6−19、岩瀬郡鏡石町）

2月8日 · 12月8日

毎月八日は山に入ることを忌む。山に行ってはならない。

2月と11月7日に山仕事の人が「山の講」といって山の神を祭る。

（表6−19、岩瀬郡鏡石町）

このように、山の神は明らかに8日とかかわっている。ここの事例からは山の神に対する具体的な行事内容を見て取ることはできない。しかし、共通していることは、8日は「山に入ることを忌む」「木を切ってはいけない」という厳重な禁忌である。すなわち、「8日」が「山の神」の来訪する祭日であり、それにともない「禁忌」をするということになる。次の事例をみれば山の神と禁忌の関連性がさらに明確になる。

＜事例＞

12月8日

この日は山に行かない。

山の神様の歩く日だから山に行くと神の罰があたる。

（表6−1、安達郡国見町崎山 · 鳥取 · 石母田 · 光明寺 · 貝田）

2月8日 · 12月8日

山の神様の通る日。山藤をきってはいけない。

（表6−18、石川郡平田村）

2月8日・12月8日

山に行ってはいけない。木を切ってはいけない。

(表6−36、南海津郡飯館村)

　ここでも「山の神」の来訪に対して山に行ってはならないという禁忌がみられる。このようにみてくると、山の神−8日−禁忌の関連性が、まず、うかがえるだろう。さらにここで重要なことは、ここで取り上げた事例が神々の同時移動する地域ということである。

　つまり、ここにはすでに整理した、2月と12月の「神」の去来による儀礼を除けば、「禁忌」と「妖怪」への掲示物が残ることになる。このようになってくると、期日の8日を軸に次のような関連性を考えることもできると思われる。

図4−1 8日・妖怪・山の神の関連性

「妖怪」−「屋外」・「境界」−掲示物−8日中心

　　　　　　　　　　　　−8日中心−禁忌−山の神

　したがって、当然、山の神と「妖怪」の関連性にはもっとも注意を払う必要があろう。

　じつは、「コト八日」のこうした「禁忌」は、ほぼ東日本の全域にわたって(とくに福島県、関東地方、静岡県が濃厚)広範囲に分布している(表の[特徴]項目を参照されたい)。ここでは茨城県の事例をみてみよう。

＜事例＞

2月8日、厄病神除け・12月8日厄病神除け

八日は山に1つ目の厄病神がうろうろしているから、山へいかない。

（表7－5番、久慈郡大子町）

2月8日、山に入らない日、12月8日、山に入らない日

山には鬼がいるので、この日、山にいって木を伐ってはいけない。

（表7－8番、勝田市）

2月8日、山に入ってはいけない日・12月8日山に入ってはいけない日

厄病神は一つ目だから目籠の沢山の目に恐れる。

山に入らない。

元来は山の神に関わる聖なる日。

（表7－7番、勝田市東海村）

　このようにみると、上でみた8日の「山の神」に語られた禁忌がそのまま「妖怪」に置きかえられていることに気付く。山の神と「妖怪」の間に禁忌をめぐる類似性は認めることができよう。すくなとも、禁忌においては、山の神と「妖怪」は相互変化しており、したがって、山の神の両義性をうかがわせるに充分な特徴といえるのではないだろうか[注8]。

　こうした特徴が、山の神と「妖怪」の関わりを解明するにあたってきわめて重要な意味をもつことは間違いないように思われる。

(2)山の神と一つ目小僧

さらに、「妖怪」への掲示物と山の神の関連性についても考えてみよう。静岡県にも「コト八日」に山の神を祭るとするところがある。

＜事例＞

12月8日、一つ目小僧

山の神を祭る。

この神は目が一つで足が一本しかない天狗だといわれた。

この日、目籠を竿のさきにつるして軒先に立てる。

ヒイラギの枝を玄関にさしたりした。

（表15−2番、伊東市吉田）

12月8日の行事が山の神祭日となっている。この山の神が足の1本、目が1つの「天狗」といわれている。また、ここに訪れる「妖怪」が目一つ小僧であることを考慮すれば、山の神＝天狗＝一つ目小僧ということがわかるだろう[注9]。掲示物には2通りがあり、軒先の目籠と玄関のヒイラギである。

「妖怪」には、一つ目小僧だけではなく鬼・悪魔・厄神などさまざまな神や霊的存在がある。禁忌伝承から山の神と「妖怪」の密接なかかわりを指摘したが、それにしても「妖怪」すべてが山の神であるとは考えにくい。ここの事例は、山の神の具体的な異形が一つ目小僧であることを教えてくれるのである。

さらに、一つ目小僧が山の神の異形であるとすれば、掲示物の意味

も理解しやすくなるのではないだろうか。つまり、研究史の検討でも指摘したように、掲示物の儀礼空間は、「境界」かつ「屋外」にほかならない。玄関のヒイラギを魔除けの呪具として捉えることに疑問の余地はないだろう。また、折口の目籠の依代説が正しいとすれば、軒先の目籠、具体的に竹竿の先の目籠こそが山の神(一つ目小僧)の依代になろう。山の神の異形である一つ目小僧の力によって災厄除けが行われることである。この問題は、さらに、次章からも検証していきたいが、折口の依代説の妥当性をここでも充分見て取れたように思われる。

(3)神迎えの儀礼としての一つ目小僧伝承

次に、一つ目小僧が山の神であるという前提に立って、次の事例をみてみよう。

　　＜事例＞
　　2月8日、目一つ小僧の日
　　毎月八日に旅立つことを忌み、またこの日は何をするにも厄日だとされている。
　　目一つ小僧が山から降りて不幸をもたらすから履物を外に出さない。
　　メカゴを竹竿の先に吊し軒先に立てる。
　　グミ木をイロリで燃やす。
　　(表15-3番、裾野市)

ここは2月8日が目一つ小僧(一つ目小僧と同じものととして捉えたい)

の日になっている。

　まず、8日の禁忌がある。禁忌には、目一つ小僧が山からやってきて災いをもたらすからだという理由付けがなされている。また、軒先に目籠を立てて、グミの木などの臭いものをもやすことが行われている。

　前段における筆者の考えが正しいとすれば、グミの木を燃やすことは「境界」のヒイラギと同様の意味をもつ魔除けになり、軒先の目籠は一つ目小僧の依代になる。当然、この依代には「神」を迎えようと心性が根底にあるはずである。すなわち、「神迎え」として儀礼が行われている。いいかえれば、一つ目小僧は迎えられるべき「神」であり、その具体的な現れ（神の宿り）が依代の目籠と考えられる。

　このように考えてくると、禁忌の意味も解きやすくなるのではないだろうか。

　山の神の両義性に関する問題であるが、次の岩田の指摘を踏まえて、ここでの山の神の性格を位置づけてみよう。

　　　山の神のように強い禁忌が発生する神には、ある一定の傾向がある。和魂として、同時に、荒魂として、両義的性格が渾然一体となっている、、、、（中略）、禁忌を遵守し祭を行っていれば災厄除けなど和魂的性格が顕著に表出し、禁忌を破りを祭を怠れば荒魂的性格が顕著となる（岩田2006：274）。

　山の神である一つ目小僧（山の神の異形）を、災厄を防いでくれる強い力をもつ神（来訪神）であると判断した。つまり、こうした山の神こそ「忌むべき神」といえるのではないだろうか。物忌の逆説的表現が「コト八日

」の禁忌であったと考えられる。

　さらに、「コト八日」の禁忌は、すでにのべたように関東全域に広がっている。それに加え、目籠もほぼ同様に関東全域に分布している。こうした関連性を考慮にいれつつ、次章以降さらに考察を深めていきたいと考える。

　図4－2は、これまでの内容を図式で示したものである。一つ目小僧伝承は、あくまで、災厄鎮圧を目的とする「神迎え」の儀礼として位置づけることができよう。

図4－2　神迎えとしての一つ目小僧伝承

山の神		神迎え		一つ目小僧
山の神祭祀	＝	8日中心	＝	妖怪の訪れる日
依代	＝	目籠	＝	掲示物
物忌み	＝	山の神の両義性	＝	禁忌
＊災厄除けを目的とする神迎え				

第5節 「神」と「妖怪」の分離から何がみえるか

　これまで、「コト八日」の「神」に焦点をあてて分析を行ってみた。ここでは本章の結論として、コトハジメ・コトオサメ論の再考の結果を述べることにしたい。

　コトハジメ・コトオサメについて、和歌森太郎は「一年の農事から農事に及ぶ間の物忌期間の両断が二月八日と十二月八日」であるという(和歌森1959:87)。また、鈴木棠三は「十二月八日から二月八日は正月の物忌期間」だったと説いている(鈴木1977:333〜334)。いずれも、コトハジメ・コトオサメの「コト」を農事や正月と捉えながら物忌すべき日と位置づけている。しかし、これらの定義には、具体的な祭祀対象が明らかにされてない問題点が潜んでいると考えられる。

　そこで、筆者は、空間論的分析に基づいて「神」と「妖怪」を分離しつつ、次のような分析結果を導き出した。

　①同質の性格をもつ田の神と年神(「農耕神」)が、コトハジメ・コトオサメの祭祀対象になる。

　②コトハジメ・コトハジメとは、2月と12月の田の神と年神の去来(交替)する日である。

　③また、8日については、「妖怪」および山の神の祭日と関係があることが確認でき、物忌の対象になるべき神は山の神およびその異形としての一つ目小僧である。

　③以上のことから、このコトハジメ・コトオサメを農耕期間と正月期間

の交替日として結論づけられる。

　次章からは、山の神・「妖怪」・8日の関連性に重点をおき、さらに議論を展開していきたいと考える。

「注」————————————————

(注1) 柳田国男は『月曜通信』「土穂団子の問題」の中で、土穂団子を作って食べる理由を「(前略)祭りの日には必ず変わったものをこしらえて食べるという目的も、決して今のように休みだからおいしい物をというのではなしに、心が改まるには、まず口に入れる物の改まることを必要とした、古風な経験に基づいたもので、それにはかえって特別にまずい方が、いっそう有効だったろう…」(柳田1978:35)。

(注2) 赤坂憲雄(1985)の「人身御供談への序章」は、今村仁司やルネ・ジラールなどに依拠しながら、生贄(人身御供)に差し出される、あるいは身代わりとなるものが「異人」であったことに注意を払って人身御供の意味を解き明かそうとした重要な論考である。

(注3) 江戸時代の市民生活を知るうえで重要な資料である『嬉遊笑覧』の八巻には、次のようにコトハジメ・コトオサメの内容が記されている。「十二月八日事納め、二月八日事始め、江府中にて籠つるなりと云り．．．．．．．殆更今日を事始めと云ふ弥心得がたし。十二月八日を始めとして、今日を納といはば可ならんか。暦にも十二月に正月事始よしと記せし日多し。然ればこの日事納とせんこと勿論なるべきにや(日本随筆大成編輯部:1979)

(注4) 宮田登(1982)は『江戸歳時記』において、「コト八日」を、江戸に住む都会人が正月の事始めと事納めとしてとらえるようになったものであり、本来の事始めの期日は、一つ目の神の伝承を持つ金工業者の守護神を祭る十一月八日の鞴祭りが十二月八日へと短縮されたものであろうという。また、二月八日に前後して稲荷の初午祭があり、コト八日の対応と一致するとしている。すなわち、2月8日と12月8日に行なわれる「コト八日」は本来、金属神の祭りだとしているのである。

(注5) 石塚尊俊は、年神(正月神)の本質を祖霊的性格と位置づけた、折口信夫と柳田国男の考えに次のように疑問を提出する。折口については「年中行事」(1940)のなかの言及を引用したうえ、「これは要するに日本人の神信仰も、宗教学でいうアニミズムとしてのタマの信仰に始まり、それがやがて分化してカミ・モノという善悪二様の

対象を生ずるに至った、そのカミとして畏むべきもののもののうち年末に来て年を越して帰っていくものを年神というようになったというわけであるが、厄介なことに、そこに「日本では祖先の霊魂だと考えてゐる」という解説が入っている。そこで、これだと日本人は祖霊以外の威霊を感じていなかったかのように受けとれなくもない」そして、柳田については、『先祖の話』のなか次のセンテンスを引用している。「春毎に来る年の神を、商家では福の神、農家ではまた御田の神だと思って居る人の多いのは、書物の知識からは解釈の出来ぬことだが、たとえ間違ひにしても何か隠れた原因のあることであらう。一つの想像は此神をねんごろに祭れば、家が安奉に富み栄え、殊に家督の田や畠が十分にその生産力を発揮するものと信じられ、且つその感応を各家が実験して居たらしいことで、是ほど数多く又利害の必ずしも一致しない家々の為に、一つ一つの庇護支援を与へ得る神といへば、先祖の霊を外にしては、さう沢山はあり得なかったらうと思ふ」このように引用したうえ、石塚は「こうし先達のお考えを、われわれ末葉に連なる者が批判がましく論うのは僭上の謗りをまぬがれないが、そうはいっても疑問は疑問として提出しておかねばならない。少なくともこのいい説きが実証的・帰納的でないことはいうまでもなかろう」(石塚1995：245－246)

(注6) 大島建彦は、『用捨箱』などを引用したうえ「本来は、コトということばは、特に改まった飲食の意味に用いられており、広くハレの日の祭事とかかわる」という(大島1989前掲書：262－263)。

(注7) ネリーナウマンは、道教の色彩が濃い歳徳神と年神の関係について次のように指摘する。「田の神と年神の交替」の問題を考えるに参考になるものと思われる。「歳徳神信仰は、今日では完全に重なり合うようだ。その半ば中国的な名称と陰陽道に由来するという知識以外にも、中国起源の要素はごくわずかしか残らなかった。たとえば、その年の「恵方」となるこの神の「来臨」の方角についての考え方などは、異質な要素だと即座に判明する。この考え方は若干の正月行事で一定の意味をもっている。しかし、歳徳神が一面においては「年神」に完全に吸収され、そうして来訪する祖霊の特徴を帯びる一方で、穀神としての年の神を祀る地方では、この神への連絡経路が通じている。そんな地方では、歳徳神と田の神の交替を信じている(ネリーナウマン1994：281－282)

(注8) 波平恵美子は、山に行っては行けないなどの禁忌について、山の神の性格と祟りの信仰との結びつきから次のように述べている。「特別に山の神を家の中で祀る習俗はなく、木を切り倒す前に山の神に御神酒をあげる程度である。山の神への信仰は、山の神は大切にしなければならないもの、恐ろしいものという意識はあるが、その信仰行為は、山の神を怒らせて祟られれないための消極的みられ、中略、ところで「狐霊」あるいは「ミサキ(死霊)」と呼ばれ祟ったり憑いたりする霊は互いに混ざり合うことが注目される。また山の神が怒ると狐霊やミサキを使って祟らせるともいう」(波平1992：63－64)

(注9) 山の神が一つ目・一本足であることには「コト八日」の内容をも含め、ネリーナウマンの『山の神』に詳しい。とりわけ、「コト八日」を各種の観念が混淆されているとする指摘は重要と思われる。「四国の土佐および阿波の山村では山鬼とか山父、山爺は眼一つで、そのうえ足一つだという。山の神も各地で目一つで隻脚、あるいはそのどちらかだと信じられている。たとえば、山の神は、青森、福島、茨城、富山、静岡、愛知、奈良の各県で一つ目となっている。一つ目の怪物は、目一つ五郎とか一つ目坊、一つ目小僧などと簡単に呼ばれることが多い。山から降りてくることが必ずそれらの本質の一端をなすので、一つ目の怪物はもともと山や山の神と何かしら関係するようだ。このことは別の証拠によって裏打ちされよう。一例に、関東地方や静岡県、伊豆半島、大島などでは二月八日に目籠、すなわち目のたくさんある籠を長竿の先につけて出入口に立てる習俗がある。(中略)、この場合、一つ目小僧は厄病神だとされている。しかしながら、厄病神がその日に「廻って来る」というかつて重視された二月八日とか十二月八日の対になった日取りや、また二月八日山から出てきて十二月八日に山へ帰る「事様」や「薬師」をめぐる期日を同じくする観念は、他の地方でちょうど同じ日に山から降りてきたり帰ったりする山の神を暗示するものだ。その日には、悪気や疫病神を祓うために家の中や門口をいぶしたり、同じ目的をもったその他の行事を節分の日から二月八日にかけてする地方が多い。ところが、山の神に関わる習俗もしばしば同じ二月八日になされるので、ここには各種の観念の混淆があるようだ(ネリーナウマン1994:281-282)。

第3章

ムラの「コト八日」の祭祀的解明
―神迎え・神送り・祭祀空間―

第1節　「祟り」をめぐる祀り方と神格

(1)本章の目的

　前章では、通説における「神」と「妖怪」を同質化させた「田の神」＝「山の神」の論理にも再検討を試み、田の神と山の神の質的相違を明らかにした。とくに、山の神については、①祭日の8日、②依代として軒先の目籠、③山の神の異形としての一つ目小僧、④禁忌の物忌みの逆説的表現という性格を有していると判断した。こうして、一つ目小僧伝承を「災厄除けのための神迎え」を意味するものと位置づけた。

　また「妖怪」も、①8日を中心に、②「屋外」・「境界」の掲示物とかかわりをもつことを明らかになった。

　このようにみると、山の神・一つ目小僧・「妖怪」を結びつける信仰は災厄や祟りにかかわるといえよう。

　一つ目小僧が災厄を鎮圧する強い力をもつ来訪神であるとすれば、「妖怪」のカテゴリには、風邪の神・貧乏神・疫病神などのような、神の名を有しながら、明らかに災厄や祟りをもたらすことが想定できるものもある。

　とすれば、来訪神と祟り神が祭祀的対象として同質であることは考えにくい。したがって、本章の目的は、ムラの「コト八日」に儀礼論的分析に焦点をあてて、「祟り」をめぐる祀り方に注目して、神格の区分を明らかにすることである。

　そのため、本章の研究課題としては以下の3つを考えている。

　第1に、イエと一つ目小僧伝承との儀礼的かつ祭祀的かかわりによる

来訪神信仰の解明である。このことは、ムラの「コト八日」における折口の依代説の妥当性の検証にもなろう。

　第2に、ムラの「コト八日」において、明らかに祟り神を祭祀対象とする行事がどのような祀り方や信仰を基盤とするかを明らかにすることである。

　第3に、来訪神と祟り神の神格の相違を明らかにし、境界における祭祀空間の再検討である。

(2)ムラの「コト八日」における共通要素　−8日・境界・仏教民俗−

表3-1　長野県松本市の「コト八日」　（調査地）

No.	地名	名称	期日	行事内容	イエの境界	仏教との習合	ムラの境界	ムラ境の行事
1	松本市両島	お八日念仏と足半	2003-02-0	10時まで外出できないと決めている8日に、木戸先で厄病神を防ぐための、ヌカエブシが行われる。この日保存会の仲間が、公民館で縄に藁を編んで足半を作る。足半は巨人の足にはけるような大きな形に縄をはって編み、片方ずつ同じ大きさのものを2つ作る。このほかに藁を折り曲げて束にする注連を4つ作り、足半に2つ結びつける。なった縄を結び、数珠がわりにする。足半ができると並べて飾り、上段の仏像の掛け軸に団子を供えて線香をともし、数珠がわりの縄について座る。みんなの真ん中に座った、僧侶のなりをした音頭取りの鉦の音に合わせて縄をまわしてお八日念仏を唱える。お八日念仏が終わると、町会の境の上と下に送り、見上げるような高い樹木に結びつける。境にある大きな足半をみて、巨人のいるところに気づき、厄病神を防げるものとしている。	木戸先	数珠まわしなど	ムラ境	樹木に吊す

No.	地名	名称	期日	行事内容	イエの境界	仏教との習合	ムラの境界	ムラ境の行事
2	今井下新田	お八日念仏と足半（お八日）	2003-02-08	10時まで外出できないと決めている8日に、木戸先で厄病神を防ぐための、ヌカエブシが行われる。この日保存会の仲間が、公民館で縄に藁を編んで足半を作る。足半は巨人の足にはけるような大きな形に縄をはって編み、片方ずつ同じ大きさのものを2つ作る。このほかに藁を折り曲げて束にする注連を4つ作り、足半に2つ結びつける。なった縄を結び、数珠がわりにする。足半ができると並べて飾り、上段の仏像の掛け軸に団子を供えて線香をともし、数珠がわりの縄について座る。みんなの真ん中に座った、僧侶のなりをした音頭取りの鉦の音に合わせて縄をまわしてお八日念仏を唱える。お八日念仏が終わると、町会の境の上と下に送り、見上げるような高い樹木に結びつける。境にある大きな足半をみて、巨人のいるところに気づき、厄病神を防げるものとしている。	木戸先	数珠まわしなど	ムラ境	樹木に吊す
3	里山辺追倉	お八日の綱引き	2003-02-08	この集落は、里山辺の北東に位置し、入山辺と境を接する。南向きの急な斜面に、大久保性の5軒が住んでいる。八日の朝早く、各家では、ヌカエブシなどといって木戸先で籾殻、唐辛子、手髪などをいぶしたり、餅をつき、ムラ境にある道祖神碑に供える。また、この日は山道具や農機具にも餅を供えたりする。午後、村中の大人も子供もみんな頭屋に集まる。男性が持ち寄った藁で綱よりをして「龍」を作り、その間、女性は精進料理を作る。できあがると座敷に龍を持ち込んで、南無阿弥陀仏の掛け軸の前に飾り料理を供えるとともに、みんなで料理を食べる。料理は粗食に甘んじて食べる。食事がすむと、車座りになり、龍を数珠のかわりに念仏を唱える。それが終わると、男女に分かれて綱引きを行う。女性が勝つと、その年の五穀豊穣、無病息災が確約されるという。勝つのは毎年必ず女性である。最後に男性が村境まで龍を運び、村の守り神である道祖神碑に奉納するように巻きつけ、お参りをする。龍は、守護神となって、1年間村を見守る。	木戸先	数珠まわしなど	ムラ境	道祖神に巻きつける

No.	地名	名称	期日	行事内容	イエの境界	仏教との習合	ムラの境界	ムラ境の行事
4	入山辺厩所	貧乏神送り	2003-02-08	早朝に木戸先で籾殻や唐辛子などをいぶして、ヌカエブシをやる（臭いにおいを出すといわれる）。餅をついて道祖神碑に供えたり、塗りつけたりする。他の人より早く塗りつけると、女性は早く嫁にいけるという。午後、公民館に老人クラブのみなさんが藁を持ち寄り、貧乏神などに見立てた大きな藁馬とジジ・ババと呼ぶ人形を作る。藁馬は体長2メートル、高さ1・5メートルほどある。馬にニンジンを差し込む。その後、馬を中心に車座になり、長老が鉦をたたいて数珠を回し、念仏を唱える。鉦をたたく木槌には「文久二年（1862）の銘刻がある。そのあと、人形をのせた藁馬をかつぎ、「貧乏神追い出せ・貧乏神送り出せ」と人々が囃しながら薄川まで運ぶ。そこで、ふたたび念仏を唱え、燃やす。「後ろをみてはいけない」という。＊戦前は三九郎もこの行事も子供が行い藁馬は簡単なものであった。昔は、北厩所との境である堀の沢へ送り出して沢底へ捨てた。また小さな藁馬も作った。左右に餅をいれた藁ずとを背負わせて道祖神碑まで引いていき、2個を供え、2個は家に持ち帰って食べた。	木戸先	数珠まわ	ムラ境（ムラの外）	捨てる・燃やす（神送り）
5	入山辺奈良尾	貧乏神送り・風邪の神送り	2003-02-08	朝早く、家の木戸先でヌカエブシをやる。8日の夕飯すぎにすぐった一束ずつ持ち寄った大人の男性と、子供が公民館に集まる。集まった男性が分担して、神送りの藁馬と対の男女や馬方の藁人形を作る。その間に頭屋に集まった女性が、粕汁などの料理をつくる。できあがった藁人形に「南無阿弥陀仏」と書いた棒を持たせ藁馬にのせる。藁で作った馬方に、棒の刀を腰にさして藁馬の鼻先におく。これらのつくりものができあがると、粕汁を飲ませるまねをする。外に出ると子供が先頭となり、藁馬を綱で引きながら、「貧乏神まくりだぜ、風邪の神まくりだぜ」と唱える。途中で藁馬を燃やしながら進み、三反田との境で焼く。	木戸先	数珠まわし、「南無阿弥陀仏」と書いた棒	ムラ境（ムラの外）	捨てる・燃やす（神送り）

No.	地名	名称	期日	行事内容	イエの境界	仏教との習合	ムラの境界	ムラ境の行事
6	入山辺上手町	貧乏神送り・風邪の神送り	2003-02-08	家の木戸先デヌカエブシ。餅をつき道祖神碑へ供えたり、塗りつける。道祖神へ供えることは1年の無病息災などがいわれる。作りものは3つである。藁馬、ジジ・ババと呼ばれる藁人形、金剛杖と呼ばれる木の棒である。できあがったジジ・ババは馬に乗せる。金剛杖は鉈で皮をむいた木に「南無阿弥陀仏」と書いたもの。古くは子供の行事であった。頭屋の玄関に入れ、鉦を叩きながら念仏を行う。馬に供物をし、またいただく。「貧乏神まくりだせ、風邪の神まくりだぜ！」と大声で囃しながら馬を引く。村境で燃やす。終わると頭屋の家にもどり直会をする。	木戸先	数珠まわし、「南無阿弥陀仏」と書いた棒（金剛杖）	ムラ境（ムラの外）	捨てる・燃やす（神送り）
7	入山辺中村	風邪の神送り・粕念仏	2003-02-08	家の木戸先でヌカエブシ。8日の夜、公民館に藁を持ち寄る。綱よりをして、「追い出し」とよぶ「百足」を作る。百足は厄病神をみたてたもので、長さ5メ〜6ートルほどである。その間、母親たちは台所で粕汁を作る。作り終えると、百足にその年の上級生が乗り、それを他の小学生と大人が「南無阿弥陀仏」「南無阿弥陀仏」を唱えながら引く。百万棒で鉦を叩きながら、集落の境の六地蔵の方で投げ捨てる。これで疫病神を送り出したという。「後ろをみてはいけない」という。公民館に戻り粕汁を食べる。	木戸先	数珠まわし、「南無阿弥陀仏」と書いた棒（百万棒）	ムラ境（ムラの外）	捨てる・燃やす（神送り）

ここではムラの「コト八日」として現地調査を行った長野県松本市の7集落の事例を取り上げることにしたい。表3－1は、その行事内容をまとめたものである。

　まず、行事の呼称から確認していくと、1.「お八日念仏と足半」(松本市両島)2.「お八日念仏と足半」(今井下新田)3.「お八日の綱引き」(里山辺追倉)4.「貧乏神送り」(入山辺厩所)5.「貧乏神送り・風邪の神送り」(入山辺奈良尾)6.「貧乏神送り・風邪の神送り」(入山辺上手町)7.「風邪の神送り」(入山辺中村)である。

　表3－1には、[イエの境界][仏教との習合][ムラの境界][ムラ境の行事]という項目を別途に用いた。この項目に注目してみると、7集落の「コト八日」は明確な共通要素を含んでおり、一方では、大きく2通りに分類すべき相違点があることに気付く。ここではまず共通要素を確認したうえ、相違点からムラの「コト八日」を2類型に分類してみたいと考える。

　共通要素は次の3つがあげられる。

　第1に、イエからムラに連続する行事であることである。表3－1の項目[イエの境界]に「木戸先」と記されている。ヌカエブシとは、早朝、木戸先で唐辛子、湖沼、ネギなどに籾殻をいぶすことである。写真3－1をみればわかるように、その臭気を出すことだけではなく、煙が高く立てられることに大きな特徴がある。いずれの集落もこのヌカエブシから行事がはじまる。このことは看過すべきものではないと考えられる。また、空間論的には木戸先からムラ境に行事が継続している。つまり、イエの境界からムラの境界に連続しており、これが1つのまとまった祭祀として行われていることも重要であろう。

　第2に、明らかに仏教と習合していることである。表3－1の項目[仏教

との習合]をみればわかるように念仏の数珠まわしが共通している。写真3-2は、両島の写真であるが、大きな足半を作り終えると数珠まわし（百万遍）を行う。ほかの集落においてもそれぞれ作り物の相違（たとえば藁馬、藁人形など）があっても、必ず数珠まわしを見ることができる。また、こうした百万遍の念仏だけではない。写真3-3は入山辺上手町の「風邪の神送り・貧乏神送り」であるが、金剛杖と呼ぶ「南無阿弥陀仏」と書かれた棒を作り藁人形にもたせる。こうした棒は4、5、6、7番の風邪の神送り、貧乏神送りの集落で共通して見ることができる。つまり、こうしたことから7集落の「コト八日」は明らかに仏教民俗として行われているということができよう。

写真3-1　ヌカエブシ［松本市里山辺追倉、筆者撮影］

写真3-2 「お八日念仏と足半」の数珠まわし［松本市両島、筆者撮影］

写真3-3 金剛杖と呼ばれる2本の木の棒［入山辺上手町、筆者撮影］

　第3に、2月8日を暦日としていることである。ここのムラの「コト八日」
が、コトハジメ・コトオサメのような2月と12月の2回の祭祀からなる1セッ

トの行事として行われてきた痕跡はみあたらない。2月8日だけの行事なのである。

(3)行事の2類型－「祀り吊し・巻き」と「祀り捨て・燃やし」

　次に、行事内容において2類型に分類すべき相違点を述べておこう。

　表3－1の［ムラ境の行事］項目をみればわかるように、1、2番は「吊し」になっており、3番道祖神に「巻きつける」になっている。つまり、写真3－4、写真3－5のように作り物がムラ境などの境界的空間に固定されることである。一方、表3－1の［ムラ境の行事］項目をみると、4、5、6、7番は「燃やす」「捨てる」になっている。写真3－6はムラ境の川で藁馬・藁人形を燃やしている光景であるが、昔は川に捨てて流したともいう。

　要するに、最大の相違点は最終的な祀り方の相違にあるといえよう。したがって、ここでは1、2、3番を「祀り吊し・巻き」といい、一方4、5、6、7番を「祀り捨て・燃やし」と呼ぶことにしよう。

　さらに、この2類型は、同じくムラの境界が祭祀空間であるとしても、祀り方の相違から人々の認識は大きく異なると考えられる。とりわけ、「祀り捨て・燃やし」は、いずれも「風邪の神送り」「貧乏神送り」という呼称からも理解できるように、ムラ境が祭祀空間になっているものの、明らかにムラの外(送り出す)が意識されているのだ。

　以上、長野県松本市7集落の「コト八日」を取り上げ、祀り方の相違から①「祀り吊し・巻き」、②「祀り捨て・燃やし」に分類した。

　したがって、この2類型に対して、すでに共通要素として導き出した①イエの境界とムラの境界の連続性、②仏教民俗、③暦日の2月8日(8日

中心)を考慮しつつ、それぞれの分析を行っていきたいと思う。

写真3-4　地蔵堂のムラ境に木に吊す［今井下新田、筆者撮影］

写真3-5　ムラ境の道祖神に数珠まわしに使った龍を巻きつける
　　　　　［里山辺追倉、筆者撮影］

写真3−6　ムラ境の川辺で藁馬、藁人形などを燃やす［入山辺厩所、筆者撮影］

第2節　山の神・来訪神・擬人化の関連性

(1)神迎えの一つ目小僧伝承との類似

　まずは、類型化した「祀り吊し・巻き」の祭祀論(儀礼論)的分析を行ってみよう。では、表3−1の1番の松本市両島「お八日念仏と足半」を時間軸にそって具体的に行事内容をみてみよう。

　2月8日の朝、イエの木戸先でヌカエブシを行ってから、10時半頃、保存会の仲間が公民館に集まる。また、朝10時までは出かけてはならないという禁忌がある。

　公民館に集まると、縄に藁を編んで足半を作る。足半は巨人の足にはけるような大きな形に縄をはって編み、片方ずつ同じ大きさのものを2つ作る。このほかに藁を折り曲げて束にする注連を4本作り、足半に2本ずつ結びつける。なった縄を結び、数珠がわりにする。写真3−7のように足半ができると並べて飾り、上段の南無阿弥陀仏の掛け軸に団子を供えて線香をともす。

　祭壇の準備が終わってからは、すでにみた3−8のように、僧侶のなりをした音頭取りの鉦の音に合わせて縄をまわし、お八日念仏を唱える(実際の数珠と数珠がわりの縄を交替で1回ずつ)。お八日念仏が終わると、写真3−9のように数珠がわりの縄を結びつけた足半をムラ境の高い樹木に吊す。このようにすると、境にある大きな足半をみて、巨人のいるところに気づき、厄病神を防げるという。

この行事は、江戸初期の伝染病(赤痢)が流行ってはじまったという。イエとムラの境界を儀礼空間とすることからも、この行事が災厄除け・魔除けを目的とすることに疑問の余地はないと思われる。

　この行事の展開や形状を注意深くみると、イエの「コト八日」における、神迎えの一つ目小僧伝承との類似性を認めることができないだろうか。その理由は次のように考えられる。

①8日の山の神祭祀のための物忌み(10時までは出かけてはならないという禁忌)。

②山の神は足が1本、目が1つの天狗という言い伝え。

③軒先の目籠と樹木の足半の形状的類似。

写真3−7「お八日念仏と足半」の祭壇 [松本市両島、筆者撮影]

写真3−8　縄を結び数珠がわりにする［松本市両島、筆者撮影］

写真3−9　数珠がわりの縄を結びつけた足半をムラ境の樹木に吊す
　　　　　　　　［松本市両島、筆者撮影］

こうした類似性を踏まえると、ムラ境の高い樹木に吊された足半を山の神の依代と位置づけることができよう。また、第1章で前述した折口の「神の標山には必神の依るべき喬木があつて、而も其喬木には更に或よりしろのあるのが必須の条件であるらしい」(折口1995前掲書、185)という指摘からすれば、ムラ境の樹木は、山の神の依るべき「喬木」といえよう。

　したがって、この両島の「コト八日」において、山の神の異形は樹木に吊された足半(＝山の神の依代)であり、この足半こそが、ムラの「境界」に迎えられ災厄を鎮圧する強い力をもつ来訪神といっていいだろう。

　このように考えてみると、すくなくともこの両島の「お八日念仏と足半」をみるかぎり、災厄(祟り)を鎮める来訪神は、イエの祭祀(ひとつ目小僧伝承)においてもムラの祭祀においても、神迎えの祭祀対象として共通していたと思われる。

　ところで、このムラの「コト八日」は、災厄除け・魔除けをするにあたってどうやら山の神の力だけでは充分とは思わなかったようである。もう一度、写真3－7をみてみよう。祭壇には、足半だけではなく、草履、注連、数珠がわりの縄、南無阿弥陀仏の掛け軸などがある。すなわち、複数の祭祀対象が同時に祀られているのだ。また、写真3－8のような縄で行う数珠まわし、写真3－9のように数珠がわりの縄、注連縄を足半に結びつけて吊すことも看過すべきではない特徴と思われる。いわば、日本宗教のシンクレティズムであるが(注)、具体的には土着信仰の来訪神(山の神)信仰と外来宗教の仏教との習合が顕著であるといえよう。

　しかし、これまでみてきたように、土着信仰(来訪神信仰)からなる祭祀目的が重要であり、仏教はあくまでその目的達成(災厄除け・魔除け)の

ため来訪神信仰に融合されたとみるのが妥当ではないかと考えられる。

　以上のことから、両島の「お八日念仏と足半」は、災厄予防あるいは鎮圧を目的とする、ムラの「神迎え」祭祀と位置づけることがきよう。

　また、この地域では足半のような巨人がいるから疫病や疫病神が入ってこないと言う。折口の「髯籠の話」における目籠＝依代説も、天つ神の「睨み返し」が来訪神の力を示していた。このようにみると、山の神の異形としての来訪神が、足半(巨人)・一つ目小僧であったのも、神の強い力を示すための擬人化あるいは人格化の発想と無関係ではないように思われるのだ。

図3−1　山の神・来訪神・擬人化の関連

山の神の異形＝一つ目小僧＝足半の巨人　→　来訪神＝擬人化・人格化

(2)人形道祖神との類似

　次に表3−1の2番の今井下新田の「お八日念仏と足半」をみてみよう。すでにみた両島の「コト八日」と呼称が同じであることからもわかるように、ほとんど同様の行事が行われている(具体的な行事内容は、表3−1を参照されたい)。

　しかし、ここでは、両島の行事ではみることのできなかった植物が重要な祭祀的装置として現れる。写真3−10をみると、「南無阿弥陀仏百万遍」の札と杉の葉を一升ビンにさした杉の葉を部屋の真ん中にすえる。人々はそのまわりに座り、数珠を回しながら八日念仏の「南無阿

弥陀仏」を、鉦の音にあわせて唱えるのだ。

　このようにみると、ここでの杉の葉が、足半、「南無阿弥陀仏」のお札と同様の祭祀的意味を有していると理解してよいだろう。

　では、なぜ杉の葉であるのか。

　この問題を解くためには、第1章で折口の依代説の可能性を示唆するものとして取り上げた、人形道祖神と「コト八日」の目籠のかかわりが解決の糸口を提供してくれるものと思われる(注)。

　これまでの分析から、「コト八日」の一つ目小僧は目籠を依代とする来訪神と位置づけた。またムラ境の足半も同様に来訪神の依代と捉えた。

　すなわち、人形道祖神・一つ目小僧・足半の巨人は同質の性格を有するイエとムラの来訪神(擬人化かつ人格化された来訪神)ということができよう。

　こうした理解に立って、写真3-11をみると、杉の枝葉が人形道祖神にふんだんに使用されていることがわかる。この写真だけではなく、人形道祖神の制作に杉の葉が多く用いられることには、当然、杉の葉のもつ特別な祭祀的かつ呪術的意味を予想すべきであろう。神野善治は『人形道祖神』(1996)のなかで、杉の葉について次のように述べている(注)。

　　杉葉の霊力　杉の枝葉を使って藁人形の頭部などを覆い、まるでライオンのタテガミのような造形をする例(たとえば福島県船引町屋形や朴橋のオオニンギョウ様など)がある。さらに杉の葉で人形の全身を覆う場合も各地に見られる。たとえば秋田県二ッ井町小掛のショウキ様、福島県いわき市の天王祭のニンギョウ様、茨城県石岡市のオオニンギョウ様など

である。部分的に杉の葉を用いて頭髪・脇毛・陰毛などを表現してい
る例はかなり多い。

　杉の葉が利用されたのは、単純に人形の毛髪などを表現する素材と
して色や形状などが適していたからかもしれないが、そこに何らかの呪術
的効果が期待されたこと考えるべきだろう。杉の葉で覆われた人形は鮮
かな緑色をしていて、その青々した色と鋭い葉先が悪霊を退散させるう
えで効果あるものと

写真3−10　足半、「南無阿弥陀仏百万遍」のお札、杉の葉を真ん中において数珠
　　　　　回しをする［今井下新田：松本のたから(1999)、168頁］

写真3−11 茨城県の杉の枝葉をまとう藁人形(オオニンギョウ)［人形道祖神−境界神の現像−(1998)、79頁］

　期待されたのではないかと考えられる。ただし、その新鮮な緑色は人形が作られた当初だけのもので、しばらくすると葉が枯れて赤茶色になってくる。人形道祖神は村はずれに常設されるので、この赤色になった人形の姿にも同様に悪疫退散の意味が期待されたのではないかと思われる(神野1996：302−303)。

神野は、杉の葉が人形道祖神に使用されることの多い理由を杉の葉がもつ悪疫退散の呪術的性格にあると言及する。

　おそらく、こうした呪術的性格を有することは確実だろう。しかし、杉の葉が単なる魔除けの呪具だけの性格であれば、写真3－10のように、足半・南無阿弥陀仏百万遍」の札と一緒になることは考えられないだろう。なぜなら、ここにはあくまで神の力が習合されているからである。すなわち、災厄鎮圧のため山の神の力・仏教の力・人形道祖神(＝杉の葉)の力が融合されているのだ。要するに、杉の葉はそれ自体が人形道祖神の依代であり来訪神そのものであったように思われる。

図3－2　土着信仰(来訪神信仰)と民間仏教の習合化

一つ目小僧・足半の巨人・人形道祖神(擬人化来訪神)＋百万遍など(仏教)
→
災厄鎮圧のための神の力の融合(仏教の土着信仰化)

　これまでみてきた2つの事例とも「祀り吊し・巻き」のなか、「吊し」で終わる儀礼であった。足半の巨人が山の神の異形である解釈が正しいとすれば、足半の吊しの形状が、足が一本の山の神の依代を表す形状的特徴といえるのかもしれない。すくなくとも、松本市両島、今井下新田の「お八日念仏と足半」からは、イエの一つ目小僧伝承と同様、災厄鎮圧を目的とする神迎えの儀礼として位置づけることができよう。

第3節 「龍」の2重的機能
―祟り神と数珠―

(1)行事内容の特殊性

次に、里山辺追倉の「お八日の綱引き」といわれる行事を写真資料とともに時間軸にそってみていきたい。

この集落は、里山辺の北東に位置し、入山辺と境を接する。南向きの急な斜面に、大久保性の5軒が住んでいる。

朝早く、各家では、すでにみた写真3－1のような7集落で共通するヌカエブシを行う[注1]。

朝、ムラ境にある道祖神像に餅を供える(写真3－12)[注2]。また、この日は山道具や農機具にも餅を供えたりする。

午後1時半頃、村中の大人も子供もみんな頭屋に集まる。男性が持ち寄った藁で綱よりをして「龍」を作り、その間、女性は精進料理を作る(写真3－13、3－14)。できあがると座敷に龍を持ち込んで、南無阿弥陀仏の掛け軸の前に飾り料理を供えるとともに、みんなで料理を食べる(写真3－15)。料理は粗末だが、甘んじて食べる。

食事がすむと、車座りになり、龍を数珠のかわりに念仏を唱える(写真3－16)。それが終わると、男女に分かれて綱引きを行う(写真3－17)。女性が勝つと、その年の五穀豊穣、無病息災が確約されるという。勝つのは毎年必ず女性である。

最後に男性が村境まで龍を運び、村の守り神である道祖神碑に奉納するように巻きつけお参りをする(写真3-18)。龍は、守護神となって、1年間村を見守る。

　このように儀礼の内容を確認してみると、ここの「祀り巻き」は、ムラ境で作りものを最終的に固定させる面で、上述した2つの「祀り吊し」行事と共通している。しかし、儀礼の展開過程や作りものにおいては明らかな相違点が存在している。具体的には次の3点が重要と考えられる。

　①疫病神(祟り神)に見立てた「龍」を制作すること。
　②数珠まわしをする前に精進料理(粗食)を食べること。
　③「龍」を数珠がわりにしたあと、道祖神像に巻きつけること。

写真3-12　ムラ境の道祖神、庚申塔へ餅を供える［里山辺追倉、筆者撮影］

写真3－13　龍を座敷に持ち込む［里山辺追倉、筆者撮影］

写真3－14　精進料理(粗食) ［里山辺追倉、筆者撮影］

写真3−15　念仏の前に精進料理を食べる［里山辺追倉、筆者撮影］

写真3−16　龍を数珠がわりとし念仏を行う［里山辺追倉、筆者撮影］

写真3-17　男女にわかれて綱引きを行う［里山辺追倉、筆者撮影］

写真3-18　最後に道祖神、庚申塔に巻きつけてお参りをする［里山辺追倉、筆者
　　　　撮影］

「コト八日」の祭祀論的研究

(2)祟り神祭祀の直会と数珠まわし

前段で提出した3つの行事内容の特徴に注目してみよう。

①疫病神(祟り神)に見立てた「龍」を作ること。

「祀り吊し」の2行事での足半は、数珠・杉の葉などと同質の祭祀対象あるいは祭祀的意味をもつものである。具体的には災厄を鎮圧するための来訪神の依代にほかならなかった。いわば、人々に正の作用をする神の具現化であったといえよう。

しかし、追倉では、負の霊的存在ともいうべき疫病神(祟り神)を「龍」としている。当然、「龍」が作られることに、足半とは異なる祭祀的な意味が込められているはずである。したがって、追倉の行事が疫病神(祟り神)となんらかの祭祀的かかわりをもつことは確実であろう。

②数珠まわしをする前に精進料理(粗食)を食べること。

ところが、この行事を注意深くみると、作り物の「龍」は疫病神(祟り神)の見立てだけではない。もう1つの機能として、百万遍を行うときの数珠の役割も果たしているのである。つまり、すでに整理した民間仏教の来訪神化(仏教の土着信仰化)を考慮すれば、ここでの「龍」は負の作用をする神にも、正の作用をする神にもなり得るのである。

では、なぜ「龍」は、いわば負と正の2重的な祭祀的装置として用いられているのか。きわめて大きな疑問を感じる。

ここで見逃すわけにはいかないのは、儀礼の展開過程において、数珠まわしをする前に精進料理を食べる点である。また、精進料理は粗末であり、儀礼食としてこの粗食を甘んじて食べるということにも重要な祭祀的意味が潜んでいると考えるべきであろう。

　こうした点に注目すれば、次のような解釈が可能ではないかと考えられる。

　まず、数珠まわしの前の「龍」が疫病神(祟り神)の具現化であることに疑いはないだろう。とすれば、「龍」を座敷に持ち込んだあと、すぐに精進料理を食べることを「直会」として捉えることはできないだろうか。したがって、ここで神人共食の対象になるべき神は、あくまで疫病神(祟り神)になる。そして、儀礼食が写真3－14のように粗末であることも、疫病神(祟り神)へ与えるべき供物が粗食であるからといえよう。また、「直会」は神事終了の時点で行われるのが普通である。このように考えてくると、精進料理を食べる時点で疫病神(祟り神)への祭祀は終わることになるのだ。

　じつは、この祟り神と儀礼食の問題は、次節から検討していくもう1つの類型「祀り捨て・燃やし」の「風邪の神送り・貧乏神送り」行事内容と深く関わる。ここでは、疫病神(祟り神)との「直会」自体が1つのまとまった祭祀であることはいえるのではないかと考えられる。

　また、本研究目的の1つが稲作一元論の再検討にあることを考慮すれば、ここでの儀礼食かつ供物が、いわばハレの食物ではないことも重要な意味をもつだろう。こうした意味でも、次の中村生雄の指摘は、ここでの問題意識を発展させるに大きな示唆点を与えてくれるものと思われる。

日本の祀りの重点が「直会(共食)」にあるとは柳田国男の『日本の祭』における重要な指摘であったが、むろんそのとき彼が前提としていたのはコメと酒とを神饌の中心とする稲作以降の祭祀形式であった。しかし今日、アイヌ文化のエコロジカルな意義が見直され、三内丸山遺跡などの発掘をとおして縄文人の豊かな先進的な社会が逆光を浴びることにより、日本の社会と文化の形成過程を稲作以前／以外に及ぼして再検討する必要性が共有されることとなってきた。こうした理由からも、現在まで非稲作的な文化伝統と生活習慣を多分に継承している狩猟・焼畑地域の民俗と信仰を明らかにすることは不可欠であり、またそれによって、稲作一元論の弊が指摘されて久しい柳田流の民俗研究の枠を突破する道筋も可能となるにちがいない(中村2001:130)

③「龍」を数珠がわりにしたあと、道祖神碑に巻きつけること。

　繰り返しになるが、精進料理を食べること(直会)で、「龍」の疫病神(祟り神)としての祭祀的機能は消滅されることになる。したがって、数珠まわしのときの「龍」は、もはや「龍」ではなく、すでに両島の事例からみた写真3-8のような、縄で作った数珠がわりのものになると判断できる。
　したがって、祟り神の祭祀(直会)を除いてみると、両島と今井下新田の神迎え(祀り吊し)と同様の儀礼構造が残る。すなわち、ヌカエブシ→数珠まわし→数珠の境界的空間への固定(祀り巻き)というように展開しているのだ。この「龍」が数珠として使用されたから、最終的に道祖神に巻きつけることが可能になったのではないか。
　そして重要なことは、前述したように、ここでの数珠がわりの「龍」は災厄を鎮めるため境界に招かれた来訪神に等しいものであったと思われる。

もうひとつ、ここで確認しておきたいのは、写真3−12のように、朝、ムラ境の道祖神や庚申塔に供物をすることである。ここでの供物はハレの餅ともいうべき白餅である。また、写真3−18のように、儀礼の最後に道祖神や庚申塔に数珠を巻きつけてから、その上に白餅をのせお参りをする。このように観察してみると、追倉の祭祀では、神人共食は祟り神としか行われないことに気付かされる。この事実は、上で中村の指摘を考慮すれば、非稲作的文化論とかかわるのかもしれない。

　この問題もこれから「祀り捨て・燃やし」を検討していくにあたって、念頭に入れておく必要があるように思われる。

(3)ムラの神迎えとしての「祀り吊し・巻き」

　これまで、表3−1の1、2、3番の「祀り吊し・巻き」の内容をみてきた。すでに述べたように、この類型の最大の特徴は、祭祀的装置(モノ)が最終的にムラ境などの境界的空間に固定されることである。

　「祀り吊し」の場合、足半をムラ境の木に吊される形状がたしかに多かった。しかし、空間的には追倉の「祀り巻き」と同様、道祖神などと一緒におくこともある(写真3−18)。

　すなわち、こうしたムラの境界神と一緒の空間におかれることは、「祀り吊し・祀り巻き」の足半・数珠がわりの縄などが、「境界」の単なる魔除けの呪具ではないことの裏づけになろう(注3)。それらは、あくまで災厄や祟りを鎮めることができる強い力をもつ神(来訪神)の依代であったように思われる(注4)。

　こうしたことから、ここでの「祀り吊し・巻き」をイエの一つ目小僧伝承

と同様、災厄除けあるいは鎮圧を目的とするムラの神迎え祭祀として位置づけることができよう。

写真3-18　足半がムラ境の道祖神や石仏などと一緒におかれる
(今井下新田：筆者撮影)

　また、来訪神が一つ目小僧をはじめ足半の巨人・人形道祖神などに擬人化ないし人格化されていたことも言及した。おそらく、神の強い力を示すためにはこうしたことが必要だっただろう。そこから、折口の目籠＝依代説に妥当性をみてとることができよう。
　この点に関して、岩田重則は、墓上施設・最終年忌塔婆などを取りあげた、いわば、墓の祭祀論(儀礼論)的研究から次のようにいう。最後に記しておきたい。

墓上施設・最終年忌塔婆を依代としておとずれる来訪神は、仏教民俗として存続してきた日本の墓制・葬送儀礼の中でも仏教の浸透が弱いことが明らかであった。こうしたムラの外からの来訪神、依代におとずれる死霊など災厄を鎮め封鎖する神、それこそが民俗的神としてふさわしい神であった。この来訪神は擬人化されて表象されることも多く、折口信夫の概念を借りれば、その具体的内容は「まれびと」であるといってよい。もっとも自律的かつ主体的観念としての民俗的神にふさわしい神は、ムラの氏神などの集団内部の神ではなく、外部からおとずれる来訪神にほかならなかったのである(岩田2003前掲書:324)。

第4節 祟り神祭祀としての神送り
一鎮魂・馬供養・死霊信仰一

(1)風邪の神送り・貧乏神送りの行事内容の特徴

　次に、もう1つの類型「祀り捨て・燃やし」の儀礼論(祭祀論)的分析を行っていきたい。まず、表3−1の4番の2月8日を暦日とする入山辺厩所「貧乏神送り」を写真資料とともに時間軸にそって具体的な行事内容をみてみよう。

　7集落が共通しているヌカエブシを、早朝、木戸先で行う。

　餅をついて道祖神碑に供えたり、塗りつけたりする(写真3−19)。

　午後、公民館に老人クラブのメンバーが藁を持ち寄り、貧乏神などに見立てた大きな藁馬とジジ・ババと呼ぶ人形、草鞋などを作る。藁馬にはニンジンを差し込む。また、藁馬や草鞋を藁馬の上に乗せる(写真3−20)。

　その後、この藁馬などを中心に座り、長老が鉦をたたいて数珠を回し、念仏を唱える。鉦をたたく木槌には「文久二年(1862年)」の銘刻がある(写真3−21)。

　そのあと、人形をのせた藁馬をかつぎ、「貧乏神追い出せ・貧乏神送り出せ」と人々が囃しながら薄川まで運ぶ(写真3−22)。

　そこで、ふたたび念仏を唱えてから燃やす(写真3−23、24)。帰りに「後ろをみてはいけない」という。

　また、昔はこうした特徴があったという。

＊戦前は三九郎もこの行事も子供が行った。

＊昔は、北厩所との境である堀の沢へ送り出して沢底へ捨てた。ま
た小さな藁馬も作った(写真3－25)。

＊左右に餅をいれた藁を背負わせて道祖神碑まで引いていき、2個
は供え、2個は家に持ち帰って食べた。

写真3－19　餅を道祖神に塗りつけるか供える(入山辺厩所：筆者撮影)

写真3－20　藁馬、藁人形、草鞋などの作り物。ニンジンを藁馬に差し込む
　　　　　(入山辺厩所：筆者撮影)

写真3−21　藁馬を真ん中において数珠まわしをする
（入山辺厩所：筆者撮影）

写真3−22　「貧乏神送り出せ」を唱えながら薄川に移動する
（入山辺厩所：筆者撮影）

写真3-23　薄川についたら再び念仏を行う(入山辺厩所：筆者撮影)

写真3-24　藁馬・藁人形などを燃やす(入山辺厩所：筆者撮影)

写真3−25 昔はこのような小さな藁馬も作ったという(入山辺厩所：公民館内の
写真を筆者撮影)

写真3−26 入山辺奈良尾の藁馬・藁人形。藁人形には「南無阿弥陀仏」と書いた棒
を持たせ藁馬にのせる(入山辺奈良尾：筆者撮影)

　写真3−25 これまで入山辺厩所の「貧乏神送り」の行事内容を具体
的にみてきた。表3−1の5番の入山辺奈良尾「風邪の神送り・貧乏神

送り」と、6番の入山辺上手町「風邪の神送り・貧乏神送り」は、「祀り捨て・燃やし」を特徴とする儀礼の展開過程だけではなく、藁馬・藁人形などを作る点でもほぼ同様である[注5]。

　入山辺奈良尾や上手町での作り物の写真をみると、その形状までもが同様であることがわかる(写真3−26、27)。

　写真3−27　入山辺上手町の藁馬・藁人形。ここでも藁人形に「南無阿弥陀仏」と書いた棒(金剛杖)を持たせる(入山辺上手町：筆者撮影)

　このような写真資料を踏まえてみても、以上の3つの集落の行事が同質の信仰を基盤としていることは確実と思われる。したがって、本節ではこれらの行事内容から見て取ることのできる共通性に注目し、分析を行ってみたいと考える。具体的には次のようなことが重要と考えられる。

　①行事の呼称が「風邪の神送り」「貧乏神送り」であること。

②藁馬へ食物を与えること。

③藁人形へ「南無阿弥陀仏」と書いた棒（金剛杖）を持たせること。

④捨てる・燃やすことの呪術的性格

(2)祟り神の藁馬、来訪神の藁人形

前段で提出した5つの行事内容の特徴のなか、まずは①②③中心に考えていきたい。

①行事の呼称が「風邪の神送り」「貧乏神送り」であること。

ここで取りあげる3集落（入山辺厩所・奈良尾・上手町）の行事呼称かからもわかるように、明らかに祭祀対象を「祟り神」としている。

当然、ここで重要なことは、いずれも「神」の名を有している負の霊的存在への祭祀として行事が行われている点であろう。いいかえれば、人々は災厄や祟りをもたらす荒々しい霊（負の霊的存在）を、「神」として祀り上げ鎮めようとする信仰が根底にあったとも考えられる。

前節でみた「祀り吊し・巻き」の最大の特徴は、「境界」的空間に依代による来訪神の具現化（強い力をもつ神）にあるといえよう。

だとすれば、この「風邪の神送り」「貧乏神送り」は、それとは逆に、「境界」的空間から祟り神を送り出すため「祀り捨て・燃やし」を行っていることが充分想定できる。すなわち、ここの集落ではこの祀り方によって災厄や祟りを鎮めようとしたと思われるのだ。

したがって、こうした「祟り神」祭祀を祭祀的かつ儀礼的に解明するた

めには、儀礼的装置として用いられている藁馬・藁人形などから、送られるべき祟り神として具現化されたものは何かを明らかにすることが必要になってこよう。

②藁馬へ食物を与えること。

まず、藁馬に注目してみると、看過すべきではないきわめて重要な共通点がみられる。

- 厠所では藁馬にニンジンを差し込む(写真3−28)
- 奈良尾では藁馬に粕汁を与える(写真3−29)
- 上手町では藁馬に塩・米・御神酒を与える(写真3−30、31)

このように、藁馬へはなんらかの食物が与えられている。しかも、この食物とのかかわりはあくまで藁馬だけであり、なぜか藁人形には与えることをしないのだ。

じつは、長野県の「コト八日」では「馬引き」といい、これに類似する事例が非常に濃厚に分布している。文献資料による表16の長野県「コト八日」から2つほど事例をみてみよう。

＜事例＞
2月8日　馬引き
ついた餅に小豆の餡をつけ、藁つどの俵に入れる。そしてそれを藁馬の背中に括りつけ、藁馬を引いて道祖神に行き、供えてお参りをする。

また藁馬を引いて帰り、屋根へ投げ上げる。

（表16－6番、真田町真田）

2月8日　馬引き

早朝に餅をつき、藁馬につけて道祖神に供える。餅は近所にも配る。

（表16－7番、真田町岡保）

　この2つの事例では、（小豆系）餅を藁つどの俵に入れ藁馬の背中につけることで食物を与えている。こ2つの事例だけではなく、表16から「馬引き」行事をみると、ほとんどこれに類似しているのがわかる。また、厩所でも昔はこうした餅を藁馬へつけたという。

　ここで注目すべき点は、祭祀的な意味として、こうした食物（小豆系の餅・ニンジン・粕汁など）を藁馬への「供物」として捉えることも可能ではないかとのことである。前述した中村の指摘のように、稲作以降の祭祀形式の供物ともいえる御神酒などが上手町の事例にみられることにはやや疑問が残るところであるが（最初から御神酒であったか）、すくなくとも、藁馬へ供物が捧げられることはほぼ間違いないように思われる。

　また、藁馬への供物は、ただ供物で終わることではなく、そこには神人共食もみられる。たとえば、奈良尾では最終的に「祀り捨て・燃やし」が終わったあと、公民館に集まり、みんなで粕汁を食べる。上手町では、御神酒を与えたあと、皆で飲む。また、真田町岡保の事例に記されているように、藁馬につけた餅を近所に配るというのも、神人共食として充分捉えることができよう。

　そして、藁馬への供物として選ばれた御神酒以外にニンジン、粕汁、

小豆餅なども、いわば、ハレの儀礼食(供物)に比べると粗食として判断していいものだろう。

このようにみてくると、前述の里山辺追倉の事例から位置づけることができた「祟り神」祭祀との類似性がきわめて高いといえるのではないだろうか。つまり、祟り神との直会がこの「風邪の神送り」「貧乏神送り」にも潜んでいたように考えられるのだ。したがって、送られるべき祟り神とはこの藁馬であったと思われる。

そして、追倉の事例のときも述べたように、祟り神祭祀は「直会」自体が1つのまとまった行事と考えられる。すなわち、祟り神を依代などによって迎えようとする信仰はとくにみることができないのだ。送られるべき祟り神と、来訪神のような迎えられるべき神とは、明らかに別の神格といえよう。さらにいえば、祭祀形式もそれぞれ異なっていると判断できよう。

こうした意味では、里山辺追倉の事例は送るべき祟り神への祭祀と迎えるべき来訪神祭祀(仏教の土着信仰化・来訪神化)が習合されていた儀礼であったといえるのかもしれない。

図3-3 祟り神祭祀としての直会

祟り神＝送られるべき神(風邪の神・貧乏神)
祟り神の具現化＝龍・藁馬
祟り神祭祀＝祟り神の直会
→ 粗食(精進料理・粕汁・小豆系餅など)
＊来訪神のような依代はみられない

写真3−28　藁馬への供物。ニンジンを差し込む

写真3−29　藁馬への供物。粕汁をあたえる

写真3−30　藁馬への供物。塩・米・酒などを与える

写真3−31　藁馬に御神酒。お酒を与えている

③藁人形へ「南無阿弥陀仏」と書いた棒(金剛杖)を持たせること。

藁馬が祟り神の具現化であるとすれば、藁人形はどのように位置づけることができるだろうか。

繰り返しになるが、里山辺追倉の事例を祟り神祭祀と来訪神祭祀(仏教の土着信仰化・来訪神化)の習合ではないかと述べた。つまり、民間信仰において人々は祟りや災厄に対して、神格の区別による祀り方を維持しつつ、さらにそれを習合させることで将来の好ましい状態(無病息災)を求めたようにも思われる。

だとすれば、ここの「風邪の神送り」「貧乏神送り」においても、祟り神祭祀だけではなく、迎えられるべき神も必要としていることが予想できるのではないだろうか。こうした理解に立ってみると、藁人形の祭祀的意味も解きやすくなると思われる。つまり、強い力をもつ来訪神の具象化こそがこの藁人形と考えられるのだ。その具体的な根拠は次のようにいえよう。

第1に、藁人形自体が擬人化かつ人格化されているモノであることである。前記の3集落の藁人形すべてが、巨大で強暴な外見を示してはいないものの、これまで来訪神として位置づけた人形道祖神・足半・一つ目小僧との共通性をうかがわせる大きな特徴といえよう。

第2に、来訪神祭祀として位置づけた「祀り吊し・巻き」との類似性である。具体的には「災厄除け(鎮め)のための神の力の融合」がみられる点である。すでにみた厩所の作り物、写真3−20、21をみれば藁馬の上に「藁人形」と「草鞋」を一緒に乗せている。また、奈良尾や上手町の写真3−26、27には藁人形に「南無阿弥陀仏」と書いた棒を持たせる。すなわち、こうした藁人形(草鞋も含む)が来訪神の力を示すとすれば、「南

無阿弥陀仏」と書いた棒(金剛杖)はそれに仏教の力を加えていることがわかる。すでに「祀り吊し」のときも指摘したように、ここでも災厄除け(鎮め)を目的とする民間仏教の来訪神信仰化が充分見て取れるといえる。

　また、藁人形の「南無阿弥陀仏」と書いた棒をもっている形状は、下の写真3−32のように人形道祖神にもきわめて似ている。やはり擬人化かつ人格化自体が来訪神の強い力を表すための1つの必修条件であったといえるのかもしれない。

写真3−32　3月8日(月遅れ)のショウキ様 [新潟県東蒲原郡三川村熊渡、筆者撮影]

　このようにみてくると、この祭祀における藁人形の役割もおのずと理解できるようになる。要するに、災厄や祟りをもたらす送るべき祟り神を鎮

圧する来訪神であると考えられるのだ。

図3−4 祟り神祭祀と来訪神祭祀の習合

祟り神祭祀　＝　藁馬＋供物＋直会　→　鎮魂
来訪神祭祀　＝　藁人形・草鞋(擬人化)＋「南無阿弥陀仏」と書いた棒
　　　　　　→　神迎え
＊来訪神は送るべき祟り神を鎮圧

(3)なぜ藁馬を作るか？−馬供養・百万遍・死霊信仰−

④捨てる・燃やしの呪術的機能

　上の図3−4にも示したように、「風邪の神送り」「貧乏神送り」は、祟り神祭祀と来訪神祭祀の習合儀礼と思われる。しかし、「祀り吊し・巻き」が来訪神祭祀中心の行事であるとすれば、ここの「祀り捨て・燃やし」は祟り神祭祀中心の行事といえるのではないかと思われる。

　したがって、そもそも「祀り捨て・燃やし」の対象は藁馬にほかならいことがいえよう。ここでは捨てる・燃やしの呪術的機能にも注意を払い、祟り神発生の観念について考えてみたい。

　堀一郎『我が国民間信仰史の研究(二)宗教史編』の「民間信仰に於ける鎮送呪術と民間念仏の機能」において、「流す」「焼く」ことの呪術的性格を位置づけている。まず、彼のいう鎮送呪術の定義をみると、祟りや災厄に関する信仰的基盤が示されている。

ここで自分の用いたのは、精霊、特に人間の死霊が、生者の生活に
脅威を與へやろうとするのを阻止するために、これを鎮渇し、送還する呪
術の謂ひである。(中略)夢想された精霊が、様々の現象を通して死者霊
として把握されて来た所に、我国の農民の宗教意識に於ける一つの性
格が窺はれるのであり、それが一方の極に於て、筆者の所謂るヒトガミ、
アラヒトガミとして神霊化、神社化の途を辿り、中間に於いて、生な祖霊
や死者霊や精霊の来訪祭祀ともなれば、鬼や妖怪の伝説やこれに伴ふ
習俗ともなり、他方の極に於ては、蟲の神や疫病神ともなって、遊し来襲
するものとも信じられて来た。その段階的な各種の感覚は、現在なほフォ
クロアとして残存してゐるが、それらを通して人間霊、殊に死者霊に関す
る古代人の強い関心と信仰を認めることが出来るであらう(堀1953：397－
398)。

　つまり、鎮送呪術を行うことの根底には、精霊(人間の死者霊)への恐
怖があり、死霊の怒りや怨みを忌避する、死霊信仰があると指摘してい
る。そして、これこそ古代人の信仰であろうともいう。
　そこで堀は、次から次へと類似事例を紹介しながら、「流し・焼き」は
亡霊を送り出すという同じ目的を基盤とした、同質の「送り」の呪術方式
と位置づけている。たとえば、正月7日に九州地方で行われる「鬼火焚
き」、盆送りの「燈籠船流し」、東北一帯の「ネムリ流し」などから、長野県
の2月8日「事神送り」(風邪の神送り)、中国地方「事を追う」、愛知県の山
村で行われる2月、6月、12月8日を「八日送り」などの「コト八日」の事例
や水死者供養の「流れ灌頂」(川供養の一種)などもが取りあげられてい
る(注)(堀1953前掲書：401－419)。さらに、とくに注目すべき指摘は次の3

つと思われる。

- 盆祭祀の古い形の中心が、迎えより「送り」中心ではないか、
- 「送り」の呪術が、元来、死者葬送から導きだされたのではないか
- 流れ灌頂などが特定の産死者や水死人のためではなく、年中行事化して集団的に「供養」するようになったのではないか。したがって、施餓鬼、燈籠流しと同じ意図で行われる。

　祖霊信仰ではなく、いわば、死霊信仰の側面から「送り」を論じているとことは明らかであろう。こうした堀の指摘を参考としつつ3集落の「祀り捨て・燃やし」の事例にもどってみよう。
　すでに述べたように祟り神の具現化は藁馬である。死霊信仰が「送り」の信仰的基盤であるとすれば、ここでの災厄や祟りとは馬の死がもたらすと思われていたといえよう。たしかに、ここの3集落は、昔、各家が馬を飼っていたといわれる。すくなくとも、「風邪の神送り」「貧乏神送り」が行われることに限っては、馬の死による祟りや災厄を藁馬が象徴的に表していると理解できよう。
　そして、もっとも重要と思われることは、堀一郎の指摘を踏まえて「風邪の神送り」「貧乏神送り」の儀礼の展開過程をみると、祟り神祭祀はそもそも「送り」中心の行事の可能性もある点である。なぜなら、災厄や祟りを象徴的に表すと思われる馬の死はムラの内部で起こることであり、わざわざ外から迎える必要がないからである。ここの行事において迎える必要があるものは、来訪神の藁人形や藁人形に持たせる「南無阿弥陀仏」と書いた棒(仏教の土着信仰化・来訪神化)といえよう。したがって、前段でも述べたように、ここの「風邪の神送り」「貧乏神送り」は、やはり「

送り」(祟り神祭祀)と「迎え」(来訪神祭祀)が習合されているとみるのが妥当と判断できる。

　しかし、それにしても「祀り捨て・燃やし」は祟り神を送ることが中心とされた行事である。ここでの数珠まわしも、これまでの仏教の土着信仰化・来訪神化とはその意味が異なると理解すべきであろう。ここでは、藁馬を祟り「神」として祀り上げ「供物」まで与えること、そして、堀一郎が指摘したような「送り」呪術の死者葬送儀礼や流れ灌頂との関連性は留意すべきことと思われる。つまり、藁馬に対する数珠まわしは、年中行事化された「馬供養」とみるのが妥当ではないかと考えられる。いいかえれば、藁馬へ供物を与えることは、土着信仰(ここでは死霊信仰)における鎮魂(祀り上げ)思想の実践であり、それに外来仏教は死者「供養」として融合されるようになったと思われる(注)。当然、ここでの「供養」とは、死者のため行う純粋な仏教的供養とは異なる。災因と想定された馬の霊をなだめるためといえよう。要するに、民間信仰における死霊信仰を基盤とした生者のための現世利益的な供養と思われるのだ。

図3−5　風邪の神送り・貧乏神送りにみるムラの祟り神祭祀

祟り・災厄＝風邪・貧乏
祟りの原因＝馬の死　→　死霊信仰
馬の霊を祟り「神」として祀り上げ＝供物＝鎮魂　→　祟り神祭祀
供物を与えムラの外へ「送る」＝「祀り捨て・燃やし」→　ムラの祟り神祭祀
災厄や祟りはムラに内在するもの＝神送り
＊ 来訪神(藁人形)に力による死霊の鎮め＝神迎え

　このように考えてくると、仏教(念仏)の機能も来訪神との習合の場合は

死霊の鎮めの役割を果たすといえるが、一方で、祟り神と結びつく場合は馬供養の役割(死霊をなだめる)を果たしていたといえそうである。

　つまり、民間信仰において祟りや災厄をめぐっては、死霊信仰を共通基盤とし、厳密な神格による祀り方を展開しつつ、さらにそれらを融合させる形で将来の好ましい状態(無病息災)をもとめてきたと推測できよう。

図3-6　神格による念仏の習合の2類型

祟り神＋念仏＝死者(馬)供養　→　死霊のなだめ
来訪神＋念仏＝民間仏教の来訪神化　→　死霊(祟り)の鎮圧
＊来訪神は、藁人形に「南無阿弥陀仏」と書いた棒を持たせること・縄を数珠がわりにし「境界」的空間に固定させることが重要

第5節　祟り神祭祀の鎮魂と送りの呪術

(1)入山辺中村の風邪の神送り(粕念仏)の行事内容

　「祀り捨て・燃やし」類型の最後の事例であるが、表3−1の7番、入山辺中村の「風邪の神送り(粕念仏)」呼ばれる行事である。

　前節では、入山辺厩所・奈良尾・上手町の「風邪の神送り」「貧乏神送り」行事をみてきた。「祀り捨て・燃やし」の行為自体はムラの祟り神祭祀(神送り)として位置づけることができ、それに藁人形による来訪神祭祀(神迎え)が習合されたのではないかと考えた。いいかえれば、災厄や祟りをもたらす死霊を来訪神により鎮め、また、死霊を「神」として祀り上げたうえ送り出していたのである。

　ここでは、こうした祭祀的(儀礼的)位置づけを検証しつつさらに考察を深めていきたいと考えている。まず、2月8日を暦日とする中村の「風邪の神送り(粕念仏)」を時間軸にそって写真資料とともにみてみよう。

　7集落が共通しているヌカエブシを、早朝、木戸先で行う。

　8日の夜、公民館に藁を持ち寄る。綱よりをして、「追い出し」とよぶ「百足」を作る。百足は厄病神をみたてたもので、長さ5メ〜6ートルほどである。また、「百万棒」という棒、草鞋、サイコロを作る。できた「百万棒」とサイコロを公民館の軒下に、去年のものをはずしてから新しく掛けておく(写真3−33)。

　その間、母親たちは台所で粕汁を作る。

百万棒で鉦を叩く子供が先頭に立つ(写真3－34)。百足にその年の上級生が乗り、それを他の小学生と大人が「南無阿弥陀仏」「南無阿弥陀仏」を唱えながら引く(写真3－35)。

　百足には百万棒や草鞋を結びつける(写真3－36)。

　百足を集落の境といわれる六地蔵(写真3－37)を通り過ぎた所に投げ捨てる(写真3－38)。これで疫病神を送り出したという。

　「後ろをみてはいけない」という言い伝えがあり、公民館に戻り粕汁を食べる。

　中村の「風邪の神送り(粕念仏)」は、祭祀の基本的形式が「祀り捨て・燃やし」であることからもムラの祟り神祭祀として理解していいように思われる。しかし、重要なことは、ここでも神送りと神迎えの構造を見て取ることができると思われる点である。したがって、これまでの理解と照らし合わせながら①神送り(祟り神祭祀)の解明、②神迎え(来訪神祭祀)の解明という2つを明らかにしてみよう。

写真3−33 「百万棒」、サイコロを注連縄と一緒に公民館の軒下に掛けておく。
　　　　（入山辺中村：筆者撮影）

写真3−34　百万棒で鉦を叩きながら子供が先頭に立つ(入山辺中村：筆者撮影)

写真3−35　子供を百足の上に座らせる。「南無阿弥陀仏」「南無阿弥陀仏」を唱えな
　　　　　がら引く(入山辺中村：筆者撮影)

写真3−36　百足には百万棒や草鞋を結びつける(入山辺中村：筆者撮影)

写真3－37　ムラ境の六地蔵(入山辺中村：筆者撮影)

写真3－38　六地蔵を通り過ぎたところで百足を投げ捨てる
(入山辺中村：筆者撮影)

(2)祟り神の百足と来訪神の子供

① 神送り(祟り神祭祀)の解明

　中村では送られるべき祟り神(風邪の神)を「百足」として具現化していると理解してよいだろう。また、追倉の「龍」とは、両者の写真を比較してみればわかるようにその形状もきわめて類似している。

　ところで、ここでもっとも注目すべき点は「風邪の神送り」という呼称を「粕念仏」ともいうことと思われる。つまり、ここでは粕汁を飲むことに特別な意味を与えているのである。

　粕汁は、奈良尾の「風邪の神送り」「貧乏神送り」においても、祟り神の藁馬と神人共食(直会)がみられた。追倉では「龍」を家に持ち込んだあと、すぐに精進料理を食べることを直会として位置づけた。こうしたことは、祟り神祭祀において「祀り捨て・燃やし」の「祀り」にふさわしいといっていいだろう。鎮魂思想や追倉の行事内容を考慮すれば、祟り神祭祀とは、本来、ムラに内在する死霊のなだめることで充分であったのかもしれないしたがって、ムラの行事として行われるがゆえにこうした祟り神祭祀に「送り」の呪術(捨て・燃やす)が結びついたのではないかという推測も可能になろう。

　すくなくとも、中村の「風邪の神送り(粕念仏)」における「神送り」とは、
　百足作り→捨てる(送り)→直会(粕汁)と捉えることができよう。

　そして、この祭祀において儀礼食は粕汁のみである。ここでも神人共食は「祟り神」としか行われていないことがいえよう。この点は、来訪神祭祀との相違点としてきわめて重要な意味をもつものと理解すべきと考え

られる。

図3-7　祟り神祭祀と送り(祀り捨て・燃やし)の融合の可能性

祟り神祭祀＝直会＝神に祀り上げ(鎮魂)＝死霊のなだめ　→　祀り
ムラの祟り神祭祀＝祀り(鎮魂)＋捨て・燃やす・流す　→　神送り

　ここでは「祀り捨て・燃やし」の「祀り」を、祟りをなす死霊をなだめるため「神」として祀り上げることではないかと考えてみた。当然、さらなる検討を要すると思われるが、小松和彦は「祀り」のメカニズムについて次のように折口の考えを記している。今後に向けて参考する必要がある考えと思われる。

　　折口によれば、「祟り」という語の原初的意味は「(霊が)立つ」ということで、好ましい霊、好ましくない霊、そのいずれの場合であれ、人間の霊や動物その他の霊が人間に対して神秘的な作用を発揮すること、つまり「霊の発見」を意味していたという。その可能性は充分に考えられる。しかし、たとえ語源的にはそうであれ、「祟り」という語が担ってきた意味の歴史の大半は、否定的な意味合いをもったものであった。、、、、、、(中略)、折口説はこれまで述べてきた「祟り」を「祀り」のメカニズムのなかで考えるべきだ、ということを示唆している(小松2002前掲書:137)。

②神迎え(来訪神祭祀)の解明

次に神迎えを位置づけてみよう。
　すでに紹介した写真資料からもわかるように、中村の「風邪の神送り

(粗念仏)」子供の役割が目立つ。写真3－35をみると、子供を祟り神の百足の上に座らせる。すでに藁馬の上に藁人形を乗せる写真をみたが、この両者の形状を比べてみるときわめて類似しているといえないだろうか。また、写真3－34をみると、子供が百万棒で鉦を叩きながら先頭に立っている。下の写真3－39は奈良尾の行事であるが、ここでも子供が藁人形をもって先頭に立っている。子供の来訪神化あるいは子供と来訪神の一体化がみてとれるのではないかと思われる。

　また、ほかの6集落でもしばしばみられることであるが、お寺のお坊さんや神社の神主のような民間宗教者の役割を子供(今は老人が行っているところもある)が果たしているようにもみられる。こうした点から、すくなくとも、ここでの子供が祟り神ではなく、神迎え(来訪神)とかかわることだけは確実と思われる。

写真3－39　子供が来訪神の藁人形をもって先頭に立つ(入山辺奈良尾：筆者撮影)

中村の行事においてみられる百万棒が、藁馬を作る3集落の「南無阿弥陀仏」の棒(金剛杖)とほぼ同質の性格をもつことも充分理解できると思われる。だとすれば、百万棒が写真3−36のように百足に結びつけられていることは風邪の神の百足を鎮圧するためといえよう。この点は草鞋に関してもいえる。中村では草鞋を百万棒と同様百足に結びつける。すでにみた写真3−21の厠所の藁馬の上にも草鞋と藁人形を乗せているのだ。

　以上のようにみてくると、形状的類似や祭祀的装置の類似性からすると、中村では子供自体が擬人化(人格化)来訪神と判断できよう、いいかえれば、子供が来訪神の依代であったと思われる。当然、百万棒は民間仏教の来訪神化といえよう。

図3−8　中村の神迎え(来訪神祭祀)

子供・草鞋(擬人化・人格化来訪神)＋百万棒・念仏・子供の民間宗教者(民間仏教の来訪神化)
→　災厄鎮圧のための神の力の融合
＊供物はみられない。依代のみ。

　さらに、写真3−33のように公民館の軒下に百万棒をサイコロや注連縄と一緒にかけておくことも重要であろう。前述したように、来訪神の依代の1つの特徴は、「境界」的空間に固定させるところにあった。公民館の軒下がムラ境ではないものの、公民館がムラの人々にとって重要な集まりの場であることを考慮すれば、そこの「境界」に強い力を鎮座させる必要があっただろう。このことはムラ境のみならず、村落空間の様々な「境界」が迎える空間であったことを示唆するように思われる。

しかし、中村の行事においては2つほど今後の課題を提示しておく必要があると考えられる。1つ目は、なぜ子供が来訪神の依代になり得るのかということである。ここで取りあげているすべての「風邪の神送り」「貧乏神送り」は、本来、いずれも子供の行事という。これまで位置づけてきた来訪神の擬人化・人格化のレベルでは捉えきれないところがあるように思われる。2つ目は、なぜサイコロを百万棒や注連縄と一緒にかけておくかという疑問である。すくなくとも、それらと一緒に出される点、「境界」的空間に固定させる点からなんらかの神の依代であることはいえるのではないかと思われる。

　以上、中村の「風邪の神送り(粕念仏)」をみてきた。この行事も明らかに祭祀として存在しているといえよう。要するに、①祟り神祭祀の直会と送りの融合によるムラの神送り(ムラの祟り神祭祀)、②来訪神と仏教の力の融合による神迎え(来訪神祭祀)が習合されていると判断できよう。

図3-9　祟りや災厄をめぐる神迎え・神送り

神送り＝鎮魂・直会・(仏教的)供養＋送り　→　供物中心
神迎え＝来訪神・仏教など力の融合　→　依代中心
＊祟りをなす死霊のなだめと鎮めによる無病息災
＊いずれも死霊信仰を基盤とする祭祀

第6節　境界における祭祀空間の再検討
　　　　　　－神迎えと神送りをめぐって－

(1)「神迎え」「神送り」に共通する来訪神

　これまでみてきた7集落のムラの「コト八日」を儀礼的かつ祭祀的に分析してみた。その結果として、祭祀のなかに「神迎え」(来訪神)と「神送り」(祟り神)がそれぞれ潜んでいたことを明らかにしたと理解してよい。

　ところで、ここで留意しておきたいのは、7集落のすべてにおいて来訪神(の依代)は必ず祭祀のなかに存在していた点である[注6]。改めて整理してみると、次のようにまとめられる。

- 「祀り吊し・巻き」では、足半の巨人、草鞋、杉の葉(人形道祖神)、数珠(縄)など。
- 「祀り捨て・燃やし」では、子供、藁人形、「南無阿弥陀仏」の棒(百万棒)(金剛杖)草鞋など

　つまり、すくなくともこの7集落の事例においては、祭祀の中心が神送り(「祀り捨て・燃やし」)であっても、人々は祟り(死霊)神を鎮める強い力の来訪神を求めたことがいえるのではないか。したがって、ここの「風邪の神送り」「貧乏神送り」は、いずれも祟り神をただ送るのではなく鎮めて送ることになるといえよう。

(2)神送りの祭祀空間

　さて、来訪神の依代が固定される場合は、明らかにムラ境などの「境界」が圧倒的に多かったのは確認した通りである。ムラ境だけではなく、すでにみた写真3－33のように百万棒を注連縄などと一緒に公民館の軒先にかけておくこともみられた。繰り返し述べてきたように、この百万棒も仏教の土着信仰化された、神の依代ではないかと思われる。こうした観点からすれば、公民館の軒先も神を迎えた「境界」といっていいだろう。

　ところが、神送りの「祀り捨て・燃やし」の祭祀空間を正確にみれば、どうも「境界」とはいいがたい特徴がみられる。

　図3－10、図3－11、図3－12は厩所、奈良尾、中村の「風邪の神送り」「貧乏神送り」における最終的に祟り神を「送る」(捨て・燃やす)空間である。

　以下の神送り地点を確認すれば、明らかに道祖神や六地蔵などのいるムラの「境界」より外で行われることは確実にいえる。厩所では、川(薄川)で行われているが、奈良尾と中村では明らかに隣の集落の方まで移動し「送り」(捨て・燃やし)を行っているのだ。このように「神送り」地点を確認すると、「境界」ともいうべき「神迎え」の祭祀空間とは明らかに異なるといえよう。

図3−10 厩所の神送り地点

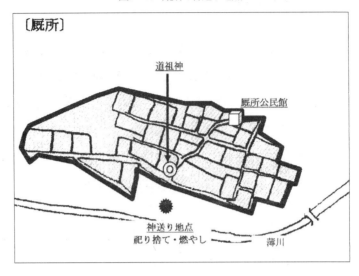

図3−11 奈良尾の神送り地点

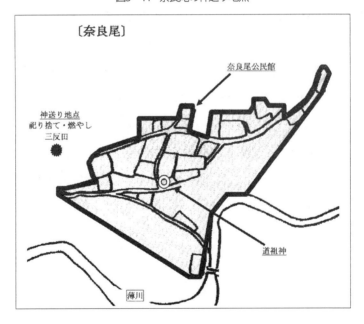

図3-12　中村の神送り地点

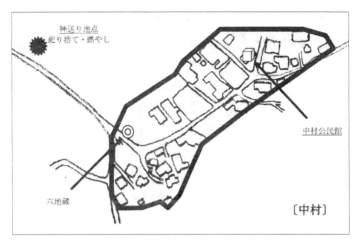

(3)神迎えの「境界」とヌカエブシの機能

　第1章の研究史検討のところにおいて、軒や戸口などが「境界」であるから「魔除け」が行われるという小松和彦氏の理解から、まさに、軒先などの目籠を「コト八日」通説におけるような農耕儀礼の依代として捉えることには無理があるのではないかという疑問を提示した。

　しかし、本稿の分析からは、目籠(依代)自体をイエの「境界」における「神迎え」(来訪神祭祀)と位置づけた。また、ムラの「コト八日」においても、とりわけ、「祀り吊し・巻き」からは、足半など(依代)をムラの「境界」における「神迎え」(来訪神祭祀)として位置づけた。このように、筆者はイエとムラの「境界」を儀礼論かつ祭祀論からすれば、単に魔除けの空間ではなく、むしろ魔除け・災厄除けのため強い力の来訪神を迎える空間ではないかと考えたのである。

第3章　ムラの「コト八日」の祭祀的解明－神迎え・神送り・祭祀空間－　　**157**

つまり、「境界」とは災厄を除去する象徴的な空間だけの意味ではなく、祭祀論的には、災厄を除去することができる神を迎える空間としても捉えることができると思われる。したがって、人々は、こうした空間(境界)認識によって神迎えの祭祀を行い、「災厄除け」を求めたようにも考えられるのである。

　岩田は、前記した墓の祭祀論(儀礼論)的研究において、従来のムラ境論を批判的に捉えつつ、次のようにムラ境＝ムラの中心を主張している。本稿のイエとムラの祭祀空間(境界)論にも大きな示唆点を与えてくれるものと思われる。ここに記しておきたい。

　　日本の民俗学では、かつて原田敏明が「村の境」(1957)において問題提起を行い、しかし、いまだ説得力のある論証がなされてきたとはいえない、ムラ境こそがムラの中心である、という有力な仮説がある。(中略)
　　なぜ、ムラ境は、イコールムラの中心であるのか。ここでの二又塔婆と犬塔婆の分析から、原田説を捉えなおしてみよう。ここでの分析によれば、三又路・辻などの境界的空間はムラの外から神を招き、ムラの中の災厄を鎮めるための空間であった。そこでは、ムラの中の神たとえば氏神を祀っているのではない。境界的空間に来訪神がくるのであり、いわば、ムラ境とは外からくる来訪神との接点であった。ムラ境がムラの中心であるという原田説は、原田のように交通の要地であるとかムラ人の交流の場であるといった一般的な議論ではなく、このように儀礼論的に検証することができるように思われる。ムラ境がムラの中心になり得るのは、そこがムラに平安をもたらす来訪神との接点、神を招く祭場であるからである。いわば、ムラの外から神を招く祭場こそがムラの内と外との接点としてのムラ境であり、また、それが強い力を持つ来訪神の祭祀空間であるが

ゆえにムラの中心になり得る場所であった。さらに、墓地がムラ境や家々
の密集する集落から見て周辺部分に位置していることが多いことを考え
たとき、三又路や辻、あるいは川・川原といった、一般的に理解されてき
たムラ境だけではなく、墓地も梢付塔婆や二又塔婆あるいはイシボトケに
よって来訪神がくる空間であるという意味では、ムラの境でありムラの中
心であるとみなすことができるのではないだろうか(岩田2003前掲書:203
－204)。

　ところで、7集落のすべてにおいて共通する木戸先のヌカエブシは祭
祀的にどのように意味をもつのだろうか。難しい問題であるが、上記し
た、①7集落のすべてにおいて来訪神を求めることがみられた点、②祭
祀論的に「境界」は災厄を鎮める神(来訪神)を迎える空間としても捉える
ことができると思われる点、を考慮すれば、ヌカエブシの祭祀的位置づ
けも可能になると思われる。
　すなわち、ヌカエブシとは、イエの境界に来訪神を迎えるため行われ
る行事として位置づけることはできないだろうか。当然、それがイエの災
厄除け(予防)のためであることはいうまでもない。
　入山辺の舟付では2月8日に「百足引き」という行事が行われる。ここで
のヌカエブシの特徴は、上記の位置づけの裏づけになるのではないか
と思われる。

写真3−40　百足を子供たちが引く ［入山辺舟付：松本のたから(1999)、162頁］

写真3−41　ヌカエブシの跡を子供たちが百足の尾でふく
［入山辺舟付：松本のたから(1999)、162頁］

「コト八日」の祭祀論的研究

この日、舟付では、朝早く籾殻を燃やすヌカエブシを行う。疫病神を見立てた「百足」を作り、草鞋や草履を片方ずつ「百足」に結びつける。

　子供たちが「百足」を引き(写真3-40)、上の家から順にヌカエブシの跡を「百足」の尾でふく。これが終わると、ムラのはずれで「百足」をまるめて燃やす。

　また、この日は集落の人々が公民館に集まって念仏を行う日でもある。

　この「百足引き」において見逃すわけにはいかないのは、「百足」の尾でヌカエブシの跡をふくことである。単なるの魔除けのためのヌカエブシとすれば、わざわざそのようなことを行う必要はなかったように思われる。

　要するに、ヌカエブシによって、木戸先に強い力の神が迎えられたからこそ、そこに引いていき、疫病神の「百足」を鎮める必要があったと思われるのである。行事の最後が「燃やし」であるのは、こうして鎮められた疫病神を送るためと理解できよう。また、このような考え方も可能であろう。各イエが災厄除けおよび予防のためイエの境界に神を迎えたとすれば、こうした祭祀的行為には、各イエの厄の「祓い」の意味も含まれているのかもしれない。

　このように考えてみると、さらにイエとムラの祭祀の連続性も充分考えられる。前述したように、7集落すべてにおいて、ヌカエブシが行われ来訪神もみられた。このことからは、イエの境界に迎えられた来方神をムラの行事として連続的に具現化したとはいえないだろうか。

　いずれにしても、ヌカエブシは単なる魔除けのため行われる呪術ではないように思われる。

第7節　神迎えと神送りからなにがみえた
か。

　本章では、ムラの「コト八日」からみた2類型、すなわち、「祀り吊し・
巻き」「祀り捨て・燃やし」の祭祀論的かつ儀礼論的分析に焦点をあて
た。とりわけ、祟りや災厄をめぐるこうした2類型の祀り方から来訪神と祟
り神の神格の区分を明らかにすることに重点をおいた。その結果は次
のようにまとめられる

　第1に、来訪神とは、祟りや災厄を鎮める「神迎え」の祭祀対象と考
えられる。とりわけ、来訪神には供物などを与えるより、依代そのものと
して具現化されることが明らかである。その対象となった依代としては、
足半・草鞋・杉の葉(人形道祖神)・藁人形・子供などのように擬人
化・人格化、さらには人(子供)であった。これらはムラの「神迎え」にお
ける具現化された来訪神といえるが、イエの「神迎え」における一つ目小
僧と同等の神格といえよう。また、こうした「神迎え」に仏教が習合された
場合は、土着信仰としての来訪神信仰の目的(災厄のしずめ)に即した
形で同様の神の力として融合されたと判断できた。この点は仏教の土
着信仰化ともいえよう。したがって、民間信仰において人々は「神迎え」
＝来訪神＝依代によって災厄除け(無病息災)を求めたと考えられる。

　第2に、祟り神とは、祟りや災厄をなす「死霊」をなだめるため、「神」と
して祀りあげる鎮魂思想を基盤とするものと考えられる。すなわち、祟
り神としか神人共食を行っていないことからは、祟り神の直会自体が祟
り神祭祀と判断できた。祟り神として具現化された藁馬だけに供物を

与え、来訪神の藁人形に供物を与えないことからは、祟り神＝供物(直会)、来訪神＝依代という、神格による祭祀の2重構造がみてとれるように思われる。こうした祟り神祭祀はムラの行事として流し・捨て・燃やしの呪術と結びつけ、「神送り」として顕在化されるようになったとも推測できる。また、こうした「神送り」に仏教の百万遍念仏が習合された場合は、来訪神と習合されたような神の力の融合ではなく、死霊信仰を基盤とする現世利益的な供養として習合されたと思われる。すなわち、純粋な死者のための仏教的供養ではなく、祟りをなす死霊をなだめるための供養であった。これもまた、仏教の土着信仰化といえよう。したがって、「神送り」には、「死霊をなだめて」外に送り出す、祟り神祭祀(鎮魂思想)が根底にあったと考えられるのである。また、こうした「神送り」に来訪神もみられることは死霊をなだめるだけではなく、鎮めて送り出すため、そこに来訪神信仰が習合されたのではないかと思われる。

　第3に、境界における祭祀空間の再検討の問題である。上記の「神迎え」と「神送り」において最終的な祭祀空間に明らかな隔たりがみられた。つまり、「神迎え」は神の依代をムラの「境界」に固定させ神の強い力を示していたと判断できる。その反面、「神送り」は、祭祀を行う人々はムラのはずれという言い方をするものの、実際はムラの境界より先の他集落まで移動し「捨て・燃やし」を行うことが多かった。すくなくとも、道祖神などの境界神の空間より外部で行うことが確実である。したがって、祭祀論的に「境界」とは、災厄を除去することができる神を迎える空間であったと考えた。本稿における軒先の目籠や木戸先のヌカエブシの位置づけを考慮すれば、この点はイエの「境界」にもいえよう。民間信仰において人々は、こうした空間(境界)認識にも敏感であり、その認識から「神

迎え」と「神送り」の祭祀を行っていたように思われてならないのである。そして、祟りや災厄が死霊信仰を基盤とするとすれば、「神迎え」はムラに内在する災厄を鎮めるためであり、「神送り」はムラに内在する災厄を(鎮めて)送り出すためということができよう。

「注」————————————————————

(注1) 坪井洋文は、柳田国男(1944)の『火の昔』での指摘、「祀りと火の関係において火を燃やすということは神を迎える目印としての依代の意味が加える」を評価しながらも、火の諸儀礼を稲作と結びつける理解は控えるべきだと主張している(坪井1983: 190−191)。

(注2) 道祖神と結びついて小正月行事との習合伝承は次のようになる。関東地方南部から中部地方の東部にかけて、小正月の十四日や十五日の夜に、ドンドヤキなどといって、道祖神やサエノカミをまつる場で、門松やシメ飾りを焼くことが行なわれている。倉石忠彦の「道祖神信仰とその祭祀説話について」などには、この小正月の火祭りのいわれについて、「コト八日」行事とのかかわりを中心に伝えられている。たとえば、和田正洲の「三保聞書」によると、神奈川県足柄上郡などでは、十二月八日には目一つ小僧が村中の家々を回り歩き、帳面を預けてゆくので、一月十四日の小正月には、目一つ小僧がその帳面を取りに来ない間に、サエノカミが火事でなくしたといえるように、その古い屋根を燃やしてやるのだと伝えられる。しかし、早い時期の調査報告としては評価できるものの、「コト八日」においての考察や論証は行なわれてない。近来の研究として、入江英弥の「行事由来伝説「一つ目小僧と道祖神」の形成」は新しい観点を述べている。入江は「コト八日」その日を厄日とする伝承に注目すると、仏教の斎日の影響とそれを取り入れた律令制下の生活を考える必要があると指摘している。「コト八日」の研究で珍しく、山の神去来信仰と離れ、一つ目小僧を悪神として解釈している。

(注3) 山口昌男は、彼の有名な著書『文化と両義性』の「記号と境界」のなかで境界とは「記号論的に見れば「意味出現直前または消滅寸前の混沌の表現」であり、それゆえ日常においては矛盾しあうような意味が同時に現れる可能性をもつ。こうした境界の両義性・多義性は、日常的な秩序にとっては危険な要素であるため、通常は意識下や禁忌の領域に放置されているが、時と場所を定めて顕在化させられ、秩序の再生産や「生気づけ」において重要な役割を果たす」という(小松(編)2001:

31－33)。

(注4) 諏訪春雄は、「来訪神祭祀の構造」を次のように定義する。「訪れる神の性格により、祭りの形態や演出に大きな相違が出てくる。(中略)日本の祭りの類型を善神型と善悪両神型に分類し、善悪両神型は祭りの場に積極的に悪い神を招きよせ、その鎮圧や慰撫を基本の目的とした祭り」(諏訪(編)1997:59－64)。

(注5) 斉藤武雄「コト八日について」によると、二月八日のコトハジメにはわざわざ藁馬に餅をつけていって、道祖神にこれをあげてきたり、その顔にこれを塗りつけたりする事例が紹介されている。このように、「コト八日」と小正月の火祭りの間に道祖神が村人のために災厄を引き受け、人間を守護する存在として登場する。「コト八日」の行事が小正月の火祭りや道祖神信仰と習合されている事実に注意をむけるべきである。今後の課題にしておきたい(大島(編)1989前掲書:188－199)。

(注6) 小松和彦は、従来の研究の問題として、分析概念と分析対象との区別への配慮の不足は、折口信夫の「マレビト」概念をめぐる議論にも現れていると批判する。そこで小松は、折口が分析概念としての「マレビト」を歴史的モデルとして創出したことについて、池田弥三郎による指摘を引用したうえ次のように述べる。「ここでは、「海の神－海人の神人－海人」という枠組に沿って「マレビト」の歴史的変化を説いているが、その後、日本の芸術に目を向けることのながら、海人の山へ移住という仮説をふまえて、右の枠組の歴史的変異として「山の神－山人の神人－山人」という枠組に沿った「マレビト」として山人論が展開されることになる。周知のようにその代表作が「翁の発生」であった」(小松2003:170－174)

(注7) 五来重は『宗教歳時記』において、4月8日の花祭や灌仏会について言及したあと、「仏教行事の日本化」というタイトルの節で次ぎのようにいう。「昔の坊さんはすべての民間行事を大事にした。ことに名もない「山寺の和尚さん」などは、民衆の求めるままに仏教の信仰や行事を改変して、民俗信仰や民俗行事をつくりあげた。そのような和尚さんは、庶民のなかで貧しい家から小僧にもらわれた人が多いので、よく庶民の心がわかったのであろう。(中略)しかもこのような山寺の和尚さんのおかげで、仏教というものは日本人の心に溶け込んだのであった」(五来1982:60)

第4章

仏教とコト八日－一つ目小僧の呼称と 8日の祭日をめぐって－めぐって－

第1節　祟りをめぐるイエとムラの「コト八日」

(1) 本章の目的

　第2章の分析結果の1つとして、一つ目小僧伝承とは「災厄除けを目的とする依代による神迎え」と位置づけた。さらに、それによって、山の神・「妖怪」・8日の関連性が浮かび上がってきた。

　本章の目的は、再度、イエの「コト八日」に立ち返り、「コト八日＝田の神・山の神去来による稲作農耕儀礼」という通説を再考するため、山の神・「妖怪」・8日の関連性の問題を明らかにすることである。とりわけ、ここでは、「田の神・山の神去来信仰」のもと、山の神に吸収されている一つ目小僧・疫病神・鬼などを、祖霊一元論・稲作一元論の思想から解放させ、本来の場に取り戻すことが重要と思われる[注1]。

　分析方法としては、ムラの「コト八日」から導き出された来訪神と祟り神の信仰基盤や祭祀構造を考慮しつつ、イエの「コト八日」に焦点をあてる。そして、とくに「妖怪」に対する屋外の掲示物に焦点をあてて祭祀論的分析を行いたいと考えている。

(2) 問題の所在および研究課題

　図4−1＜屋外の掲示物の分布図＞、図4−2＜「コト八日」に訪れる「妖怪」の分布図＞は、本稿末に掲載されている表1〜表16から、イエの

行事に着目して、掲示物と「妖怪」の分布を示した図である。ここでは主に、祭日の8日の問題やこの2つの分布図からみてとれる特徴を中心に、イエとムラの「コト八日」の祭祀的かかわりの示唆点を指摘しておきたい。

　第1に、祭日の8日の問題である。まず、ムラの祭祀をみると、長野県のムラの「コト八日」は2月8日だけの行事であった。また、前記の堀一郎の論考には、愛知県の山村で行われる2月、6月、12月8日の「八日送り」が紹介されていた（堀1953前掲書：412）。第1章で紹介した新潟県東蒲原郡三川村熊渡のショウキ様祀りも2月8日（月遅れ3月8日）だけの行事である。イエの「コト八日」においては、8日の禁忌（物忌み）を踏まえると山の神の祭日としての毎月の8日、掲示物をともなう「八日節供」などがあげられる。したがって、祭祀の主体がイエであれムラであれ、祭日の8日中心は災厄や祟りと関わっていることを意味すると判断できる。さらにいえば、この祭日8日の解明は、「コト八日＝2月8日と12月8日の1セット」を再検討する最大のポイントと考えられるのである。なぜなら、2月8日のムラの「コト八日」からわかるように、それらは、あくまで、その日、1日の祭祀として行われていたからである。

　第2に、図4−1の掲示物の分布と図4−2の「妖怪」の分布を照らし合わせてみると、掲示物と「妖怪」の間に対応関係が成立しているといえる。「妖怪」の分布を軸として整理すると、次の4つの類型的特徴が浮かび上がる。

　①祟り神／食物類　→　東北地方中心

　②悪魔・鬼／ヒイラギ＋目籠類　→　埼玉県・東京都中心

　③祟り神・鬼（悪魔）・擬人化（人格化）の混在／食物類・ヒイラギ

類・目籠類の混在 → 福島県・茨城県・栃木県・群馬県中心
④擬人化・人格化／食物類・ヒイラギ類・目籠類の混在 → 神
　奈川県中心

　もちろん、これらは大枠としての分布的特徴であるため、その分布的
特徴のなかでのミクロな事例の確認が必要と思われる。しかし、こうした
類型化によって、ムラの「コト八日」では触れることができなかった悪魔・
鬼が「ヒイラギ＋目籠類」とかかわりをもつことは確認できる。

　第3に、イエの「コト八日」において、祟り神と「食物類」の対応関係が
明確にみられる点である。このことは、ムラの「コト八日」から導き出され
た「祟り神＝供物(直会)」の祭祀構造との比較考察を可能とする重要な
特徴といえるのではないだろうか。祟り神をめぐるイエとムラの祭祀的連
続性が明らかになることによって、食物類・ヒイラギ類・目籠類の混在
地域においての食物類の祭祀的意味も解きやすくなることが期待でき
よう。

　第4に、イエの「コト八日」において、擬人化・人格化の分布にともな
い境界的空間の目籠類の分布もみられる点である。この分布的特徴
は、これまで、イエの一つ目小僧伝承やムラの「コト八日」の分析から導
き出された定式「来訪神(擬人化)・山の神＝依代＝境界」という来訪神
の信仰や祭祀構造の検証を可能とするものと思われる。

　第5に、イエの「コト八日」において、掲示物の祭祀空間があくまで屋外
であり、主に屋敷に出されることが多い点である[注2]。ムラの「コト八日」に
おいても、祟りや災厄をめぐる祭祀空間は、ムラの境界を含む村落空間
であった。つまり、来訪神と祟り神の性格を通して、屋敷と村落空間をめ
ぐる祭祀空間の関連性および再検討が可能になると思われる。

図4-1 屋外の掲示物の分布図

食物類(団子・赤飯・トウフなど)

ヒイラギ類

目籠類

図4-2 「コト八日」に訪れる「妖怪」の分布図

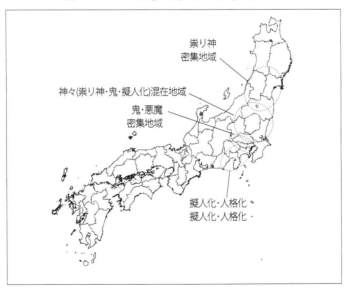

崇り神
密集地域

神々(崇り神・鬼・擬人化)混在地域

鬼・悪魔
密集地域

擬人化・人格化
擬人化・人格化・

第2節　イエの祟り神祭祀と来訪神祭祀
—東北地域を中心に—

(1)擬人化と食物－イエとムラの祭祀的類似性

　まず、表3の岩手県の掲示物の事例をミクロな観点から確認すると、ム
ラの「コト八日」とのきわめて高い類似性に気付くことになる。

　　＜事例＞
2月8日、厄病祀り
　　一日ダンゴと称して団子をつくり、小豆餅と汁餅を添えて、門口に供え
る。
　　藁人形、あるいは鬼面を紙に書いて門口の木の枝に縛ることもある。
　　（表3―8番、和賀町東和町倉沢）

2月8日、サカ団子、門張り団子
　　7日の晩に門口の両側に杉の葉をさしておく。
　　8日にはさらにその家の家畜の数だけ桃の木を用意し、それに団子を
　刺して外に並べる。
　　（表3―10番、江刺市伊手）

　この2つの事例は、いずれも2月8日の行事として、2通りの掲示物が門
口に出されている。

①団子・小豆餅などの食物類。

②藁人形・紙に書いた鬼面・杉の葉など。

　ここでは、祟り神など具体的な祭祀対象は見当たらない。ところが、「厄病祀り」という呼称からも、これらのイエの行事が災厄や祟りにまつわる祭祀であることは充分予想できる。したがって、ムラの「コト八日」との類似性を考慮すれば、門口に出す(供える)食物類は、イエにおける祟り神祭祀としての可能性を有するものとして理解できるのではないかと考えられる。

　また、門口の藁人形・杉の葉(人形道祖神の依代)などは、ムラの「コト八日」において、死霊を鎮める来訪神の依代と捉えたものである。こうした擬人化・人格化の依代がイエの境界的空間に出されることからもイエとムラの祭祀的連続性は確実に存在しているといえるのではないだろうか。

　次に、同じく岩手県において、主に「八日団子」と呼ばれる行事内容をみてみよう。

　＜事例＞

　2月8日、八日ダンゴ

　萱刈窪部落においては一尺位の長さの萱に、他の部落では箸や竹に、ダンゴをさして戸口にさしておく。

　また仏壇に供えて家でも食べる。

　下嵐江ではこの日が寅の日に当たると最悪し、山仕事を休む。

(表3—11番、胆沢郡胆沢村若柳)

2月8日、八日ダンゴ

八日ダンゴといってダンゴを食べる。

(表3—13番、一関市弧禅寺)

2月8日、八日ダンゴ

あずき粥を炊く。テンゲンダンゴをつくる。

(表3—14番、一関市舞草)

2月8日、テンゲンダンゴ

わら座をつくり、家族、家畜数のダンゴを作って屋敷の入り口に供えた。

(表3—15番、東磐井郡大東町猿沢)

「八日団子」の行事内容を確認すると、この日の団子の使い方は儀礼食としての性格も有することがわかる。

①団子を戸口や屋敷の入口に出す(供える)。

②団子を食べる。

③団子を屋外に供えて、食べる。→①②の双方を行う。

ここで注目すべき点は、屋外に出される団子の数に関することである。すなわち、家族、家畜数のダンゴを作って屋敷の入り口に供えること(表3—15番、東磐井郡大東町猿沢)、家の家畜の数だけ桃の木を用意し、それに団子を刺して外に並べること(表3—10番、江刺市伊手)である。

とりわけ、家畜の数だけの団子を屋外に供えることは看過してはならないだろう。このことは、ムラの「風邪の神送り」「貧乏神送り」においての藁馬との関連性を示唆するものではないだろうか。ムラの祭祀のような、藁馬による具現化までは行われないが、掲示物の食物類に祟り神祭祀の性格を類推することが可能ではないかと思われる。

図4−3　掲示物や共食の団子(岩手県の事例)

掲示物としての団子(家畜の数、家族の数)の供物・共食
＝ムラの「コト八日」における藁馬への供物・共食(長野県松本市)
→　死者祭祀的性格

図4−4　屋外の依代と供物の祭祀空間(岩手県の事例)

依代: 藁人形・紙に書いた鬼面・杉の葉　→　門口・戸口など
供物: 団子・小豆飯など　→　門口・戸口・屋敷の入り口など
＊依代　＝　祟りの鎮め
＊供物　＝　死霊のなだめ(鎮魂)
→　ムラの「コト八日」との類似性＝死霊信仰

(2)祟り神への供物にみるお盆との類似性

次に、表4の山形県の事例をみると、図4−1と図4−2による類型化「祟り神／食物類」がより明確にみえる。まず、表4の[妖怪・神][掲示物・供物]の項目から祟り神と食物類が対応している事例をみてみよう。

　　＜事例＞
旧2月8日、厄病神の歩く日

7日、コトの団子をつくる。8日、とろろ飯を食べる。とろろを屋敷の入り口にまく。オナカマの神おろしである。

（表4—2番、西村山郡朝日町宮宿）

旧2月8日、カゼの神除け

朝、とうがらしと付け木を門口に下げ、とろろを橋や入り口に流して、カゼの神が入るのを防ぐ。

（表4—5番、村山市稲下）

2月8日　厄病神が歩く日

厄病神が歩く日といい、とろろ飯を食う。前夜はコトの団子を門口に立てる。

（表4—23番、東村山地区）

以上のように事例をみてみると、その内容は次のようにまとめられる。

①疫病神・カゼの神除けとして儀礼が行われる。

　→　祭祀対象の神格が祟り神

②とろろ・団子などを食べる。また、屋外に掲示物として出す（供える）。→　神人共食

③祭祀空間は、屋敷の入口・門口などのイエの境界が多い。しかし、橋などでも行われる　→　屋外

とりわけ、ここの山形県では、団子だけではなく、掲示物の食物類として「とろろ」がみられる。これらの供物が、いわゆるハレの供物に比べると、明らかに粗末なものであり、こうした点からも、ムラの「コト八日」との類

似性はみとめることができよう。

　また、屋外とともに橋などに食物類が出されることも祭祀的意味を示唆すると思われる。

写真4−1　橋の上にナス馬・キュウリ馬・赤飯などの供物がおかれる［静岡県沼津市西浦地区河内：「お墓」の誕生−死者祭祀の民俗誌−(2006)、34頁］

　写真4−1は、「コト八日」ではなく、「お盆」のときに橋の上にみられる供物の写真である。お盆にもこうした屋外の供物がみられることからは、すくなくとも「コト八日」にもお盆のような死者祭祀的性格が潜んでいることの裏づけになろう。

　そしてもっとも重要なことは、これらが死者祭祀であっても、こうした屋外や橋などの供物が先祖のための供物としては認めがたい点である。つまり、先祖祭祀だけではない、死霊信仰をも含む「死者祭祀の重層的性格」を予想すべきと思われるのである(注3)。

岩田は、供物の赤飯などの分析からお盆の祭祀的性格を「生者から歓迎される先祖とは異質な、忌避されるべき死霊が併存しつつ、祭祀対象となっている」というように明らかに死霊信仰の併存を主張している(岩田2006:34)。その根拠、いくつかあげているが、とりわけ祭祀空間に注目したセンテンスは本稿の理解にも重要な示唆点を与えると思われる。

　　赤飯のおむすびは、たいてい位牌の前部におかれている。そのために、これを行っている人たちのなかには、ばくぜんとしてであれ、それを位牌への供物として認識している人もいる。しかし現実は、その家の先祖の表象である位牌は、仏壇から出されてこの盆棚におかれたあと、再び、仏壇に戻されるが、お盆の途中で盆棚におかれたこの赤飯のおむすびは、お盆の終了とともに、川などで流される。写真4－1(原文、写真1－18)のように、ナス馬・キュウリ馬とともに、赤飯のおむすびを端の上においてくる場合もある。先祖の依代としての位牌と、赤飯のおむすびは、異なる儀礼を動いているわけである(岩田2006前掲書:33)。

　このように、屋外や橋などの掲示物に注目すると、「コト八日」は死者祭祀としてのお盆との類似性も認めることができると思われる。すなわち、屋外などの掲示物は、あくまで祭祀の供物的性格を有すると判断して間違いないように思われる。
　こうした点からも、「コト八日」が単なる稲作農耕儀礼ではないことを明確にみてとれるだろう。

　また、表5の宮城県の「コト八日」に、「厄神祀り」と呼ばれる事例がある。

<事例>

2月8日、厄神まつり

山に行かず、小豆粥を作る。

門口に桃の木を立て、団子をさす。小豆粥、団子を食べる。

厄神様が出雲の国から種を買って帰ってくる日といって、団子を供える。

12月8日、つめの八日、厄神様

厄神様が年をとるために出雲の国におのぼりすると称して休む。

桃の枝に家族の数だけダンゴをさし、門に立てる。犬や猫にもあげる。

(表5―7番、桃生郡矢本町大塩・大浜)

　これまでの分析内容からすると、ここでの「厄神祀り」とは、屋外の団子や共食にほかならないといえよう。したがって、「厄神様が出雲の国から種を買って帰ってくる日といって、団子を供える」という農耕儀礼的言い伝えは、民間信仰における、祟り神(鎮魂)信仰の消滅にともなう、もしくは農耕儀礼との習合により、後発的に付け加えられた祭祀の解釈と判断できよう。

図4―5　イエの祟り神祭祀(宮城県の事例)

祟り神＝疫病神・厄神・カゼの神
屋外の掲示物＝「団子・とろろ」＝供物＝直会・共食
祭祀空間＝屋敷の入り口・門口・橋など→屋外の境界的空間
→　災厄除けを目的とする鎮魂思想の年中行事化

(3)団子の擬人化による災厄除け

宮城県の「コト八日」でもう1つ重要な点は、団子の使い方が、祟り神祭祀だけではなく、来訪神祭祀とのかかわりを示唆するところにある。

<事例>

2月8日　魔除け・泥棒除け

竹か楢の枝に団子を刺し、家の角々にさす。

八日ダンゴをこねた手で、大戸の裏に手形を押す。

魔除けまたは泥棒除けであるという。

(表5—16番、白石市塩ノ倉)

2月8日　魔除け・泥棒除け

八日団子をこねた手で、大戸の裏に手形をおす。

魔よけまたは泥棒除けであるという。

(表5—17番、白石市塩ノ倉)

2月8日、火伏せ

団子を鎮守愛宕神社の境内にあるお八日さまの碑に供える。

八日団子をこねた手で、大戸の裏に手形をおす。

魔よけまたは泥棒除けであるという。

12月8日、針供養・八日荒れ

荒れ日になる

(表5—18番、刈田郡七ヶ宿町滑津)

主に、魔除け・泥棒除けを目的とするこうしたイエの行事には、団子の使い方が2通りである。
　①団子を屋外のイエの角々に出す。→　祟り神祭祀
　②団子をこねた手で大戸の裏に手形を押す。→　来訪神祭祀

　すなわち、「手形」をおすことに注目すべきであろう。団子をこねた手を利用することからは、安易に来訪神の依代と捉えてよいのかどうか疑問が残るが、すくなくとも、擬人化・人格化によって災厄除けを行う信仰はここにも潜んでいたといえよう[注4]。

(4)来訪神の依代としての目籠－戸口の目籠と擬人化

　すでに述べたように、福島県は、祟り神・鬼(悪魔)・擬人化(人格化)の混在にともない、掲示物も食物類・ヒイラギ類・目籠類が混在している。また、主に、福島県以南から掲示物の目籠も濃厚に分布しはじめている。
　ところで、表6福島県の「コト八日」の[掲示物・供物]の項目をみると、①「目籠(竹竿)」、②「目籠」の2通りが記されているのがわかる。その行事内容は、次のようになる。
　①「目籠(竹竿)」は、目籠を竹竿に結びつけ軒先に高く立てること。
　②「目籠」は、目籠を戸口に吊しておくか掛けておくこと。→籠吊し

　軒先の目籠は、第2章において折口の依代説や山の神の両義性の側面から一つ目小僧の依代と位置づけたものである。ここでは、戸口の

「目籠」(籠吊し)が祭祀的にどのような役割を果たしているかを明らかに
してみたい。

　　＜事例＞
　2月8日・12月8日　悪病除け、厄神除け、厄病除け
　　戸口に目籠を吊す。籠の目が悪病を睨むという。
　　厚切りにしたニンニクとサイの目に切った豆腐を竹の枝にさし門口にさ
す。
　　履物を外に出さない。

　2月8日　数珠くり
　　念仏講の数珠くりが村境、道路上、公民館などで行なわれる。厄神除
けのためである。
　　（表6—20番、白河市）

　　この白河市では2月8日に災厄除けを目的とし、①戸口の目籠、②門
口のニンニク豆腐、③ムラ行事としての念仏講という3種類の行事が行
われている。このようにみると、イエの「コト八日」にも百万遍の念仏は習
合され同時に行われているのがわかる。
　　これまでの分析からすれば、イエで行われるニンニク豆腐は、「悪神
除け」という名称、食物類の豆腐から、祟り神（ここでは悪神）祭祀である
と理解してよいと思われる。では、戸口の目籠は、祭祀的にどのように
捉えればよいのだろうか。次の戸口の目籠の事例をみると、これまた擬
人化の特徴を有しているのだ。

<＜事例＞

2月8日、メケイ八日

　メケイ(目籠)に赤いナンバンやニンニクを取り付けて人の顔を作り、家の入り口の目の高さぐらいにかけておく。家々では、玄関の入り口のところにコモを二枚ぐらいさげておき、そこにメケイをかけたりする。厄神がこれを見て避ける。

　朝食はマナコダンゴといって小豆ダンゴをつくって食べる。

　(表6─32番、南会津郡只見町)

2月8日　お八日

　山間部ではヤサブロカカアという鬼女とか、厄神の襲来する日なのでこれを撃遅するのに、モミドウシやスンブルイ(目籠)に赤いナンバンで鬼面をつくり、早朝戸口にかける、あるいは団子をこねた手で戸口に手形をつけて厄神などを威嚇する。

　(表6─29番、河沼郡会津坂下町)

写真4−2　籠吊るしの擬人化　[表6─32番、南会津郡只見町]

写真4−2をみればわかるように、目籠に赤いナンバンやニンニクを取り付け、「人の顔」を作る。会津坂下町でも、同様のことを行い「鬼面」を作るか、その代わりに、団子をこねた手で「手形」つけるという。

以上のように、ミクロな観点から事例を確認していくと、戸口の目籠にも擬人化の性格が確実に潜んでいたのである。このようにみてくると、赤いナンバンなどをつけることのしなかった、戸口の目籠にも擬人化の性格を導き出せると思われる。上記の白河市の事例には、「籠の目が悪病を睨む」という。この事例だけではなく、目籠を出すことには、目籠の目（目が多いなど）で災厄や魔物を追い出す（防ぐ）という言い伝えが付加されるのが一般的である。

つまり、こうした目籠自体が擬人化された来訪神の依代といえるのではないだろうか。したがって、折口の依代説が軒先の目籠（天つ神の睨み返し）からなるものであったが、戸口の目籠からも同様の依代の性格を認めることができると思われるのである。

(5)神格の区分と祭祀の習合性−疫病神歓待と来訪神−

これまでみてきたイエの「コト八日」からも、ムラの祭祀と同様、人々は来訪神祭祀と祟り神祭祀を習合させながら災厄除け（予防）を求めているのがみてとれた。そして、もっとも重要なことは、やや祭祀の形態が異なったようにみえても、実際、人々は明確な神格の区分から祭祀を行っていた点である。そのことをさらに明確に表すのが次の「厄病神歓待」ある。

＜事例＞

2月8日・12月8日　厄病神の通る日(メケイ八日)

只見町と同じく、メケイ八日ともいい、メケイ(目籠)に赤いナンバンやニンニクを取り付けて人の顔を作り、家の入り口の目の高さぐらいにかけておく。

ところが、富山の三軒は厄病神のお宿である。目籠はもちろん出さず、戸をいっぱい開けて厄病神を家に招き入れる。

そして牡丹餅や小豆餅をご馳走したのである。

厄病神達は腹一杯食べ、体も温まったら、また隣村に旅たたれる。

(表6─33番、南会津郡南郷町)

まず、注目すべき点は、「厄病神のお宿」が3軒あることであろう。すなわち、ここでの行事は、単なるイエの行事ではなく、むしろムラの行事として行われていると判断できる。

各イエが戸口に目籠(人の顔)を出すことは、依代による来訪神祭祀といってよいだろう。ここでもこの依代に迎えられた来訪神に供物をすることなどはしない。

ところで、ムラのなかで決められた「厄病神のお宿」の3軒は、牡丹餅・小豆餅などを共食しており、祟り神の直会(祟り神祭祀)が行われていると理解してよいと思われる。したがって、神人共食は祟り神としか行われないことが改めて確認できたといえよう。このようにみてくると、追倉の「コト八日」の精進料理を食べること、疫病神をみたてた籠を屋内に持ち込むこと、などときわめて類似性を帯びていると思われる。

そして、祟り神祭祀としての共食の重要性は次のような言い伝えまでをも生み出したように思われる。

＜事例＞

2月8日

目籠を戸口の脇に吊す。

橋の下に厄神がいるからダンゴを食わぬうちは橋を渡るなといい、朝に丸めたものを食う。

12月8日　師走八日

厄神の来訪があるので前日の宵から戸口に目籠をつるしておく。

小豆飯と蕎麦練りをする。それを食うとそばを通っても厄神に会わぬという。(表6—34番、南会津郡田島町)

つまり、祟り神祭祀であるがゆえに、神人共食を守らせるため、こうした禁忌の性格を込めた言い伝えが必要であったと思われるのである。

図4−6　東北地方の「コト八日」からみる来訪神祭祀の依代

目籠・目籠(人の顔・鬼の面)・手形・藁人形・紙に書いた鬼面・杉の葉
→　擬人化の特徴
→　門口・戸口などのイエの境界　＝　イエの入口
＊イエの神迎え祭祀＝祟りや災厄の鎮め

図4−7　東北地方の「コト八日」からみる祟り神祭祀の供物・直会

団子・小豆飯・小豆餅・牡丹餅・とろろ(飯)・蕎麦・豆腐などの食物類
→　粗末な儀礼食(追倉の精進料理に類似)
→　門口・戸口・橋・イエの角々・屋内(祟り神の宿)
＊必ずしも境界ではない
→　祟り(死霊)の祀り上げ＝風邪の神・疫病神など→祟り神の発生観念
＊祟り神祭祀＝供物・共食＝鎮魂＝仏教的用語の「供養」
→　死霊のなだめ

ところで、図4−6と図4−7を比較してみると、祭祀空間においても大きな相違に気付かされる。

　来訪神は、イエの入り口(門口・戸口)のみに招かれ寄り付くことが確認できた^(注5)。

　一方、共食を祭祀の基本とする祟り神の場合、橋・イエの角々などを含め屋内まで招かれることが明らかとなった。ムラの「風邪の神送り」「貧乏神送り」との関連性を考慮すれば、そこには祟りをなすと想定された死霊をなだめて送りだそうとする信仰が込められていたともいえよう。言い換えれば、ムラにおいて、祟り神の鎮魂思想が送りの呪術と結びつくことは当然の信仰現象といえるのかもしれない。

　そして、ここで8日の問題も確認しておきたい。これまでの東北地方の事例からは、農耕儀礼的性格を導き出せないことはいうまでもなく、2月8日と12月8日が1セットとして行われているとも言い難い。あくまで8日に行われることが目的である災厄除け的祭祀であった。

　さらに、注目しておきたいのは、秋田県・岩手県・山形県など、北に行けば行くほど、祟り神祭祀(八日団子・疫病神除けなど)が2月8日のみ行われる行事としての分布が濃厚になる点である。そこでの12月8日を確認すると、薬師講・薬師様の年取り・八日講など明らかに仏教民俗的性格の行事が行われている(表2、3、4参照)^(注6)。このように神格と期日の問題を整理してみると、2月8日の祟り神祭祀が、ムラの「風邪の神送り」「貧乏神送り」などが2月8日のみ行われていることとなんらかの関連性があることも予想しなければならいないと考えられる。

第3節 信仰の希薄化による妖怪の名の変貌－関東北部を中心に－

(1)庭の笹神様と境界の目籠

　本節では、関東北部(栃木県・茨城県・群馬)を中心に、イエの「コト八日」をみていきたい。すでに、図4－1と図4－2をみたとおり、この地域圏は福島県と同様、掲示物は食物類・ヒイラギ類・目籠類の混在地域であり、「妖怪」も祟り神・鬼・擬人化が混在している。

　ところで、表7、8、9の茨城県、栃木県、群馬県の「コト八日」から[神・妖怪]の項目を確認すると、笹神様というユニークな名称が記されている[注7]。

　笹神とは掲示物の名称でもあるが、その行事内容は、庭などに、笹竹を三本束ねて上方で折り曲げるように結び、根本の太いほうを広げて立てるのである。ここに赤飯やソバなどの供物をのせる(図4－8)。

　屋外の掲示物として、庭などに食物類の供物として出される笹神は、これまでの分析を考慮すれば、祟り神祭祀として捉えられそうである。じっさい、この笹神様は、貧乏神・疫病神・風邪の神などとも呼ばれることが多いようである(佐々木1988：136－146)。

　本節では、この笹神が行われる地域に焦点を当てて、そこでの掲示物の祭祀的意味を解明しつつ、神格の相違という側面から屋敷をめぐる祭祀空間の意味をも検討してみたいと考える。

図4−8　笹神様［氏家町：氏家町史作成委員会(1989)、413頁］

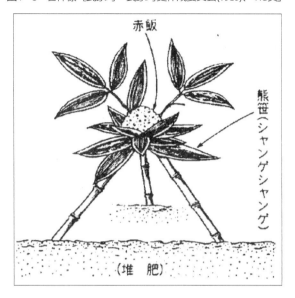

まずは、笹神が出される地域の事例をみてみよう。ここでも、もっとも
注目すべき点は、笹神だけではなく、軒先の目籠などが同時に行われ
ることと思われる。

<事例>

2月8日　厄病神除け、泥棒除け

<妖怪>　笹神様、ダイマナコ、疫病神

七日の夕方ざさを三本切ってきて先端を結び、三脚にして庭に立て
る。笹神様にはその結んだ上にソバかうどんを供える。笹神様を立てるの
を泥棒除けともいう。

ダイマナコの除けとして軒先に目籠を高く立てる。

＊山に入らない(禁忌)。

12月8日、笹神様、ダイマナコ(厄病神除け)

同上。

笹神様は2月と同じことをするが、笹竹を裏口に立てる。

(表7—18番、結城郡千代川村)

茨城県の事例であるが、行事内容を整理すると次のようになる(写真4
—3)。

①軒先に目籠を立てる。

②庭にソバ・うどんなどの供物をする

③山に行かない禁忌

すでに第2章において、2月8日ないし12月8日を山の神祭日とする地
域を分析対象とし、軒先の目籠を山の神の異形である一つ目小僧の依
代と位置づけた。山に行かない禁忌とは山の神の両義性と関わってお
り、災厄除けの和魂的性格を表出するための物忌みの逆説的表現と考
えた。したがって、軒先の目籠に寄り付くとされる一つ目小僧とは、災厄
を鎮める強い力の来訪神にほかならないと思われる。こうした考えが正
しいとすれば、ここでの軒先の目籠や禁忌も一つ目小僧の来訪神祭祀
と捉えることが可能ではないだろうか[注8]。

また、このように軒先の目籠を位置づけると、庭で行われるソバ・うど
んの笹神もおのずと理解されてくる。要するに、「疫病神除け」の名称も
その答えを示唆するように祟り神祭祀と判断できよう。

ところで、ここでの問題は、軒先の目籠に対して一つ目小僧が訪れる
とはされていないことである。しかし、ダイマナコという名称が、「目」という

擬人化の特徴を帯びていることには注目する必要があると思われる。「山の神＝来訪神＝一つ目小僧」という神格(山の神信仰)が零落され「妖怪」化されたことが予想されるが、ここではダイマナコ＝一つ目小僧が何らかのかかわりをもつことだけを、とりあえず指摘しておきたい。

写真4－3　庭の笹神と軒先の目籠 ［茨城県真壁郡明野町：日本人の霊魂観－厄除け－(1988)、137頁］

(2) 一つ目の鬼・一つ目の疫病神・ダイマナクの呼称の意味

　次に、表8から笹神が行われるとされる栃木県の5カ所の事例をみてみよう。

<事例>

2月8日　ダイマナク、笹神様

<妖怪>一つ目の鬼

目籠を竹竿の先にくくりつけ、軒先に立てる。

スイトンをつくる地域や堆肥に赤飯を供えて、農作祈願といい笹神様の日と呼ぶ地域もある。

にんにく豆腐を食べる日。

12月8日　師走八日

同上。

(表8—9番、芳賀郡芳賀町)

2月8日　ダイマナク、笹神

<妖怪>一つ目の疫病神

メカイカゴ(目籠)を家の軒先に立てる。

この日、庭に笹竹で笹神様をつくり、蕎麦や小豆飯などを供える。

ネギやニンニクを串にさして戸口にさす。

12月8日　ダイマナク

同上。

ただ笹神様の場所が家の裏側になる。

(表8—10番、真岡市)

2月8日　ダイマナコ、コトヨウカ、笹神、疫病神除け

<妖怪>厄病神

前夜よりダイマナコといい目籠を玄関に立てる。

笹神様をつくりその上にうどんや蕎麦をのせて夕方立てる。

＊履物を外に出しておくと疫病神が来て判を押していくので、全部家
　の中に入れる(禁忌)。

12月8日　師走八日、

同上。笹神様の場所が裏側になる。神が帰ってくる。

(表8―11番、河内郡南河内町)

2月8日・12月8日　ダイマナク、笹神、厄神除け

＜妖怪＞一つ目の厄病神

厄神除けとして、長い竹竿の先にメカイをつけ軒先に出す。これをダイ
マナコと呼ぶ。

　庭先では、笹竹で笹神をつくり、夜ソバを供物として供える。

　＊この日、履物を外におかない(禁忌)。

(表8―12番、下都賀郡壬生町)

2月8日・12月8日　コトヨウカ、ダイマナク

＜妖怪＞厄神、一つ目小僧

メカイを家の屋根にかかげる。

笹竹で笹神を作ってソバなどをその上にあげたりする。

家の前でネギやニンニクを焼いたり、柱にもネギやニンニクをすりつけ
たりしたものである。

(表8―18番、佐野市)

このように、栃木県の事例をみてみると、前段の茨城県の行事内容に

比べて、少し多様化されているようにみえる。しかしながら、以下の3つは上記の茨城県の事例と共通している。

① 目籠を軒先や玄関に立てる。

② ソバ・うどん・赤飯・小豆飯を庭などに供える(笹神)。

③ 履物を外におかないなどの禁忌(表8－11番、12番)

したがって、ここでも来訪神祭祀と祟り神祭祀が併存しているといえよう。また、ここでの祭祀では、ネギ、ニンニク、豆腐などの使用が目立つ。

④ ニンニク豆腐を食べる。

⑤ ニンニクとネギを戸口に刺す。柱にネギやニンニクをすりつける。ネギやニンニクを焼く。

④と⑤は、ニンニクが使用される点では共通している。しかし、④ニンニクと豆腐の組み合わせと、⑤ニンニクとネギの組み合わせを、祭祀的に同質に捉えてよいのだろうか。両者には明らかに異なる祭祀的意味を含んでいると思われる。というのは、豆腐は供物になるべき食物類である。一方、ニンニク・ネギなどは古来からの魔除けの呪物といえるからである。

したがって、④は、祟り神祭祀の神人共食が、信仰の希薄にともなう魔除けの性格化された特徴と捉えることはできないだろうか。この点は、これらの地域に訪れるとされる妖怪の呼称をみると、さらに理解できるようになると考えられる。

上記の＜妖怪＞をみてみると、まず、地域ごとに少しずつ異なってい

るものの、一つ目小僧・疫病神・厄神などがみられる。これまでの分析からすれば、庭先の目籠は一つ目小僧の依代である。また、庭の供物(笹神様)は、祟りをなす死霊を「神」と祀りあげるための祟り神祭祀と理解してよい。

　ここでもっとも注目すべき点は、一つ目の鬼、一つ目の疫病神・ダイマナクなどの呼称である。表7、8、9の［神・妖怪］の項目を注意深く確認すると、これらの呼称が思いのほか多く記されていることに気付く。なぜ、一つ目小僧、疫病神、鬼でもない、これらの複合語的な呼称が派生されただろうか。きわめて重要な問題と思われる。

　こうした複合語の発生には、来訪神祭祀(ここでは一つ目小僧の山の神祭祀)と祟り神祭祀に対する人々の信仰の希薄に原因があったと考えられる。すなわち、本来、一つ目小僧と厄神などの祭祀の対象であったものが、魔除けの対象として画一化される一種の歴史的変遷過程をその複合語は示してくれると思われるのである。また、儀礼食としての「ニンニク」と「豆腐」の組み合わせこそ、そのことの裏づけになるものと思われる。図4−10は、表7、8、9の確認のもと大枠として、一つ目の鬼・一つ目の厄病神・ダイマナクなどと共食や掲示物として用いられるニンニク豆腐の対応関係を示した分布図である。

　こうした理解に立って、さらに、掲示物のニンニク豆腐が行われる地域の事例をいくつかみてみよう(図4−9)。

　＜事例＞
　2月8日・12月8日　厄病神除け
　＜妖怪＞目が一つの厄病神

各家々ではニンニクと豆腐をさしたものを、母屋や便所などの入り口にさす。メカイ(目籠)や木の葉篭などを、大きな目のある籠を家の戸口に出しふせておく。

　＊八日は山には厄病神がうろうろしているから、山へはいくものではないという(禁忌)。

2月8日、年始めの八日

　朝鎮守様へお参りに行き、お礼をいただいてくる。山にはいってはならない。

(表7—5番、久慈郡大子町)

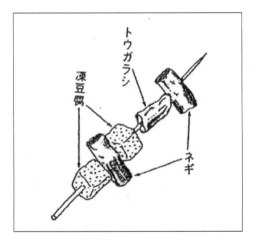

写真4-9　ニンニク豆腐 ［氏家町：氏家町史(1989)、413頁］

図4-10　一つ目の鬼・一つ目の疫病神・ダイマナク密集地域

2月8日・12月8日　厄病神除け、誓文払い

＜妖怪＞厄病神・鬼

　七日の晩ににんにく豆腐を家の入り口にさす。にんにく豆腐を食べる
いえもある。にんにく豆腐を食べると無病息災だと信じている。

　竿の先の目籠へ鎌をつける

　＊山には鬼がいるので、この日山に入って木を伐ってはいけない。

（表7—8番、勝田市）

　これらは茨城県の事例であるが、掲示物のニンニク豆腐が戸口や母
屋や便所などのイエのさまざまな入り口などに出される。またこれを食べ

ることで無病息災が保証されるという言い伝えからは、祟り神祭祀の直会の特徴がみてとれる。また、山に行かない禁忌や軒先の目籠からは一つ目小僧の来訪をもうかがうことができる。

　ところが、これらの地域に登場する「妖怪」の呼称に注目すれば、疫病神・鬼・目が一つの疫病神など一貫性がないことが明らかである。「祟り神／食物類」の類型化地域と、このあとみる「悪魔・鬼／ヒイラギ類＋目籠類」(埼玉県・東京都中心)の類型化地域と比べると、ニンニク豆腐の分布が濃厚である関東北部はこうした傾向がきわめて高いのである。

　したがって、ニンニクがヒイラギと同様、魔除けの呪物であること、また豆腐が食物類であることを考慮すれば、魔除けと祟り神祭祀の混合がみてとれるのである。さらにいえば、現在における認識の側面からからは「祟り神祭祀の魔よけ化」といえよう。

　また、上記の事例、勝田市の事例をみると、軒先の目籠に魔よけの呪具といえる鎌を結びつける。この他に、表9から群馬県の「掲示物・供物」の項目を確認すると、目籠にヒイラギを刺すことが濃厚に分布している(写真4−4)。これもまた魔よけと来訪神祭祀の混合現象と捉えるべきであろう。すなわち、「来訪神(一つ目小僧)祭祀の魔よけ化」といえよう。

　このように考えてくると、一つ目の鬼・一つ目の厄病神・ダイマナクなどの呼称がもつ意味もより鮮明になるのではないだろうか。こうした複合語は、来訪神祭祀や祟り神祭祀の信仰が希薄化される過程から派生された造語であったと判断できよう。「一つ目」「マナク」などの言葉がみられることからは、本来、ここに山の神として一つ目小僧の信仰が確実にあったことを示唆するといえるのではないか。とすれば、こうした複

合語は、「正の霊的存在(来訪神・山の神)→負の霊的存在」に変遷さ
れていく過程そのものを象徴的に表してくれるといえよう。
　そして、「ニンニク」と「豆腐」の組み合わせ、「目籠」と「ヒイラギ」「鎌」な
どの組み合わせも、祭祀信仰の消滅や魔よけ化を示唆するといえよう。
つまり、上記の複合語の発生と同様、一種の歴史的な変遷過程が生み
出した掲示物であったと推測できる。

写真4-4　目籠にヒイラギの枝をさす[表9-3番、大間々町]

図4-11　一つ目の鬼・一つ目の厄病神・ダイマナクの呼称が示す意味

地域的分布:茨城県・栃木県・群馬県に濃厚
複合語:「一つ目+鬼」「一つ目+厄病神」「ダイ+マナク(目の強調)」
掲示物:「ニンニク(魔除け)+トウフ(祟り神の供物)」
「目籠(一つ目小僧・来訪神)+ヒイラギ(魔除け)」「目籠+鎌」
→来訪神祭祀と祟り神祭祀の信仰の希薄化=魔除け化

(3)非境界の祭祀空間・死穢・鎮魂

　すでに指摘したように、関東北部は庭などに出される笹神が濃厚に
分布している。笹神(笹竹)に食物類がおかれていることからすれば、笹
神自体は祟り神祭祀の祭壇といってもよいのかもしれない。そして、ここ
でもっとも注目したいのは、祭祀空間が庭であることである。これまで分
析してきた東北地方を踏まえて考えてみても来訪神と祟り神の祭祀空
間が明らかに異なっていた。つまり、来訪神は軒先や戸口などの「境界
」であるが、その反面、祟り神は、庭・橋・戸口・門口・イエの角々・
屋内(厄病神のお宿)などじつにさまざまである。

　とりわけ、非境界的空間というべき庭や屋内で祟り神祭祀が行われる
ことは、祟り神信仰を知るうえでも重要な意味をもつと考えられる。次の
群馬県の事例をみてみよう。

　　＜事例＞
　2月8日・12月8日　厄病神歓待、笹神、師走八日
　＜妖怪＞魔物、鬼、ダイマナク、厄神
　　庭先に竹竿を立て、その先にメケイ(目籠)をかぶせ、ヒイラギも入れる。
　　家の周りにヒイラギをさし泥棒よけをする。
　　今村の重田家では厄神を歓待して送り出す意味で、夕方になると膳
　　に赤飯、味噌汁、尾付の鰯、箸一膳をのせて味噌樽の上にあげておく。
　　重田家ではこの日ヒイラギを飾らない。二之宮でもわざわざ厄神を迎える
　　ため、赤飯を供えて歓待し、三本辻に送る家もある。
　　＊針仕事をしないなどできるだけ静かにする。庭先に履物を出さない

(禁忌)。

12月8日　コト八日、師走八日

同上。ヒイラギのマツリともいい魔除けのヒイラギを戸口にさした。

(表9―4番、伊勢崎市)

　ここに訪れる「妖怪」も、魔物、鬼、ダイマナク、厄神などが混在している。すなわち、この地域でも、信仰の希薄化がみられるといえよう。ところで、ここの事例を祭祀空間に注目してみると、主に3通りがみてとれる。ここの3つの祭祀空間は、「コト八日」における来訪神(一つ目小僧)、祟り神(厄神)、鬼・魔物の性格を解き明かす糸口になるのではないかと思われる。

　①庭先の目籠(目籠＋ヒイラギ)

　②イエの周りのヒイラギ

　③屋内の厄病神歓待(赤飯などの食物類、写真4－5)

写真4-5　厄病神歓待［表9-4番、伊勢原市］

　①「庭先の目籠(目籠＋ヒイラギ)」と②「イエの周りのヒイラギ」を比較
　してみると、来訪神祭祀と魔除けの空間的相違が明らかと思われ
　る。というのは、ヒイラギが神の依代ではないことに疑問の余地はな
　い。トゲのあるヒイラギをイエの周りにおくことは、イエの外から侵入
　するなんらかの魔物を防ぐための呪術的行為(魔除け)ということが
　できる。

　しかし、筆者のこれまでの来訪神祭祀の位置づけが正しいとすれ
ば、「一つ目小僧の依代＝目籠(竹竿)＝軒先」、「藁人形・杉の葉・目
籠・ヌカエブシなど＝戸口・門口＝イエの入り口」のような「軒先」と「イ
エの入り口」の2つの祭祀空間しかないのである。つまり、これらは神が
迎えられるべき「境界」であり、魔除けのための「境界」とはその意味が大
きく異なるということができる。

　したがって、ヒイラギの伝承が節分に行われることが多く、また「福は

内、鬼は外」の唱えごとからも理解できるように、ここでは「鬼」に対する行事が「イエの周りにヒイラギをおく」ことと推測できるのである。そして、「ダイマナク」が祭祀的には「庭先の目籠(目籠＋ヒイラギ)」と連続していると充分判断できよう。

　このように、来訪神祭祀と魔除けの「境界」をめぐる祭祀空間の意味を整理してみると、純粋な祟り神祭祀の空間のみが非境界的空間であることが明らかとなる。すなわち、庭の笹神や③屋内の厄病神歓待がそのことを教えてくれるといえよう。

図4-12　来訪神の祭祀空間の2類型

①一つ目小僧の依代＝竹竿の目籠＝「軒先・屋根」
②藁人形・杉の葉・目籠・ヌカエブシなど＝戸口・門口＝「イエの入り口」
→　神が迎えられる「境界」
＊魔除け(ヒイラギなど)が行われる境界とは異なる

図4-13　信仰の希薄化と祟り神祭祀の空間

①「ニンニク」＋「豆腐」＝戸口を含む「イエのさまざまな境界的空間」
→　魔除けのためのヒイラギの空間と同一
②笹神、厄病神歓待＝食物類＝「庭」・「屋内」・「橋」など
→　非境界的空間＝純粋な祟り神祭祀＝死霊のなだめ

　では、なぜ祟り神祭祀とは、境界的空間ではないだろうか。災厄や負の霊的存在がイエに侵入することを防ぐため、境界を意識することが現在の認識であるとすれば、この非境界的祭祀空間はその認識では説

明がつかないのである。

　再び、上記の③厄病神歓待の事例をみてみよう。

- 今村の重田家では厄神を歓待して送り出す意味で、夕方になると膳に赤飯、味噌汁、尾付の鰯、箸一膳をのせて味噌樽の上にあげておく。
- 重田家ではこの日ヒイラギを飾らない。二之宮でもわざわざ厄神を迎えるため、赤飯を供えて歓待し、三本辻に送る家もある。

　このように、「厄病神歓待」には祟り神に供物をし、自分たちのイエや集落から外へ送り出そうとする信仰が込められていることがわかる。つまり、ムラの「風邪の神送り」「貧乏神送り」との連続性が明確にあるといえよう。

　したがって、そもそも、祟りや災厄の発生の観念に死霊信仰(死穢)があり、それが鎮魂思想に基づき「神」と祀りあげることがこうした祟り神祭祀に潜んでいる心性であったといえよう。さらに、すでに整理したお盆との類似性も重要であり「祟り神祭祀＝死霊信仰→死者祭祀の重層的性格」の定式も導き出せると思われる。

　写真4－5は、室町時代末から江戸時代初頭に流布したとされるお伽草子(室町時代物語とか諸町時代小説とも呼ばれる)絵巻「梅津長者物語」の挿絵である。小松和彦によると、「梅津長者物語」は、福神信仰が盛んであったこの時代の庶民の信仰を知る上で重要な資料という。当然、ここの物語では7福神が主役である(小松1998、前掲書:20－28)。したがって、貧乏神を追い出し、そのあとに福の神を招き入れようとする信

仰がこの物語には描かれているのである。

　しかし、こうした中世末の福神の物語も、祟りや祟り神の側面に注目すれば、写真4－5からも明らかであるように、「貧乏神」(祟り神)とは外から侵入されるものではなく、内に潜んでいるものである。言い換えれば、この物語の奥深いところには災厄(ここでは貧乏)が死霊信仰を基盤としていたことを教えてくれるのである。

　このように考えてくると、内在する災厄も、福神信仰やすでに指摘したなんらかの原因による来訪神の妖怪化などのさまざまな歴史的背景に影響されつつ、現在の魔除けの「境界」認識に辿り着いたのかもしれない。

　繰り返しになるが、すくなくとも写真4－5からは、祟りや災厄(貧乏)をなす死霊をなだめる必要があり(鎮魂)、さらに送り出さなければ福(福神)が入ってこないことをみてとれるのである。

写真4－5　家の隅々から出てきた貧乏神たち〔「梅津長者物語」、『福の神と貧乏神』(1998)、23頁、所収〕

以上のように、行事内容を空間論的に位置づけてくると、ここで取り上げた事例（表9—4番、伊勢崎市）からそれぞれの祭祀対象を、仮説ではあるが、図4−14のように位置づけることが可能になると思われる。次章以降この仮説をさらに検証していきたい。

図4−14　伊勢崎市の事例の祭祀的位置づけ

① 軒先の目籠＝「軒先」＝一つ目小僧(山の神・来訪神)の依代
　 → 信仰の希薄化(目籠にヒイラギをさす、目籠＋ヒイラギ)　＝　ダイマ
　　　ナク
② イエの周りのヒイラギ＝「イエのさまざまな境界」＝鬼
③ 屋内の厄病神歓待＝「屋内」＝共食＝厄病神

第4節　コト八日・卯月八日・節分
　　　　　一つ目小僧と鬼の相違ー

(1)繰り返される八日節句

　次に「悪魔・鬼／ヒイラギ＋目籠類」の類型化に焦点をあてて、とりわけ、前節での仮説(図4－14)を検証しつつ、8日の問題についても考えていきたい。

　表10の埼玉県の「コト八日」から[名称]の項目を確認すればわかるように、「八日節供」という呼称をともなうことがきわめて多い。「八日節供」といえば、第2章において千葉県の事例をすでに紹介した。そこでは、同県内の「恵比寿講」との比較から「八日節供」の特徴が、①屋外の掲示物(目籠)、②8日中心(必ずしも年2回ではない)であることが明らかとなった。

　千葉県の事例による8日中心の特徴は、2月8日か12月8日のどちらか1回のみ行われることから導き出した。その点は、埼玉県・東京都の事例からも同様の特徴が確認できる。

　ところで、以下紹介する、埼玉県の「八日節供」では、祭日の8日を軸に何回も繰り返されるところがある。

　　＜事例＞
　　2月8日・4月8日・12月8日　八日節句
　　＜妖怪＞一つ目の鬼、悪魔

7日の晩に目籠を逆さにして、竿の先にかけ柊の小枝をさし、屋根に立てる。

2月8日の早朝逆さにして軒に立てかける

七日の晩から下駄を外に出してはいけない（禁忌）

鰯の頭とサイカチの実につばをかけながらやく。これを柊に豆の殻と一緒にしてトボグチ（門口）にさす。

［特徴］同じ行事が4月8日、12月8日と年三回ある。針供養（図4－15）

＊イモのけんちん汁と五目飯を食べる（神棚へ供える）

（表10―1番、浦和市（目籠写真・下向き））

1月8日・2月8日・3月8日・4月8日・12月8日　八日節供

＜妖怪＞悪魔・鬼

目籠を竹竿の先端にかぶせ母親の軒先に立てかける。目籠に柊をさすところもある。

柊をイエの周りにさす。葱を囲炉裏で燃やす。

［特徴］行事の期日が混乱している。（月遅れで）3月、4月にもあり、暮れの八日ということで、1月にも行事が集中している。

（表10―8番、上尾市）

2月8日・4月8日・12月8日　八日節供

＜妖怪＞一つ目小僧、三つ目小僧、悪魔

目の多いミケ（目籠）を屋根の高さに立てておくと、ミケをみて悪魔が逃げて避けてゆく。なお、ザルの中に小銭を入れ、翌朝下げた親が子供達に神様が小遣いをくれたといって与えた。

夕飯はイモ・大根などが入ったけんちん汁を食べた。

［特徴］四月八日にも行なわれるところがある。

(表10—11番、草加市(目籠写真・下向き))

2月8日・4月8日・7月8日・10月8日・12月8日　八日節供
<妖怪> 悪魔の目玉、一つ目玉、一つ眼、悪魔

この日訪れるものや籠の付け方は家や地区によって異なる。

2月には籠を立てて竹竿に縛って軒先にたて、12月には籠を伏せて逆さにして軒先に立てた。そのため2月にはお金がふってくるという。

八日節句の晩には五目飯や里芋などをまぜご飯を食べた。

［特徴］戦後から次第になくなる。八日節句が4月8日(半田)、7月8日・10月8日(戸ケ崎)七夕の翌日に行なわれる。

(表10—13番、三郷市)

2月8日・11月8日　八日節供
<妖怪> 一つ目小僧・鬼

ミーケとかメカイ(目籠)などを物干しの先にひっかけて屋根にたてかけておく。出来るだけ目の大きい目籠がいいという。

ガラガラの木の実をとってきてイロリでいぶし、病魔を追い出すと言う家もある。

［特徴］2月8日と11月8日に行われる。

＊この日家々では神棚に燈明をあげ、白飯や五目飯を作って食べる。

(表10—4番、蕨市)

このように「八日節供」の期日に注目すれば、2月8日と12月8日が対応していないことはほぼ確実ではないだろうか。上記の事例からは次のように整理できる。

①2月8日・4月8日・12月8日の3回行事が繰り返される点
②7月8日・10月8日などに行われるところもある点
③年2回で行われるが2月8日・11月8日に行われる点

したがって、こうした「八日節供」の期日の問題は、単に月遅れとして片づけられないことが明らかである。

(2)山の神祭祀と節分の習合性ー鬼・悪魔への魔除けー

では、上記の「八日節供」の行事内容を空間に注目して整理すると次のようになる。

①軒先・屋根 ： 目籠(写真4ー6、4ー7)、目籠+ヒイラギ、目籠+銭
②イエの周り・戸口 ： ヒイラギ
③囲炉裏 ： 木(グミの木)の実や葱などをいぶして臭気を出す
④神棚 ： けんちん汁、白飯や五目飯を供える(食べる)

また、＜妖怪＞もその名称によって分類が可能になると思われる。

①一つ目小僧・三つ目小僧
②一つ目の鬼・悪魔の目玉・一つ目玉・一つ眼

③鬼・悪魔

　このように、行事内容と妖怪を分類し、これまでの分析内容を踏まえてみると、相互の対応関係も推測できそうである。

　まず、上記のすべての事例に共通してみられる、軒先・屋根に立てられる目籠は「一つ目小僧」の依代といえよう。

　次に、ここの埼玉県・東京都が「悪魔・鬼／ヒイラギ類＋目籠類」地域であることを考慮すれば、①ヒイラギをイエの境界的空間におくことと②囲炉裏で臭気をだすことは、イエの魔除けと位置づけることができよう。また、この2通りの魔除けと、節分とはきわめて類似していることは確実であろう。したがって、「鬼・悪魔」とはこうした魔除けと対応関係にあると考えられる。

　では、1つのイエで、こうした来訪神祭祀と魔除けが同時に行われることは祭祀的にどのように理解できるのだろうか。

　繰り返しになるが、第2章では、①山の神の祭日の8日、②8日の禁忌（物忌みの逆説的表現）、③軒先の目籠（一つ目小僧の依代）に着目して、一つ目小僧を山の神の異形と位置づけた。こうした祭日の8日と山の神の関連を考慮すれば、ここでの事例からは、一つ目小僧の来訪神祭祀と節分の習合として捉えることはできないだろうか。したがって、そもそも災厄を鎮めるため迎えられるべき一つ目小僧（山の神・来訪神）が単なる負の霊的存在として認識されることに至った経緯には、こうした節分との習合という大きな原因があったのではないのかとも思われる。

　いわゆる、こうした歴史的変遷が、ここでも、一つ目の鬼・悪魔の目玉などの複合語や「目籠にヒイラギをさす（目籠＋ヒイラギ）」ことなどの掲

示物を派生させたように思われる。また、「目籠に銭をまく(目籠＋銭)」こ
との場合、銭を単なる「神様が与えるお小遣い(福)」という言い伝えをそ
のまま祭祀的な意味として受け入れることはできないだろう。すなわち、
そもそも、山の神の祭日に招かれる一つ目小僧の依代の目籠と銭との
かかわりを明らかにすることが重要であり、その言い伝えに関しては、時
代的背景として福神信仰の流行りなどを考慮に入れる必要があると思
われる。

　以上のように考えてくると、「コト八日」の「8日」とは、そもそも「8日」を祭
日とする山の神祭祀との関連性がきわめて高くなるといえよう。

写真4-6　軒先の目籠［表10-6番、戸田市美女木下笹目］

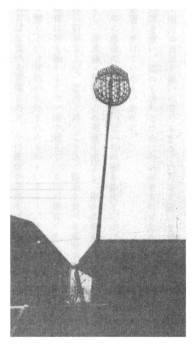

写真4−7軒先の目籠 ［表12−15番、清瀬市］

(3)仏教の土着信仰化−祭日の8日・一つ目・小僧−

では、さらに山の神祭祀と「8日」の関連性について考えてみよう。表12の東京都の「コト八日」から次の事例をみてみよう。

　　＜事例＞
　　2月8日・4月8日・12月8日、目一つ小僧様
　　＜妖怪＞目一つ小僧

屋敷の入口の杭の頭に三崎笊(目籠)が被せてあった。

むすび(黄粉を摘んで載せたもの)、牡丹餅を握り、親兄弟にも配る。

大島では、この2・4・12月の8日が目一つ様を祀る日だという。

＊山仕事を休む(禁忌)。

(表12―26番、大島町)

　この大島の事例では、2月・4月・12月の8日が、明確に「目一つ様」
の祀りとなっている。この「目一つ様」とは、第2章で紹介した、以下の伊
東市吉田の事例を再確認すれば、「山の神－天狗－一つ目小僧」の同
質性から一つ目小僧とほぼ同じ性格であると判断できよう。

＜事例＞

12月8日、一つ目小僧

山の神を祭る。

この神は目が一つで足が一本しかない天狗だといわれた。

この日、目籠を竿のさきにつるして軒先に立てる。

ヒイラギの枝を玄関にさしたりした。

(表15－2番、伊東市吉田)

　ところで、ここで留意すべき点は、4月8日も「目一つ様」を祀るというこ
とではないだろうか。この点は、上記の埼玉県の「八日節供」にも共通し
ていえることである。このように、「目一つ様」の祭祀として4月8日にも同
様の行事が行われることから、当然、4月8日との関連性も考慮しなけれ
ばならないだろう。

周知のように4月8日(卯月八日)は山の神の花祭りとか仏教の灌仏会と称される日である。簡単にその内容を紹介すると次のようになる。

　　わが国でも、水や甘茶を誕生仏にそそぐという形でうけつがれてきた。同時に、この花祭りのおこなわれる4月8日には、山の神を迎えると称して、霊山にのぼって花をつむ民俗がひろまるようになった。つんできた花を、家の庭に竿を立ててそのうえに飾ったのである。花を飾って山の神を迎え、花祭りと称したのである。それが地域によって天道花とか八日花とか呼ばれてきた(山折2002：35)。

　すなわち、4月8日の卯月八日とは山の神とお釈迦様の来臨する日として重要視された日である。言い換えれば、山の神と仏教の双方の祭日にまたがっているまた、上記にあるように、庭に竿を立てて花を飾ることの意味は、「鎮花祭」的性格からも、山の神を迎えて災厄を鎮める(災厄除け)ためであることは充分理解できる(山折2002前掲書：26)。
　このように、4月8日が山の神と仏教の双方の性格を有する点からして、「コト八日」は、山の神祭祀だけではなく、仏教とのなんらかのかかわりをもっていることが予想できるのではないだろうか。じっさい、すでに指摘したように、秋田県・岩手県・山形県の12月8日は、薬師講・薬師様の年取り・八日講など明らかに災厄除けを目的とする仏教民俗的性格の祭祀が行われていた。それだけではなく、ムラの「コト八日」のすべてにも、共通要素は仏教民俗・8日・災厄除け(境界的空間)にあったのである。
　「8日」の祭日を、山の神と仏教の両方の結びつきから考えると、これま

で山の神の異形と位置づけた「一つ目小僧」のもつ呼称の意味も、山の神の側面だけではなく、仏教の影響(習合)を考慮する必要があるのではないだろうか。

　山の神が、足が1つ、目が1つであるという、一種の擬人化的特徴(天狗)を有することは上記の事例からも間違いないように思われる。

　すでにみたように、ムラの「コト八日」において、災厄を鎮めるため仏教の土着信仰化(仏教の来訪神・山の神化)を指摘した。たとえば、松本市の両島と今井下新田の事例がそのことを明確に示してくれると思われる。

　「足半(片足神)に数珠がわりの縄をかけムラ境の木に吊しておくこと」
　「足半(片足神)に南無阿弥陀仏百万遍のお札をかけムラ境の木など
　　に吊しておくこと」

　すなわち、「8日」の祭日には、山の神である「片足神」「目一つ様」だけではなく、それに仏教との習合によって、より強い力を示そうとした信仰がみてとれるといえよう。

　このようにみてくると、「一つ目小僧」の呼称がもつ意味も次のように解釈できそうである。つまり、そもそも山の神が「1つ目」であるという信仰に、「小僧」という呼称が習合された造語として捉えることはできないだろうか。

　「小僧」というのもムラの「コト八日」との関連性を考慮すれば理解しやすくなると思われる。中村の「風邪の神送り(粕念仏)」でみたように、子供が民間宗教者(お坊さん)の役割をしていた。すなわち、子供(来訪神の

依代)が百万棒(金剛杖)を持っていること自体が、擬人化来訪神の力と仏教の力の融合と判断できたのである。

　したがって、山の神と仏教の双方を祭日とする「8日」に、災厄除け(鎮め)のため、「山の神(一つ目)＋子供(擬人化来訪神)＋僧侶」という言葉を習合させ、強い力を示そうとしたのが「一つ目小僧」であると判断できないだろうか。折口の用語でいえば、軒先に立てられた目籠自体が一つ目小僧を表す「依代」であり、一つ目小僧とは仏教の力を融合させ歴史的な過程によってつくられた「まれびと」と思われる。繰り返しになるが、この一つ目小僧こそまさに「仏教の来訪神化(土着信仰化)」といえよう。

　また、表13の神奈川県の「コト八日」には、こうした来訪神と死霊信仰の関連性を示唆する珍しい事例がある。

　＜事例＞

12月8日

　柳島では子供達何人かが、藁で1～1.5メートルの棒をつくり、村の中の家々の庭を叩いてまわる。

　(表13—19番、茅ヶ崎市)

　ここでは、2月と12月8日に八日ゾウ(一つ目小僧)に対して目籠を軒先に高く立てる。それにともないこうした行事を12月8日に行っているのである。ここでも、「南無阿弥陀仏の棒」ないし「百万棒」(仏教)と子供(擬人化来訪神)の組み合わせがみてとれるのではないだろうか。子供がムラの中の家々の庭を叩いて回ることからは、祟りをなす死霊を鎮めるため

であることがいえると考えられる。このように仏教の力によって祟りを鎮めること、まさに庶民仏教(仏教の土着信仰化)のありようといえるのではないだろうか。

　このようにイエとムラの「コト八日」を比較してみると、すくなくとも、「コト八日」の「8日」が山の神祭日だけではなく仏教との習合により強く意識するようになった「祭日」であることが判断できるのではないだろうか。

図4-15　山の神・仏教民俗・擬人化来訪神の習合と一つ目小僧

＊ムラの「コト八日」の神迎え
「お八日念仏と足半」＝足半(山の神)＋仏教的装置＋民間宗教者(僧侶)
「風邪の神送り」＝子供(擬人化来訪神)＋仏教的装置＋民間宗教者(僧侶)
＊イエの「コト八日」の神迎え
「一つ目小僧」＝一つ目(山の神)＋子供(擬人化来訪神)＋民間宗教者(僧侶)
→災厄を鎮めるための神の力の融合＝仏教の来訪神化・土着信仰化
＊「コト八日」の「8日」＝山の神祭日＋仏教の習合→　仏教民俗

(4)年神と祟り神をめぐる供物の問題－今後の課題として－

　柳田民俗学の「コト八日」に関する言及のなかで、「落穂団子の問題」という論考がある。その内容の骨子は「昔は、美味しいものより、あえて味の悪い粗食を用いて、祀りの物忌状態に入ろうとした」というような理解である(柳田1978:350－351)。柳田がこの「団子」を、神を祀るための

ものと捉えていることは明らかであろう。しかし、ここでは、「昔は」という表現からもわかるように、あくまで稲作以降もしくは稲作祭祀の供物が意識された発言である。はたしてそうであろうか。神奈川県の落穂団子の事例をみてみよう。

<事例>
2月8日・12月8日　ヨーカゾー
目籠を立てる

悪い日だと言って、ソバなどを変わったものを作った。

この日外に出るとけがをすると言って、牛馬を引く人はこの日休む(禁忌)。

ツジョウダンゴを暮のいつかに作った。稲穂をカナオキでこいだ時に足元に落ちた米粒を拾って、きれいに洗って、ダンゴにしたものである。

御飯に炊けないような悪い米を粉にして団子を作り、二、三個を串にさし、柱に縄をしばって串を一本さしておくとお婆さんが食べて帰るという。

(表13—9番、横浜市港北区市ヶ尾町中里)

ここでの団子は、鎮魂思想に基づき、祟り神祭祀の供物・共食と判断するのが妥当と思われる。

しかし、重要なことは、なぜ「コト八日」にとって、2月と12月8日が強く意識されるようになっただろうか。この問題は今後の課題にしたいが、次のようなことに注目する必要があると考えられる。

① 祟り神祭祀が供物・共食を基盤とする点。そこでの供物が粗末な食物であることである。(団子・粕汁・小豆系の餅・ソバなど・豆腐)

②祟り神の祭祀空間が屋外だけではなく、屋内(厄病神歓待)でも行われる点

③田の神と年神の交替日と判断したコトハジメ・コトオサメの屋内の神棚などへ供物も同様に粗末な食物が多かった。

④関東のコトハジメ・コトオサメの地域では、神棚などへの供物や食物が粗末な食物と御神酒や白い餅など稲作以降の供物が混在している。

　「田の神と年神の交替」により、2月と12月の「2回」祭祀行われることが重要であるコトハジメ・コトオサメには、供物と共食が祭祀の重要な条件である。また、「8日」の祭日に行われる、祟り神も祭場が神棚などではないが、供物と共食を祭祀の基盤とするのである。つまり、双方において粗末な食物類という共通性があるのである。こうした儀礼食をめぐる共通性が歴史的変遷のなか、2月8日と12月8日をより強く意識させるようにしたのかもしれない。

第5節　山の神・「妖怪」・8日の関連性

　本章では、ムラの「コト八日」の分析から導き出された来訪神と祟り神の信仰基盤や祭祀構造を考慮し、イエの「コト八日」において山の神・「妖怪」・8日の関連性を筆者なりに明らかにしてみた。

　その分析結果は次のようにまとめられる。

　第1に、ムラの「コト八日」と比較してみると、主に東北地方の「コト八日」がもっとも類似性が高いことが明らかになった。①祭祀構造において、祟り神祭祀(供物・共食)と来訪神祭祀(依代・擬人化来訪神)が同時に行われる点、②祭祀空間が、来訪神は神が迎えられる境界(イエの入り口のみ)であり、祟り神祭祀は屋内などの非境界的空間も存在する点、③祟り神祭祀(八日団子・疫病神除けなど)の性格が明確な地域ほど、暦日が2月8日のみ行うところが多い点。また。こうした地域では災厄除けとして12月8日に薬師講や八日講などがおこなわれる(仏教民俗)。したがって、暦日の側面においては、ムラの「風邪の神送り」のなどとの関連性からも、2月8日と祟り神祭祀になんらかの関わりが予想される。また、「8日」という期日そのものには、仏教や災厄除けが深く関わることが判断できた。

　第2に、主に関東北部では、来訪神祭祀と祟り神祭祀の信仰の希薄化および行事内容の魔除け化が明らかになった。とりわけ、一つ目の鬼・一つ目の疫病神・ダイマナクなどの呼称が濃厚である地域では、それにともない屋外の掲示物にも明確な変化がみられた。たとえば、「ニンニク(魔除け)＋豆腐(祟り神の供物)」「目籠(一つ目小僧の依代)＋ヒ

イラギ(魔除け)」などのようにそれぞれの信仰がどっちからといえば魔除け化されていくことがみてとれる。この点は、祟り神祭祀の非境界的空間がニンニクとの組み合わせにより、魔除けの境界的空間に移動されていることが明らかである。

　第3に、主に関東南部では、八日節供という行事の呼称が濃厚であり、8日の行事が、とりわけ、4月8日を中心に繰り返されている。ここでの最大の特徴は、目籠が軒先に出されることと、ヒイラギがイエのさまざまな境界的空間に出される点である。また、魔除けのヒイラギにともない鬼などの分布が濃厚であることからは、もともとの八日節供(軒先の目籠＝一つ目小僧の祭祀)に、信仰の希薄にともない節分が習合されるようになったと考えられる。

　第4に、「8日」の問題と一つ目小僧の呼称の関連性である。①東北地方の12月8日に薬師講がみられる点、②2月8日のムラの「コト八日」が仏教民俗として行われる点、③軒先の竹竿が4月8日の花祭りにもみられ、また灌仏会としての性格を有する点、などから「コト八日」の「8日」が災厄除けや仏教と深くかかわることが充分推測できる。そこで、①2月・4月・12月8日が「目一つ様」の祭日である事例、②八日は山の神の祭祀である事例を踏まえてみると、「コト八日」の「8日」に災厄除け・仏教の祭日・山の神祭日の関連性が浮かび上がってくる。この点から「一つ目小僧」の呼称を解釈できるのではないだろうか。ムラの「コト八日」とのかかわりからを考慮すれば、一つ目小僧とは、「一つ目(山の神)＋子供(擬人化来訪神)＋民間宗教者化(僧侶)」のような歴史的変遷を遂げた「まれびと」といえるのではないだろうか。要するに、このような組み合わせが人々にとってもっとも「強い力を示す来訪神」であったと思われるので

ある。いいかえれば、災厄を鎮めるための神の力の融合といえよう。また。軒先の目籠こそ一つ目小僧の依代ということもできよう。

「注」————————————————————

(注1) 従来の日本民俗学の「鬼」研究について、小松和彦は次のように強く批判する。「鬼の文化史を論じる上でほとんど役立たない民俗学的な鬼解釈を繰り返し批判してきた。しかし、民俗学者には浸透しない。というのも、彼らの主要な関心がいまだ「以前」(起源)に向けられているからである。たとえば、藤原秀三郎は最近の論文「来訪神と鬼やらい」で、なお「恐ろしい存在」として日本の鬼の「粗景」を、「好ましい神」「村の祖霊」に求めようとしている。私には藤原の研究の姿勢と管江真澄や折口信夫のそれがオーバーラップして国境を越えてまで貼り付けて歩いているのではなかろうか。もっとも、こういう私も、つい最近まで、「ナマハゲの鬼」というラベルの下に隠されていた「鬼の正体」に気づかず、ナマハゲを地元の人々と自信もずっと昔から鬼と表現してきたと思っていた一人であった。春来る神であったものを、民俗学者が春来る鬼にしてしまったのだとしたら、民俗学者はその過ちを深く反省しなければならないはずである。この問題は、民俗学的な鬼の解釈ではなく、民俗学的思考・解釈方法とも通底しているので、いずれじっくり考えてみたいと思っている。それは、民俗学的方法を鍛え直すのにふさわしい研究テーマであるように思われるからである」(小松2006:231-232)
(注2) 現存する屋敷地割の形態に着目する視点は、柳田国男の、とりわけ、初期の農政論に顕著な特色である。『時代と農政』(1910)に納められた二つの講演記録では、柳田は武蔵野平原の「細長きこと刺身の如」き屋敷地割りに着目し、また、個々の屋敷が広くかつ独立性が高い関東のムラと、屋敷が狭く密集した機内のムラを比較して、「青い」ムラと「白い」ムラと対比してみせている。こうした屋敷の形状には、そのムラの歴史が(開発経過)刻み込まれているというのが柳田の見方で、この観点から「屋敷地割の二類型」(1913)「武蔵野の昔」(1919)の2つの論文が書かれている(社会民俗研究会(編)1991:8)。
(注3) 柳田民俗学のお盆と正月の捉え方の中核には祖霊信仰がある。それについて有賢喜左衛間は、『一つの日本文化論』で次のような疑問を提示する。「柳田が『先祖の話』において明らかにした最も大きな問題の一つは、正月行事は盆行事とともに日本における先祖祭としての大節供であるということであった。私は柳田が正月行事の画期的な解明をしたことに目をみはるものであるが、彼が盆行事をホカヒの代表のようにみていることは正月行事と比較してみてどういう意味をもつのであるかを

問題にしたい。柳田はマツリとホカヒとは違ったものであると言っているのであるから、柳田の考えを押し詰めれば、盆行事は先祖のホカヒで、正月行事は先祖のマツリであると言ってもいいことになる。もしそういうことになるとすればこれらの先祖信仰の意味はどういうことになるだろうかという疑問さえ生じる(有賢喜:82)

(注4) こうした問題を考えるには、小松和彦の次の研究視点は重要と思われる。「「憑きもの」という現象、科学的に説明する以上、その神秘性を剥ぎ取り、また、今まで無関係と思われていた現象と関連づけたりすることの中から、同一の規則を抽出しなければならない。だが、その法則性とは研究者の頭の中にのみ存在するものでしかなく、それ故、私たちが試みる「憑きもの」についての議論も、結局のところ、人類学の立場からみた、一つの解釈にすぎないのである。そのようなわけで、私の「憑きもの」の研究の目的も、イギリスの社会人類学者ロビン・ホートンの言葉を借りて表現すると、「基本的に言って、表面的な多様性の背後にある単一性、表面的な複雑性の背後にある単純性、表面的な無秩序の背後にある秩序、表面的な異常さの背後にある規則性を求める探求」ということになってこざるえないのである」(小松1982前掲書:18)

(注5) 井本英一の『境界－祭祀空間－』(1996)の「門に関する話」にはアジア社会におけるさまざまな儀礼の境界的空間が紹介されている。

(注6) 薬師信仰とは、治病、延命、産育の仏として薬師如来の信仰。古代以来、朝廷、貴族は薬師如来像の造立、薬師悔過法、薬師経の書写などを行い、病気平癒を祈ったことが諸史料にみえている。また民間にも薬師信仰が及んでいたらしく、『日本霊異記』には、薬師仏に開眼を祈った女性が願いを叶えられたと記されている。また、大洗・機崎の神社や神都伊勢にも薬師信仰が多いのは、薬師を神に近い存在として受け入れるようになる。近世には都市大阪などの住民にも現世利益的な薬師信仰が広くみられる(池上良正ほか(編)1998:562)。

(注7) この笹神については、佐々木勝の『日本人の霊魂観－厄除け－』の「鬼の宿と笹神」という論考がある。主に筑波山麓周辺の事例が紹介されているが、祭祀論的分析が充分とはいいがたい。

(注8) 中村生雄によると、「新しい神(＝外来の神)と古い神(＝土地の神)との対立、および前者による後者の圧伏という事態は、折口信夫が「神(＝まれびと)」と「精霊(＝土地の霊)」の対立というパラダイムのもとに歌や芸能の発生を考えていたことを想起させる」(中村2001前掲書:54)。一つ目小僧と祟り神とのかかわりを考えるに大きな示唆点を与えてくる指摘と思われる。

終章

「コト八日」の再考を通して
―コトと八日―

本研究の目的は、伝統的な年中行事「コト八日」に対する通説の基盤となっている柳田民俗学の思想、すなわち稲作一元論・祖霊一元論から「コト八日」を解放することにある。そのために本研究では、稲作一元論・祖霊一元論において「田の神・山の神去来信仰」に一元的に吸収されている「神」と「妖怪」を本来の場に取り戻し、そのうえで「コト八日」を再解釈していく。こうした試みは、柳田民俗学をひとつの基盤としてきた日本文化論に一石を投じることになるだろうし、日本の基層文化を構成しているといえる神観念の新たなる側面を見出すことになるだろう。本研究の学術的意義は、まさにここにある。

　まず第1章では、戦後日本民俗学の稲作農耕儀礼説における「コト八日」の解釈をとりあげ、その問題点を指摘した。そこでは、「コト八日」が2月8日と12月8日におこなわれる年中農事であることを踏まえて、この行事が「田の神と山の神が交替」することを意味しているのだとされている（稲作一元論）。換言すれば、それは田の神＝山の神という論理である（祖霊一元論）。この論理では、恵比寿・大黒などの「神」は田の神に吸収されることになる。また、一つ目小僧・疫病神・鬼などの「妖怪」も、山の神零落説をもとに山の神に吸収されることになってしまう。つまり、祖霊一元論では、同一化されているさまざまな「神」と「妖怪」は、本質的に同じ性格なのかが検証されないまま、「田の神・山の神去来」信仰に吸収されてしまっていたのである。

　こうした問題点を念頭においたうえで、第2章では「神」と「妖怪」の明確な相違を論じつつ、「神」を分析対象とした。空間論的視点から分析すると、「田の神と年神の去来」信仰の性格があきらかになった。田の神と年神の去来（交替）は、2月と12月のいずれかの日にコトハジメ・コトオ

サメという呼称をともなうことが多く、必ずしも8日を祭日とはしない。つまり、コトハジメ・コトオサメは農耕期間と正月期間の交替日に位置づけることができるのだ。一方、祭日の8日を軸とすると、山の神と「妖怪」の関連性があきらかとなった。ここで、折口の依代説と山の神の両義性を分析視点として導入すると、「コト八日」で軒先に掲げる目籠は、強い力をもつ一つ目小僧(山の神の異形)の依代と捉えることができる。これにより、一つ目小僧伝承は「災厄除けを目的とする依代による神迎え」と位置づけることができよう。

　第3章では、現地調査をおこなった長野県松本市の7つの集落におけるムラの「コト八日」に着目した。これにより、第2章の「山の神＝一つ目小僧＝境界の依代」という定式から導き出された来訪神信仰の検証と、「風邪の神送り」「貧乏神送り」などから来訪神と祟り神の祭祀構造や信仰の相違を明確にできると考えた。調査結果を境界論的に分析すると、来訪神は依代として具現化されるが、そこには擬人化・人格化の傾向がみられた。さらに、人(とくに子供)そのものに依り付くものとされる場合もあった。とすれば、松本市の事例からは「来訪神(擬人化)＝依代＝神迎え」という祭祀構造がみてとれよう。一方、神送り行事には鎮魂思想を基盤とする祟り神祭祀が根底にみられ、その祭祀構造は「神送り＝祟り神祭祀(直会・神人共食)＋送りの呪術」と考えられる。神送りに百万遍の念仏が習合される場合、「コト八日」は、純粋な死者のための仏教的供養ではなく、祟りをなす死霊を宥める(鎮魂)ための現世利益的な供養という性格を帯びることになるのである。

　第4章では、再度イエの「コト八日」に立ち返り、祖霊一元論によって山の神に吸収されている「妖怪」を分析した。その際、これまであきらか

となった「来訪神(擬人化)・山の神＝依代＝境界」と「祟り神＝直会」という祭祀構造を考慮しつつ、イエとムラの祭祀的関わりから分析をおこなった。その結果、イエの屋敷に出される掲示物からも、災厄や祟りを鎮める来訪神の擬人化的特徴がみられた。この来訪神祭祀(境界の依代)については、儀礼食や(祭祀空間の庭などにおける)掲示物の食物が祟り神祭祀(直会)となっていたことからも正しいと思える。このように、村落空間と屋敷の間には、祟りや災厄をめぐる神格による明確な祀り方が習合化されつつ存在しているといえる。そして、祟りを「神」と祀り上げる鎮魂思想からは、災厄や祟りの基盤に死霊信仰が潜んでいることを窺うことができる。しかし、これらの祭祀の性格は、近代化にともない魔除け化されていくことになる。その変遷過程が「コト八日」には明らかにみてとれる。

　以上の分析結果を踏まえると、通説のように、「コト八日」は「田の神・山の神去来信仰による稲作農耕儀礼」として一元的に捉えられる行事ではない。この行事には、次のような2通りの祭祀的性格ないし意味が潜んでいるからだ。①田の神と年神の去来による農耕かつ正月祭祀の性格。農耕期間と正月期間の交替日として、「コトハジメ」「コトオサメ」の呼称をともなうことが多い。②来訪神祭祀(山の神の両義性による一つ目小僧、擬人化・人格化の依代)と祟り神祭祀による災厄除け的祭祀の性格。とくに、ムラでは「八日送り」、またイエでは「八日節供」として行われることがあきらかに多い。この「コト八日」の「8日」に災厄除け・仏教の祭日・山の神祭日の関連性が潜んでいることを考慮すれば、一つ目小僧とは、「一つ目(山の神)＋子供(擬人化来訪神)＋民間宗教者化

(僧侶)」のような歴史的変遷を遂げた「まれびと」といえると考えた。

　このように、「コト八日」から、稲作一元論・祖霊一元論という、ある種の先入観を取り払い、「神」と「妖怪」を本来の場に取り戻してみると、そこには「コト」と「八日」をめぐる民俗世界の、より広いパースペクティブがひらけてくるといえるのではないだろうか。

参考文献

- 赤坂憲雄1992『異人論序説』ちくま学芸文庫

- 池上良正ほか(編)1998『日本民俗宗教辞典』東京堂出版

- 石塚尊俊1959『日本の憑きもの』未来社

- 伊藤好英1988「依代・招代」西村亨(編)『折口信夫事典』大修館書店

- 井之口章次1985『筑波山麓の村』名著出版

- 井本英一1985『境界祭祀空間』平河出版社

- 入江英称2002「行事由来伝説「一つ目小僧と道祖神」の形成」

- 『民具マンスリー』34巻10号

- 岩田重則2003a『戦死者霊魂のゆくえ―戦争と民俗』吉川弘文館

- 岩田重則2003b『墓の民俗学』吉川弘文館

- 大島建彦(編)1989『コト八日―二月八日と十二月八日―』岩崎美術社

- 小野重郎1979「コトとその周辺」『日本民俗学』120号

- 折口信夫1995「髯籠の話」『折口信夫全集』第二巻中央公論社

- 喜田川守貞1837-『守貞漫稿』喜田川守貞

- 小松和彦1978『神々の精神史』伝統と現代社

- 小松和彦1994『憑霊信仰論』講談社学術文庫

- 小松和彦1995『異人論』ちくま学芸文庫

- 小松和彦(編)2001『怪奇の民俗学1 憑きもの』河出書房新社
- 小松和彦(編)2001『怪奇の民俗学7 異人・生贄』河出書房新社
- 小松和彦(編)2001『怪異の民俗学8 境界』河出書房新社
- 小松和彦2002『神なき時代の民俗学』せりか書房
- 小松和彦・関一敏(編)2002『新しい民俗学へ――野の学問のための レッスン26』
- せりか書房
- 小松和彦1998『福の神と貧乏神』筑摩書房
- 五来重1982『宗教歳時記』角川書店
- 五来重1976『仏教と民俗 仏教民俗学入門』角川書店
- 佐々木勝1988『厄除け――日本人の霊魂観――』名著出版
- 静岡県民俗学会(編)2006『中日本民俗論』岩田書院
- 鈴木棠三『日本年中行事辞典』(1977、角川書店、pp. 333〜334)
- 鈴木正崇2001『神と仏の民俗』吉川弘文堂
- 社会民俗研究会(編)1991『家と屋敷地』社会民俗研究会
- 諏訪春雄、川村湊(編)1997『訪れる神――神・鬼・モノ・異人』雄山 閣
- ターナー, V.1981『象徴と社会』紀伊國屋書店
- 高橋典子1994「川崎のヨウカゾウとミカワリバアサン」
- 『川崎市民ミュージアム紀要』6号
- 竹田聴洲1959「神の表象と祭場」『日本民俗学体系8』平凡社
- 坪井洋文1982『稲を選んだ日本人――民俗的思考の世界』
- 坪井洋文1983『イモと日本人――民俗文化論の課題――』未来社
- 坪井洋文1989『神道的神と民俗的神』未来社

- 坪井洋文他1984『村と村人＝共同体の生活と儀礼』小学館

- 波平恵美子1992『ケガレの構造』青土社

- 西谷勝ほか1968『季節の神々』慶友社

- 西村亨(編)1998『折口信夫事典』大修館書店

- ネリー・ナウマン1994『山の神』言叢社

- フォーテス, M.1980『祖先崇拝の論理』ぺりかん社

- 福田アジオ1982『日本村落の民俗的構造』弘文堂

- 福田アジオ1992『柳田国男の民俗学』吉川弘文館

- 藤井正雄1993『祖先祭祀の儀礼構造と民俗』弘文堂

- 堀一郎1953『民間信仰』角川書店

- 堀一郎1953『我が国民間信仰史の研究』東京創元社

- 南方熊楠1979「子児と魔除」『南方熊楠全集』2平凡社

- 南方熊楠1987『南方熊楠全集』3平凡社

- 宮家準1989『宗教民俗学』東京大学出版会

- 宮家準1980『生活のなかの宗教』日本放送協会

- 宮田登1993『山と里の信仰史』吉川弘文館

- 宮田登ほか(編)1983『神と仏』小学館

- 柳田国男1990「一つ目小僧その他」『柳田国男全集』7筑摩書房

- 柳田国男1990「土穂団子の問題」『定本柳田国男集』13筑摩書房

- 柳田国男1990「ミカハリ考の試み」『定本柳田国男集』13筑摩書房

- 柳田国男1990「日本の祭」『柳田国男全集』13筑摩書房

- 柳田国男1990「火の昔」『柳田国男全集』14筑摩書房

- 柳田国男1990「神送りと人形」『柳田国男全集』16筑摩書房

- 柳田国男1990「海上の道」『柳田国男全集』21筑摩書房

- 柳亭種彦著1841『用捨箱』英屋文蔵(青雲堂)等

- 山折哲雄2002『仏教民俗学』講談社

- 義江彰夫1996『神仏習合』岩波新書

- 吉野裕子1989『山の神 易・五行と日本の原始蛇信仰』人文書院

- 和歌森太郎『年中行事』(1957、至文堂、p. 87)

＜表・分布図(1～16)の引用資料一覧＞

(青森県)

1)文化庁編『日本民俗地図(年中行事1)』(1969、国土地理協会発行)

(秋田県)

1)文化庁編『日本民俗地図(年中行事1)』(1969、国土地理協会発行)

(岩手県)

1)文化庁編『日本民俗地図Ⅰ(年中行事1)』(1969、国土地理協会発行)

2)岩手県立博物館『安代の民俗』(1986、岩手県立博物館)

3)岩手県教育委員会『文化財調査報告書第16集　岩手県の民俗資料』(1966、岩手県教育委員会)

4)東北歴史資料館編「三陸沿岸の漁村と漁業習俗」下巻(1985、東北歴史資料館)

(山形県)

1)文化庁編『日本民俗地図Ⅰ(年中行事1)』(1969、国土地理協会発行)

2)東根市史編さん委員会『東根市史』別巻上考古・民俗編(1989、東根市)

3)南陽市史編さん委員会『南陽市史』民俗編(1987、南陽市)

4)米沢市史編さん委員会『米沢市史』民俗編(1990、米沢市)

5)佐藤光民『温海町の民俗』(1988、温海町)

6)仙台市歴史民俗資料館『八幡町とその周辺の民俗』第5集(1984、仙台市歴史民俗資料館)

7)畠山滋編『日本民俗調査報告書集成　北海道・東北の民俗』山形編(1995、三一書房)

(宮城県)

1)宮城県教育委員会編『宮城県文化財報告書10集　宮城の民俗』(1966、宮城県教育委員会)

2)文化庁編『日本民俗地図Ⅰ(年中行事1)』(1969、国土地理協会発行)

3)宮城県教育委員会編『蔵王山麓の社会と民俗』(1974、宮城県教育委員会)

4)宮城県教育委員会『山中七ヶ宿の民俗』(1974、宮城県教育委員会)

5)岩崎敏夫編『東北民俗資料編(三)』(1974、萬葉堂書店)

(福島県)

1)国見町『国見町史』第1巻通史・民俗(1977、国見町)

2)畠山滋編『日本民俗調査報告書集成 北海道・東北の民俗』福島編(1995、三一書房)

3)桑折町史編纂委員会『桑折町史』3各論編民俗・旧町村沿革(1989、桑折町出版委員会)

4)文化庁編『日本民俗地図Ⅰ(年中行事1)』(1969、国土地理協会発行)

5)福島市史編纂委員会『福島市史』別巻(1981、福島市教育委員会)

6)二本松市『二本松市史』第8巻各論編1民俗(1986、二本松市)

7)岩代町『岩代町史』第4巻各論編民俗(1982、岩代町)

8)白沢村史編纂委員会『白沢村史』各論編1旧村沿革・民俗(1987、白沢村)

9)本宮町史編纂委員会『本宮町史』9巻各論編1民俗(1955、本宮町)

10)船引町『船引町史』民俗編(1982、船引町)

11)三春町『三春町史』第6巻民俗(1980、三春町)

12)滝根町史編さん委員会『滝根町史』第3巻民俗編(1988、滝根町)

13)小野町『小野町史』民俗編(1985、小野町)

14)須賀川市教育委員会『奥州泉田の民俗』(1967、須賀川市教育委員会)

15)平田村『平田村史』第3巻民俗編(1988、平田村)

16)鏡石町『鏡石町史』第4巻民俗編(1984、鏡石町)

17)白河市『白河市史』第9巻各論編(1990、白河市)

18)棚倉町『棚倉町史』第6巻民俗編(1979、棚倉町)

19)塙町『塙町史』第1巻民俗(1986、塙町)

20)矢祭町史編さん委員会『矢祭町史』第1巻通史・民俗編(1985、矢祭町)

21)磐梯町教育委員会『磐梯町史』民俗編(1999、磐梯町)

22)猪苗代町史編さん委員会『猪苗代町』民俗編(1979、猪苗代町)

23)山都町史編さん委員会『山都町史』第3巻民俗編(1986、山都町)

24)喜多方市史編纂委員会『喜多方市史』第9巻各論編2民俗(2001、喜多方市)

25)高郷村史編さん委員会『会津高郷村史』3民俗編(2002、高郷村)

26)会津坂下町史編さん委員会『会津坂下町史』1民俗(1974、会津坂下町)

27)湯川村『湯川村史』第2巻民俗(1988、湯川村)

28)会津高田町史編纂委員会『会津高田町史』第6巻各論編2民俗(2002、会津高田町)

29)只見町史編さん委員会『只見町史』第3巻民俗編(1993、只見町)

30)南郷村史編さん委員会『南郷村史』第5巻民俗編(1998、南郷村)

31)田島町史編さん委員会『田島町史』第4巻民俗編(1977、田島町)

32)下郷町史編さん委員会『下郷村史』第5巻民俗編(1982、下郷村)

33)飯舘村史編纂委員会『飯舘村史』第3巻民俗(1976、飯舘村)

34)川内村史編纂委員会『川内村史』第3巻民俗編(1988、川内村)

35)広野町史編さん委員会『広野町史』民俗・自然編(1991、広野町)

36)いわき市史編さん委員会『いわき市史』第7巻(1972、いわき市)

(茨城県)

1)文化庁編『日本民俗地図Ⅰ(年中行事1)』(1969、国土地理協会発
　行)

2)茨城県民俗学会『大子町の民俗』(1974、茨城民俗学会)

3)常陸太田市史編さん委員会『常陸太田市史』民俗編(1979、常陸太
　田市)

4)東海村史編さん委員会『東海村史』民俗編(1992、東海村)

5)勝田市史編さん委員会『勝田市史』民俗編(1975、勝田市)

6)内原町史編さん委員会『内原町史』民俗編(1997、内原町)

7)麻生町史編さん委員会『麻生町史』民俗編(2001、麻生町教育委員
　会)

8)茨城民俗学会『真壁町の民俗』(1986、茨城民俗学会)

9)土浦市史編さん委員会『土浦市史』民俗編(1980、土浦市)

10)千代川村史編さん委員会『千代川村生活史』第2巻(1997、千代川
　村)

11)下妻市史編さん委員会『下妻市史』別編民俗(1994、下妻市)

12)猿島町史編さん委員会『猿島町史』民俗編(1998、猿島町)

13)五霞村歴史民俗研究会『五霞村の民俗』第3集(1976、五霞村教
　育委員会)

14)岩井市史編さん専門委員会民俗部会『台地の民俗』第2集(1993、
　岩井市)

15)取手市史編さん委員会『取手市史』民俗編1(1980、取手市庶務
　課)

16)利根町史編さん委員会『利根町史』第4巻通史民俗編(1992、利根

町)

17)竜ケ崎市史編さん委員会『竜ケ崎市史』民俗編(1993、竜ケ崎市教育委員会)

(栃木県)

1)畠山滋編『日本民俗調査報告書集成　関東の民俗』栃木県編(1994、三一書房)

2)西那須野町史編さん委員会『西那須野町の民俗』(1994、西那須町)

3)文化庁編『日本民俗地図Ⅰ(年中行事1)』(1969、国土地理協会発行)

4)鹿沼市史編さん委員会『上石川の民俗』(2000、鹿沼市)

5)粟野町『粟野町誌』粟野の民俗(1982、粟野町)

6)田沼町『田沼町史』第1巻自然・民俗編(1982、田沼町)

7)栃木市史編さん委員会『栃木市史』第2巻民俗編(1979、栃木市)

8)佐野市史編さん委員会『佐野市史』民俗編(1975、佐野市)

9)壬生町史編さん委員会『壬生町史』民俗編(1985、壬生町)

10)小山市史編さん委員会『小山市史』民俗編(1978、小山市)

11)南河内町史編さん委員会『南河内町史』民俗編(1995、南河内町)

12)真岡市史編纂委員会『真岡市史』第5巻(1986、真岡市)

13)芳賀町史編さん委員会『芳賀町史』通史編民俗(2002、芳賀町)

14)芳賀町史編さん委員会民俗部会『芳志戸の民俗』(1997、芳賀町)

15)市貝町史編さん委員会『市貝町史』第3巻近現代資料・民俗編(1992、市貝町)

(群馬県)

1)群馬県教育委員会『北橘村の民俗』(1968、群馬県教育委員会)

2)群馬県教育委員会『宮城村の民俗』(1981、群馬県教育委員会)

3)大間々町誌編さん室『大間々町誌』別巻9(民俗編)(2001、大間々町
　誌刊行委員会)

4)伊勢原市『伊勢原市史』民俗編(1989、伊勢原市)

5)伊勢原市『三和町の民俗』(1981、伊勢原市)

6)伊勢原市『波志江町の民俗』(1984、伊勢原市)

7)伊勢原市『馬見塚町の民俗』(1986、伊勢原市)

8)群馬県教育委員会『勢多郡東村の民俗』(1966、群馬県教育委員
　会)

9)群馬県教育委員会『薮塚本町の民俗』(1974、上毛民俗学会)

10)群馬県教育委員会『桐生市梅田町の民俗』(1970、群馬県教育委
　員会)

11)太田市『太田市史』通史編民俗下巻(1985、太田市)

12)館林市教育委員会文化振興課ろくごう民俗調『ろくごうの民俗』
　(1990、館林市教育委員会)

13)館林市教育委員会文化振興課たたらの民俗調『たたらの民俗』
　(1988、館林市教育委員会)

14)群馬県教育委員会『昭和村の民俗』(1982、群馬県教育委員会)

15)群馬県教育委員会『高崎市東部地区の民俗』(1978、群馬県教育
　委員会)

16)群馬県教育委員会『安中市秋間の民俗』(1980、群馬県教育委員
　会)

17)群馬県教育委員会『松井田町の民俗』(1967、群馬県教育委員会
事務局)

18)群馬県教育委員会『妙義町の民俗』(1983、群馬県教育委員会)

19)藤岡市史編さん委員会『藤岡市史』民俗編上巻(1991、藤岡市)

20)甘楽町史編さん委員会『甘楽町史』(1979、甘楽町)

21)富岡市史編さん委員会『富岡市史』(1984、富岡市)

22)群馬県教育委員会『上野村の民俗』(1973、群馬県文化事業振興
会)

23)渋川市誌編さん委員会『渋川市誌』(1984、渋川市)

24)群馬県教育委員会『榛東村の民俗』(1964、群馬県教育委員会)

25)群馬町誌編纂委員会『群馬町誌』資料編4民俗(1995、群馬町誌
刊行委員会)

26)群馬県教育委員会『倉渕村の民俗』(1976、群馬県教育委員会)

27)群馬県教育委員会『高山村の民俗』(1979、群馬県教育委員会)

28)上毛民俗学会『長野原町の民俗』(1988、長野原町)

29)沼田市史編さん委員会『沼田市史』(1998、沼田市)

30)畠山滋編『日本民俗調査報告書集成　関東の民俗』群馬県編
(1995、三一書房)

(埼玉県)

1)浦和市総務部市史編さん室『浦和市史』民俗編(1980、浦和市)

2)与野市企画部市史編さん室『与野市史』民俗編(1980、与野市)

3)大宮市『大宮市史』第5巻民俗・文化財編(1969、大宮市)

4)蕨市『蕨地区の民俗』(1989、蕨市)

5) 戸田市編さん室『新曽上戸田市の民俗』(1897、戸田市)

6) 戸田市編さん室『美女木下笹目の民俗』(1985、戸田市)

7) 川口市『川口市史』民俗編(1980、川口市)

8) 上尾市教育委員会『上尾市史』第10巻別編3民俗(2002、上尾市)

9) 桶川市『桶川市史』第6巻民俗編(1988、桶川市)

10) 北本市教育委員会市史編さん室『北本市史』(1989、北本市教育
委員会)

11) 草加市史編さん委員会『草加市史』民俗編(1987、草加市)

12) 八潮市『八潮市史』民俗編(1985、八潮市)

13) 三郷市史編さん委員会『三郷市史』第9巻別編民俗編(1991、三郷
市)

14) 春日部市教育委員会社会教育課『春日部市』第5巻民俗編
(1993、春日部市)

15) 岩槻市『岩槻市史』民俗資料編(1984、岩槻市)

16) 宮代町教育委員会『みやしろの信仰と年中行事』(1994、宮代史教
育委員会)

17) 久喜市史編さん委員会『久喜市』(1991、久喜市)

18) 幸手市史編さん室『幸手市史』民俗編(1997、教育委員会)

19) 川越市『川越市史』民俗編(1968、川越市)

20) 大井町史編さん委員会『大井町史』民俗編(1985、大井町)

21) 上福岡市教育委員会『上福岡市』第5巻民俗(1997、上福岡市)

22) 富士見市教育委員会『富士見市』資料編7民俗(1989、富士見市)

23) 志木市『志木市史』民俗資料編1(1985、志木市)

24) 和光市『和光市史』民俗編(1983、和光市)

25)新座市教育委員会市史編さん室『新座市史』第4巻民俗編(1986、新座市)

26)川崎町文化財保護審議会『川崎の民俗・年中行事』(1992、川島町教育委員会)

27)東松山市教育委員会『東松山市史』資料編第5巻(1983、東松山市)

28)都幾川村史編さん委員会『都機川村』民俗編(1999、時側牟田)

29)坂戸市教育委員会『坂戸市史』民俗資料編1(1985、坂戸市)

30)狭山市『狭山市史』民俗編(1985、狭山市)

31)入間市『入間市史』民俗・文化財編(1981、入間市)

32)鴻巣市市史編さん調査会『鴻巣市史』民俗編(1995、鴻巣市)

33)騎西町史編さん室『騎西町史』民俗編(1985、騎西町教育委員会)

34)江南町史編さん委員会『江南町史』資料編5民俗(1996、江南町)

35)児玉町教育委員会『児玉町史』民俗編(1995、児玉町)

36)埼玉県教育委員会『秩父市捕山民俗調査報告書』(1969、埼玉県教育委員会)

37)長瀞町教育委員会『長瀞町史』民俗編1(1999、長瀞町)

(千葉県)

1)畠山滋編『日本民俗調査報告書集成　関東の民俗』千葉県編(1995、三一書房)

2)文化庁編『日本民俗地図Ⅰ(年中行事1)』(1969、国土地理協会発行)

3)柏市教育委員会『千葉県柏市民俗資料』(1984、柏市教育委員会)

4)流山市立博物館『流山市史』民俗編(1990、流山市教育委員会)

5)鎌ヶ谷市教育委員会『鎌ヶ谷市史』5民俗(1993、鎌ヶ谷市)

6)印西町史編さん委員会『印西町史』民俗編(1996、西印町)

7)船橋市教育委員会『船橋市民俗文化財緊急調査報告』第2次二宮
　地区(船橋市教育委員会)

8)佐原市『佐原市史』(1966、佐原市)

9)大栄町史編さん委員会『大栄町史』民俗編(1998、大栄町)

10)成田市史編さん委員会『成田市史』民俗編(1982、成田市)

11)東洋大学民俗研究会『長柄町の民俗』(1972、東洋大学民俗研究
　会)

12)千葉県立房総のむら『長南町長南の歴史と民俗』(1994、千葉県立
　房総のむら)

13)山田町史編さん委員会『山田町史』(1986、山田町)

14)海上町史編さん委員会『海上町』(1990、海上町)

15)白子町史編さん委員会『白子町史』(1965、白子町史)

(東京都)

1)大田区史編さん委員会『大田区市』資料編民俗(1983、大田区)

2)世田谷区民俗調査団『世田谷区民俗調査第5次報告「奥沢」』
　(1986、世田谷区教育委員会)

3)世田谷区民俗調査団『世田谷区民俗調査第12次報告「松原」』
(1998、世田谷区教育委員会)

4)世田谷区民俗調査団『世田谷区民俗調査第8次報告「下北沢」』
(1988、世田谷区教育委員会)

5)世田谷区民俗調査団『世田谷区民俗調査第7次報告「大蔵」』
（1987、世田谷区教育委員会）

6)世田谷区民俗調査団『世田谷区民俗調査第9次報告「用賀」』
（1990、世田谷区教育委員会）

7)東京都中野区教育委員会『中野区民俗調査第一次報告　鷺宮の
民俗』(1997、東京都中野　市教育委員会)

8)豊島区史編纂委員会『豊島区民俗資料調査報告書』(1977、豊島
区企画部広報課)

9)坂橋区史編さん調査会『坂橋区史』資料編5民俗(1997、坂橋区)

10)東京都荒川区教育委員会『荒川区民俗調査報告書　南千住の民
俗』(1996、東京都荒川区教育委員会)

11)国分寺市民俗調査団『国分寺市の民俗』(1992、国分寺市教育委
員会文化財課)

12)調布市史編さん委員会『調布市史』民俗編(1988、調布市)

13)保谷市史編さん委員会『保谷市史』通史編4民俗(1989、保谷市)

14)清瀬市史編纂委員会『清瀬市史』(1973、清瀬市)

15)武蔵村山市史編さん委員会『武蔵村山市史』民俗編(2000、武蔵
村山市)

16)東大和市史編さん委員会『東大和市史』9道と地名と人の暮らし
(2000、東大和市)

17)昭島市史編さん委員会『昭島市史』附編(1978、昭島市)

18)桑都民俗の会『八王子小津の民俗』(1997、桑都民俗の会)

19)多摩市史編纂委員会『多摩市史』民俗編(1997、多摩市)

20)稲城市史編纂委員会『稲城市史』(1991、稲城市)

244 「コト八日」の祭祀論的研究

21)町田市立博物館『町田の民俗』(1980、町田市立博物館)

22)羽村町教育委員会『羽村町史資料集第9集はむらの民俗誌』
(1982、羽村町教育委員会)

23)青梅市教育委員会『青梅市文化財調査報告書第2分冊青梅市の
民俗』(1972、青梅市教育委員会)

24)日の出町史編さん委員会『日の出町史』文化財編(1989、日の出
町)

25)大島町史編さん委員会『大島町史』民俗編(1999、東京都大島町)

26)利島村『利島村史』通史編(1998、利島村)

27)新島村『新島村史』通史編(1996、新島村)

28)文化庁編『日本民俗地図Ⅰ(年中行事1)』(1969、国土地理協会発
行)

(神奈川県)

1)川崎市『川崎市史』別編民俗(1991、川崎市)

2)逗子市『逗子市史』別編1民俗編(1987、逗子市)

3)城山町『城山町史』4資料編民俗(1988、城山町)

4)座間市『座間市史』6民俗編(1993、座間市)

5)大和市『大和市史』8下別編民俗(1996、大和市)

6)海老名市『海老名市史』9別編民俗(1993、海老名市)

7)綾瀬市『綾瀬市史』8下別編民俗(2001、綾瀬市)

8)藤沢市編さん委員会『藤沢市史』第7巻民俗編(1980、藤沢市)

9)茅ヶ崎市『茅ヶ崎市史』考古・民俗編(1980、茅ヶ崎市)

10)寒川町『寒川町史』12別編民俗(1991、寒川町)

11)伊勢原市史編纂委員会『伊勢原市史』別編民俗(1997、伊勢原市)

12)平塚市博物館市史編さん係『平塚市史』12別編民俗(1993、平塚市)

13)大磯町教育委員会『大磯町生沢地区民俗資料調査報告書』(1975、大磯町教育委員会)

14)秦野市『秦野市史民俗調査報告書』4(1985、秦野市)

15)山北町『山北町史』別編民俗(2001、山北町)

16)開成町『開成町史』民俗編(1994、開成町)

17)神奈川県立博物館『足柄の民俗』1中井町・大井町(1984、神奈川県立博物館)

18)藤野町『藤野町史』資料編下近現代・民俗(1994、藤野町)

19)畠山滋編『日本民俗調査報告書集成　関東の民俗』神奈川県編(1995、三一書房)

20)文化庁編『日本民俗地図Ⅰ(年中行事1)』(1969、国土地理協会発行)

21)岩堀喜美子「ミカワリバアサンと八日ゾ」『日本民俗学』73号、1971)

22)高橋典子「川崎のヨウカゾウとミカリバアサン」『川崎市市民ミュージアム紀要』6、1984)

(山梨県)
1)文化庁編『日本民俗地図(年中行事1)』(1969、国土地理協会発行)

(静岡県)
1)韮山町史編纂委員会『韮山町史』第9巻民俗(1993、韮山町史刊行

委員会)

2)文化庁編『日本民俗地図Ⅰ(年中行事1)』(1969、国土地理協会発行)

3)裾野市史編さん委員会『裾野市史』第7巻資料編民俗(1997、裾野市)

4)藤枝市史編さん委員会『藤枝市史』別編民俗(2002、藤枝市)

5)静岡県教育委員会文化課県史編さん室『静岡県史民俗調査報告書第7集横地の民俗』(1989、静岡県)

6)磐田市民俗調査団『磐田市誌シリーズ第7冊磐田の民俗』(1984、磐田市民俗調査団)

7)豊岡村史編さん委員会『豊岡村史』資料編3考古・民俗(1993、豊岡村)

8)沼津市史編さん委員会『沼津市史』資料編民俗(2002、沼津市)

9)畠山滋編『日本民俗調査報告書集成　中部・北陸の民俗』静岡県編(1996、三一書房)

(長野県)

1)畠山滋編『日本民俗調査報告書集成　中部・北陸の民俗』静岡県編(1996、三一書房)

2)小池巌編『木沢の民俗』(1986、早稲田大学日本民俗研究会)

3)真田町誌編さん委員会編『真田町誌』民俗編(2000、真田町誌刊行会)

4)長野県編『長野県史』第五巻民俗編　総説Ⅰ概説(1991、長野県史刊行会)

5)長野県編『長野県史』第五巻民俗編 総説Ⅱさまざまな暮らし
　(1991、長野県史刊行会)

6)松本市編『松本市史』第三巻民俗編(1987、松本市)

7)松本市史民俗部門編集委員会『松本市史民俗編調査報告書』第
　二集(1992、松本市役所)

8)松本市史民俗部門編集委員会『松本市史民俗編調査報告書』第
　四集(1994、松本市役所)

9)向山雅重『日本の民俗』長野(1975、第一法規出版)

10)早稲田大学日本民俗研究会編集『川上の民俗』(1979、早稲田大
　学日本民俗研究会)

表1 「コト八日」青森県

No.	地名	名称	期日	行事内容	来訪者	掲示物	空間	特徴	出典
1	東津軽郡今別町	薬師様、薬師講	12月8日	カじゃ・医者などは餅をつく。				餅をつく	1)p. 556
2	北津軽郡鶴田町	薬師講	旧12月8日						1)p. 556
3	西津軽郡深浦町	薬師講	12月8日						1)p. 556
4	中津軽郡相馬村	薬師様	12月8日	八日ソバを食べる。				八日ソバを食べる	1)p. 556
5	南津軽郡浪岡町	薬師講	旧12月8日						1)p. 556
6	南津軽郡平賀町	八日ソバ	旧12月8日	昔からこの日ソバを食べると病気に負けないという。				ソバを食べる	1)p. 556
7	南津軽郡大鰐町	ソバ	12月8日						1)p. 556
8	青森市	薬師	12月8日						1)p. 556
9	三戸郡南部町	薬師	12月8日	串餅を供える。仕事は休まない。			串餅		1)p. 556
10	八戸市	稲荷大明神ノオドシトリ	12月8日						1)p. 556

表 249

表2 「コト八日」秋田県

No.	地名	名称	期日	行事内容	神・妖怪	掲示物・供物	空間	特徴	出典
1	鹿角郡十和田町毛馬内	薬師講	12月8日	お医者様へ薬礼を持っていった。医者へはその都度費用を払うことなく、一年中の分をまとめてその日に薬礼として紙に包んでもっていくと、金高の高い人は座敷へ請じあげ、膳部を供えてご馳走し、普通の人には餡入りのお餅を五つか七つ紙に包んでくれた。				薬師講	1)p. 557
2	由利郡岩城町	事初め	2月8日	メザルを竿の上につけ、屋根の上に立てる。正月の事納で赤飯を供え、また食べた。	メザル、〈赤飯〉		屋根、〈神棚〉	赤飯	1)p. 546
3	平鹿郡平賀町	病焼き	12月8日	豆腐を焼いて食べる。				豆腐	1)p. 557
4	平鹿郡増田町		12月8日	厄神の餅をつく。焼き豆腐に味噌をつけて食べる。この日はお医者様に薬礼をする日とされている。	厄神			焼き豆腐に味噌,餅つき	1)p. 557
5	雄勝郡羽後町		12月8日	年間の医療費を勘定する。医者ミソといって、田楽などを食う。				薬師講	1)p. 557
6	雄勝郡稲川町	病焼き	12月8日	豆腐を田楽のように串にさして焼き、味噌をつけて食べたり、豆腐を煮物に入れて餅を焼いて食べたりする。				田楽豆腐に味噌、餅	1)p. 557

表3「コト八日」岩手県

No.	地名	名称	期日	行事内容	神・妖怪	供物・掲示物	空間	特徴	出典
1	福岡町上斗米	お薬師様	12月8日		〈薬師様〉			現:水戸市	1)p.556
2	二戸郡安代町田山	お薬師様の年取り	12月8日	シトギを上げる。		〈シトギ〉			4)p.75、p.118
3	九戸郡九戸村江刺家		2月8日	八皿の餅を神に供える。	〈神〉	〈餅〉			1)p.556
4	紫波郡矢巾村赤林	紺屋払い	12月8日	盛岡の染物屋に年間の借金を支払う日になっている。					1)p.556
			12月8日	佐野嶺武雄家の氏神（祭神は薬師様）の祭日。祭日は4月8日だが、12月8日にも「年取りの祝」を行なう。					2)p.200
5	稗貫郡大迫町八木沢	薬師	12月8日	釈迦遭難の日を記念して薬師団子などを供える。	〈薬師様〉	〈団子〉			1)p.556
6	花巻市轟木		12月8日	八日ダンゴを食べる。				団子を食べる	1)p.556
7	和賀郡沢内村沢内	薬師様			〈薬師様〉				1)p.556
8	和賀町東和町倉沢	厄病祭り	12月8日	「ソミン将来」と神に書く。一日ダンゴと称してダンゴをつくり、小豆餅と汁餅を添えて、門口に供える。藁人形、あるいは鬼面を紙に書いて門口の木の枝に縛ることもある。		藁人形、鬼面を書いた紙、団子	門口	団子を門口に供える。	1)p.546

表 251

No.	地名	名称	期日	行事内容	神・妖怪	供物・掲示物	空間	特徴	出典
9	和賀町岩崎		2月8日	ダンゴをつくる。			ダンゴ	現:北上市	2)p.69、1)p.546
10	江刺市伊手	サカ団子、門張り団子	2月8日	7日の晩に門口の両側に杉の葉を差しておき、8日にはさらにその家の生物の数だけ桃の木を用意し、それに団子をつけて外に並べる。		7日:杉の葉、8日:桃の木に団子	門口		3)p.172、1)p.546
11	胆沢郡胆沢村若柳	八日ダンゴ、ダンゴのつき始め	2月8日	萱刈窪部落においては一尺位の長さの萱に、他の部落では箸や竹に、ダンゴをさして戸口にさしておく。また仏壇に供えて家でも食べる。下嵐江ではこの日が寅の日に当たると最悪し、山仕事を休む。		萱、箸、竹にダンゴをさしたもの	小豆ダンゴ、お汁ダンゴ	山仕事を休む	3)p.171、3)p.13、1)p.546
		薬師払い、薬師だんご、お薬師様の年取り	12月8日	11月8日、12月8日には医者にかかった費用を支払うことになっており、特に12月8日には11月8日に支払えなかったものはこの日に必ず支払うことになっている。					3)p.17、1)p.556
12	一関市本寺	お薬師様	12月8日	精神の日で、あずき飯を炊く。				あずき飯	3)p.175、1)p.556
13	一関市弧禅寺	八日ダンゴ	2月8日	八日ダンゴといってダンゴを食べる。				ダンゴを食べる	3)p.71、1)p.556
14	一関市舞草	八日ダンゴ	2月8日	あずき粥を炊く。テンゲンダンゴをつくる。			あずき粥、テンゲンダンゴ	あずき粥、テンゲンダンゴ	3)p.70、1)p.546

No.	地名	名称	期日	行事内容	神・妖怪	供物・掲示物	空間	特徴	出典
15	東磐井郡大東町猿沢	テンゲンダンゴ	2月8日	わら座をつくり、家族、家畜数のダンゴを作って屋敷の入り口に供えた。		ダンゴ	屋敷の入り口		3)p.71
16	東磐井郡藤沢町大籠	てんげ様、てんげ団子	2月8日	あずき団子を神棚に供える。	〈神様〉	〈あずき団子〉	〈神棚〉		1)p.546
		お薬師様	12月8日	あずき粥をお薬師様に供える。	〈薬師様〉		あずき粥		1)p.556
17	三陸村双浜	八日行	12月8日	部落毎に各戸の主人が会合し、最上三社を拝み精進する。寒明け。豆を煎り、マスにいれてこれをまき、「天打ち、地打ち、福は内鬼は外、鬼の目玉をブッツブスゾ」と唱える。残りの豆を年数だけ一度に握ることが出来れば果報がくるという。	鬼			現:大船渡市	3)p.181、1)p.556
18	釜石市箱崎白浜	アメコ八日	2月8日	この日飴を食べないとウジになると語られ、飴を買い求めて食べる。箱崎では飴を神仏に供えるが白浜では供えることがない。					2)p.230

表 253

No.	地名	名称	期日	行事内容	神・妖怪	供物・掲示物	空間	特徴	出典
19	陸前高田市中沢浜	八日行	12月8日	漁師の一年中の骨休み、慰安日で、餅・団子・あずき飯を作る。青年から老人(60〜70歳)まで、部落中の男子が自由に参加して12月7日の夜から行屋に集まり、ヤワラをたて(食事をとり)夜籠りをする。8日には一同で餅をつき、お神酒をあげ、歌いこみを(大漁歌)を上げる。				餅、団子、あずき飯	1)p.556
20	久慈市小袖	お薬師様の年取り	12月8日		〈薬師様〉				3)p.47

表4「コト八日」山形県

No.	地名	呼称	期日	行事内容	神・妖怪	掲示物・供物	空間	特徴	出典
1	山形市大字高沢	事始メダンゴ	2月8日	一家の老婆たちが百万遍といって念仏をあげる。宿は毎年順送りで、夜は事始メのだんごを作ってあずきだんごにして食べた。				あずきだんご、念仏	1)p.546
2	西村山郡朝日町宮宿	厄病神の歩く日	旧2月8日	7日、コトのダンゴをつくる。8日、とろろ飯を食べる。とろろを屋敷の入り口にまく。オナカマの神おろしである。	厄病神	とろろ	屋敷の入り口	ダンゴ、とろろ	1)p.546
		神々ノオ年越シ	旧12月8日	湯殿山ノオ年越シ。赤飯またはあずき飯で祝いをした。				赤飯、あずき飯	1)p.557

No.	地名	呼称	期日	行事内容	神・妖怪	掲示物・供物	空間	特徴	出典
3	西村山郡西川町大字志津	病送り	2月8日	村中のものが村はずれまで病を送る。			村境	ムラの行事	1)p.546
		オヒマツ	12月8日						1)p.557
4	西村山郡河北町谷地	トロロ	旧2月8日						1)p.546
		厄病神払い	12月8日	1.2m〜1.4m位の藁人形をつくり、男女別の形にしあげ、木の枝の形の良いものにつなをかけて引っ張っていき、四ッ塚という所に投げてかえる。この時も餅をつくいえがある。	厄病神			ムラの行事	1)p.557
5	村山市稲下	風ノ神ヨケ	旧2月8日	朝、とうがらしと付け木を門口に下げ、とろろを橋や入り口に流して、風の神が入るのを防ぐ。	風の神	とうがらし、付け木、とろろ	門口		1)p.546
6	東根市荷口		2月8日	病魔が家に入らないように門口や道端を横切ってとろろをながす。付木に唐辛子と木炭と赤飯をのせて魔除けに門口に置く家もある。	病魔	付木に唐辛子と木炭と赤飯、とろろ	門口		2)p.567
7	東根市小田島		2月8日	戸口から門口までとろろを流して行き、門のとろろで横にながして悪い病気が入ってくるのを防ぐ。	悪い病気	とろろ	門口		2)p.567

表 255

No.	地名	呼称	期日	行事内容	神・妖怪	掲示物・供物	空間	特徴	出典
8	東根市藤助新田		2月8日	病人のいる家では桟俵の上に赤飯のおにぎり二つ、赤とうがらし二本、木炭二切れを載せ、人に見つからないように村はずれの道端に置く。		桟俵の上に赤飯、赤とうがらし、木炭	村境		2)p.567〜568
9	東根市	針供養	2月8日	折れた針やさび針を豆腐に刺して川に流す。仕事を休みご馳走を食べる。					2)p.568
10	南陽市	コトハジメ	2月8日	仕事初めとして、コトの餅を搗く。コトの餅は「汚れ餅」といって砕け餅を搗く。この餅を鍋の蓋に十二ヶ月をかたどって十二個をとり、神前に供える家もある。この日に新しい年の農作業が始まるということにしているが、実際にはまだ、雪の中であることもあって、コトの神に餅を供えるという行事にとどまっている。	〈コトの神〉	〈砕け餅〉	〈神棚〉	針供養	3)p.207
		コトオサメ	12月8日	2月8日と同じように、砕け米などを入れて「汚れ餅」を搗く。餅は普通は12個、閏年は13個、とり餅にして五升枡に入れて神棚に供えるが、ボタモチにする家も漆山にはみられるようになった。一日休みをとった。	同上	同上(汚れ餅、牡丹餅)	同上	同上	3)p.249

No.	地名	呼称	期日	行事内容	神・妖怪	掲示物・供物	空間	特徴	出典
11	米沢市	コトハジメ	2月8日	一年の仕事初めの意味。この朝「砕け餅」をつく。粳米の屑米を粉にし、それにもち米を加えて搗いた餅で「汚れ餅」ともいう。この餅は床の間、恵比寿、大黒などの神棚、仏壇にも供えるが、床の間にはその年の月の数だけの餅を小さくとって供えた。	〈コトの神〉	〈砕け餅（汚れ餅）〉	〈床の間、恵比寿、大黒などの神棚、仏壇〉	粳米の屑米を粉にし、それにもち米を加えて搗いた餅、針供養	4)p.240
		コトオサメ	12月8日	「汚れ餅」伝承は同上。恵比寿様に尾頭付きの魚を上げるが、その時には二匹の魚を腹合せにして皿にのせて供える。餅は二、三日して焼いて食べる。一日農作業を休む。	同上	同上、尾頭付きの魚	同上	コトの神の祭りとも考えている。針供養	4)p.277
12	米沢市水窪	コトハジメ	2月8日	「砕け餅」を「コトの様」に供えるのだといい、「コトの様」に供えた餅を食べると水のあやまちがないとも言い伝えている。（梓山）では水神様に供えるという。	〈コトの様〉	〈砕け餅〉	〈神棚〉		4)p.240
		コトオサメ	12月8日	砕けの粉をまぜて餅をつき、重ね餅を取って神棚に供える。	同上	同上（汚れ餅、バッタリ餅）	同上		4)p.277

表 257

No.	地名	呼称	期日	行事内容	神・妖怪	掲示物・供物	空間	特徴	出典
13	白鷹町周辺	コトハジメ(コトオサメ)	2月8日	この日「ボタ餅」をつくり、小皿に盛り分けて裏の畑に出て「からす、からす小豆餅食だからば、盆器と箸持ってこい」と箸でつまんで投げ、からすに食べさせる動作をやる。それでこの日の餅を「からすボタ餅」という。	〈からす〉	〈牡丹餅〉	〈畑〉		4)p.240 ～p.241
		コトオサメ(コトハジメ)	2月8日	小国町、白鷹町などで2月8日をコトオサメ、12月8日をコトハジメとするところがある。	同上	同上	同上		
14	米沢市農産部	八日講	12月8日	湯殿山講である「八日講」の日である。なお、コトの餅のことを「思案餅」とも、時によっては「首くくり餅」とも呼ぶ。師走には借金を払わなければならず、返済のあてがつかないので思案しながら餅を食べ、あるいは首をくくろうかと食う餅だからだという。			思案餅(首くくり餅)	湯殿山講(八日講)	4)p. 277
15	米沢市三沢東部	コトハジメ	2月8日	「くだけ餅」をつく。この餅は床の間(神棚)、恵比寿様、仏様に供える。	〈神〉	〈砕け餅〉	〈床の間(神棚)、恵比寿様、仏様〉		7)p. 552
		コトオサメ	12月8日	「コトの餅」をつき、その年の月の数だけ皿にのせ床の間の神に供える。なお、「コトの餅」を箕の上にならべ、その上に稲一束をあげ、これを供えて豊作を感謝する。	同上	同上	同上		7)p. 560

No.	地名	呼称	期日	行事内容	神・妖怪	掲示物・供物	空間	特徴	出典
16	飯豊山脈中津川	コトハジメ	2月8日	白い餅をつき、コトの神に供える。須郷の山口家では鍋の蓋の上に月の数だけ餅をのせ、台所の漬物桶の上などに供える。一般には朴の葉にのせて戸外に置く家が多い。この餅はあまり固くならないうちにおろして家族で食べるが、その前に牛馬などの家畜にも食べさせる。	〈コトの神〉	〈白い餅〉	〈台所の漬物桶の上〉、戸外		7) p. 297
		コトオサメ	12月8日	くだけ餅を搗く。		〈砕け餅〉		餅つき	7) p. 301
17	西置賜郡飯豊町	コトハジメ	2月8日	牡丹餅をつくり、神棚に供えて家族みんなで食べる。牡丹餅をその年の月の数だけ皿にのせ戸棚にあげる。	〈神〉	〈牡丹餅〉	〈神棚〉		7) p. 483
		コトオサメ	12月8日	牡丹餅をつくり神棚に供え、朝飯に家族もこれを食べる。	同上	同上	同上		
18	西置賜郡飯豊町高田	針供養	12月8日						
19	西置賜郡小国町	ことのもち	2月8日	干した牛蒡の葉は、餅の中に入れて搗く。この餅は「コトの餅」という。七つと決めている家もあるが、家内の人数だけ仏の供え、後で分けて食べる。叶水で入り口の敷屋に「もぐさ」をおいて灸をたて厄神をやったり入口の豆木になんばん、にんにく、餅などをさしたてるが、この時は後ろに振り向いてはいけない。	厄神、〈コトの神〉	豆木ににんにくと餅、〈コトの餅〉	入り口〈仏壇〉		7) p. 383

表 259

No.	地名	呼称	期日	行事内容	神・妖怪	掲示物・供物	空間	特徴	出典
19	西置賜郡小国町	コトオサメ	12月8日	餅つきは2月と同じ。入口に萩の棒を割ったものに、なんばん、にんにくを月の数だけ刺したてておく。これを取って食べると脳悩みしない。		同上、萩の棒になんばん、にんにく	同上	針供養	7) p. 388
20	東置賜郡川西町	コトオサメ	2月8日	月の数だけ小さな餅を柴に刺して戸口に立てておく。		牡丹餅を柴にさす	門口		7) p. 407
		コトハジメ	12月8日	牡丹餅をつき、翌年の月の数だけの餅を柴に刺して戸口にたてておく。		同上	同上		7) p. 414
21	東置賜郡高畠町	コトハジメ	2月8日	餅をつき、その年の月の数だけ鍋の蓋にのせて米びつの上に上げる。これは「お田の神様」に供える。一つ目小僧が来るので、下駄や草履は外に置かない。「厄神除け」の行事。	〈田の神〉、一つ目小僧	〈餅〉	〈米びつの上〉	下駄や草履は外に置かない	7) p. 347
		コトオサメ	12月8日	餅をつき、その年の月の数だけ鍋の蓋にのせて米びつの上に供え、田の神を祭る。	〈田の神〉	同上	同上		7) p. 353
22	月山山脈地区	病送り	2月8日	「諸病送り」と書いた紙を一メートル位の茅棒につける。笛や太鼓をたたきながら橋の上からそれを川に流す。			川	村の行事	7) p. 975
		師走八日	12月8日	年まわり宿で、男衆朝食後集まり、毎月8日講と同様の行事の後、昼食を中心に夕方まで酒宴を持つ。				毎月の8日講	7) p. 981

No.	地名	呼称	期日	行事内容	神・妖怪	掲示物・供物	空間	特徴	出典
23	東村山地区		2月8日	厄病神が歩く日といい、トロロ飯を食う。前夜はコトのダンゴを門口に立てる。	厄病神	ダンゴ	門口	とろろ飯	7)p.1037
			12月8日	神おろし、病送りといっている。					7)p.1036
24	温海町関川・山五十三	大黒様、薬師様の年夜	12月8日	山形県の殆どの地域で、大黒様の年夜は12月9日である。大黒様は豆が好きで豆料理が供えられる。	〈大黒様〉	〈豆料理〉	〈大黒様〉		5)p.57
25	八幡町	針供養	2月8日	新暦2月8日、主婦・仕立屋らの針仕事に携わる人達が針仕事を休む。以前は折れた針を土に埋めたり、大崎八幡神社に納めたりした。		折れた針			6)p.86

表5「コト八日」宮城県

No.	地名	名称	期日	行事内容	神・妖怪	供物・掲示物	空間	特徴	出典
1	栗原郡築館町黒瀬	観現さまのご精進	12月8日						6)p.21
2	登米郡東和町桜台	かごだんご	12月8日						6)p.999、9)p.556
3	登米郡迫町古宿	師走の八日	12月8日	小豆粥を食うと、吹雪にあわぬという。				小豆粥	6)p.32、9)p.556
4	玉造郡岩出山町馬舘	ツボダンゴ	2月8日	観音様をおがむ日で節約のためにダンゴを食べるといわれている。	観音様			ダンゴ	6)p.120

表 261

No.	地名	名称	期日	行事内容	神・妖怪	供物・掲示物	空間	特徴	出典
5	遠田郡涌谷町太田	師走八日	12月8日	仕事を休む。					6)p.41, 9)p.556
6	黒川郡大郷町大松沢	針供養	2月8日						6)p.51
		針供養	12月8日						6)p.52
7	桃生郡矢本町大塩・大浜	厄神のおくだり・厄神まつり	2月8日	山に行かず、小豆粥をして、門口に桃の木を立て、だんごをさす。厄神様が出雲の国から種を買って帰ってくる日といって、だんごを供える。	厄神様	桃の木にだんご	門口	厄神様が出雲の国から種を買って帰ってくる日といって、だんごを供える。	6)p.56
		つめの八日、ユルビヨケ、厄神様	12月8日	厄神様が年をとるために出雲の国におのぼりすると称して休む。桃の枝に家族の数だけダンゴをさし、門に立てる。後は犬や猫にやる。	厄神様	桃の木にだんご	門口		6)p.56, p.61
8	宮城郡泉町古内	山に行かない日	2月8日	山仕事を休む。餅をつく。赤飯・ダンゴをつくる。			餅、赤飯・ダンゴ	山にいかない。餅つき	6)p.125, p.131
			12月8日	赤飯・ダンゴをつくる。			赤飯・ダンゴ		6)p.125, 9)p.556
9	名取市能野堂	薬師様の年越し・お年越し	12月8日	小麦ダンゴをつくる。近い親戚におよばれになる。新しい婿・嫁取りをした家が親戚付き合いを深めるためによぶもの。フクデ餅といって、1升3つくらいの大きさの餅を5つ位もらう。	〈薬師様〉		小麦ダンゴ・フクデ餅		9)p.556

No.	地名	名称	期日	行事内容	神・妖怪	供物・掲示物	空間	特徴	出典
10	柴田郡柴田町船迫	鎮守様	2月8日	戸主だけで構成された鎮守講において、2月8日に輪番として会合をもち、神社に関することを話し合っていたが、現在は契約講と一緒になり、自然に消滅してしまった。					6)pp.71〜72
11	柴田郡川崎町小沢	精進講	2月8日	女たちが小牛田の山の神に安産の祈願をする。昔は代参に小牛田神社へいった。男たちも山仕事を休み、山仕事の安全を祈願した。昔は塩釜講などがあった。	〈山の神〉				7)p.195
			12月8日						7)p.193
12	柴田郡川崎町前川		2月8日	山で木を切ることを忌む。					7)p.195
13	柴田郡川崎町碁石	笹ダンゴの日	2月8日						7)p.195
14	柴田郡川崎町小野	山の神の日	12月8日						7)p.193
15	白石市八宮弥治郎	火伏せ	2月8日	あずきおかゆ、だんごをつくる。この日は山へいくな、峠は越すなという。				山にいかない	6)p.172
		針供養	12月8日						6)p.176

表 263

No.	地名	名称	期日	行事内容	神・妖怪	供物・掲示物	空間	特徴	出典
16	白石市塩ノ倉		2月8日	竹か楢の枝にダンゴを刺し、家の角々にさす。八日ダンゴをこねた手で、大戸の裏に手形を押す。魔除けまたは泥棒除けであるという。		ダンゴ、手形	家の角	魔よけ、泥棒除け	8)p.79
17	白石市上戸沢		2月8日	八日ダンゴをこねた手で、大戸の裏に手形をおす。魔よけまたは泥棒除けであるという。		ダンゴ、手形	大戸の裏	魔よけ、泥棒除け	8)p.79
18	刈田郡七ヶ宿町滑津	火伏せ	2月8日	ダンゴを鎮守愛宕神社の境内にあるお八日さまの碑に備える。八日ダンゴをこねた手で、大戸の裏に手形をおす。魔よけまたは泥棒除けであるという。		ダンゴ、手形	大戸の裏	魔よけ、泥棒除け	8)p.79
		針供養・八日荒れ	12月8日	荒れ日になる					6)p.185,8)p.95,
19	刈田郡七ヶ宿町宿町原		2月8日	八日ダンゴをこねた手で、大戸の裏におす。魔よけまたは泥棒除けであるという。		ダンゴ、手形	大戸の裏	魔よけ、泥棒除け	8)p.79
20	刈田郡七ヶ宿町渡瀬		2月8日	山の神様が山から降りてくる日。山へ入ることを戒められている。	〈山の神〉			山に入らない	8)p.79
		仕舞八日	12月8日	神様が天に昇る日。その後に歳徳神だけが残るという。山へ入ることを戒められている。生粉をこねてつくった団子を萩に刺し,カワバタ(家の前の洗い場)に立てる。	〈神様〉	団子	家の前の洗い場		p.8)p.94

No.	地名	名称	期日	行事内容	神・妖怪	供物・掲示物	空間	特徴	出典
21	刈田郡七ヶ宿町関		2月8日	この日外神様が出かける日で、12月8日に帰るといい、両日とも笹の葉に針を刺して川へ流し、針供養をする。山に入ることを戒められている。	〈神様〉			山に入らない	8)pp.79〜80
			12月8日	神様が天に昇り、お正月の神様がおりてくるといい、山仕事をしない。	〈神様〉			山に入らない	8)p.95
22	刈田郡七ヶ宿町横川	コトハジメ	2月8日	山仕事を休みにする。				山仕事を休みにする。	8)p.90
		コトオサメ、おヤッツケエ	12月8日	豆腐を針にさして川に流して針供養をし、その後豆腐の田楽を食べる。					8)p.95
23	刈田郡七ヶ宿町湯ノ	コトハジメ	2月8日	団子をその年の月の数だけ神棚に供える。	〈神様〉	〈団子〉			8)90
24	亘理郡山本町八手庭	山神八日	2月8日		〈山の神〉				6)p.149
25	伊具郡丸森町大張・川長	金華山講	2月8日	希望者が金華山に参詣に行き、帰ってきてから帰ってきてから「お礼別け精神」をした。現在はない。神々が天に昇るというので、山に出掛けてはならない日である。				山に入らない	6)p.140
		神下り	12月8日	神々が降ってくる日といって、外出しない。赤飯を炊く。	神々	赤飯			6)p.144
26	角田市技野		2月8日	山の神様が山へ戻る。	〈山の神〉				10)p.190

表 265

No.	地名	名称	期日	行事内容	神・妖怪	供物・掲示物	空間	特徴	出典
26	角田市技野	山の神の日	12月8日	山の神様が里の家に入る日。	〈山の神〉				10)p.190
27	角田市横倉		2月8日	山の神様が山へ戻る。	〈山の神〉				10)pp.192〜193
		山の神様の日	12月8日	山の神様が家に入る。この日は木を伐ってはいけないとしており、「山の神様は木をつたわってくる」といって山に近づくことも避けている。またはこの日山の神様は「種のものをかかえてやってくる」ともいっている。	山の神様				10)pp.192〜193
28	気仙沼市四ヶ浜	権現様の年取り	12月8日	「ケンチンダンス」を作って神棚に供える。			〈神棚〉		3)p.114
29	本吉郡歌津町名足	ヤマドメ	12月8日	この日は山に入れない。またダンゴの食いおさめの日でもあり、ダンゴをつくる。				山に入らない	3)p.68
30	本吉郡歌津町宇払川	八日ダンゴ	2月8日	だんごの食いぞめ					6)p.89
		ワカツキリ、キツキリ	12月8日	この日以降、ダンゴは食べない風習があり、ダンゴの「食いおさめ」としている。				ダンゴの食いおさめ	6)p.89,p.95
31	本吉郡志津川町戸倉	春キトウ、ケイヤク講	2月8日	和尚と法印をよんでご馳走する。だんごをつくる。					6)p.237,p.242
		アカツキダンゴ	12月8日	ダンゴのクッキリ、早朝ダンゴをあげてダンゴの食いおさめにする。ダンゴは2月8日まで口にしない。			ダンゴのクッキリ、早朝ダンゴ	ダンゴの食いおさめ	6)p.237,p.243,9)p.557

No.	地名	名称	期日	行事内容	神・妖怪	供物・掲示物	空間	特徴	出典
32	牡鹿郡牡鹿町寄機	神様の帰る日	2月8日	出雲の国から八百万の神が帰る日として赤飯を炊き、お神酒と灯明をあげる。この行事は夕方に行なう。	八百万の神			赤飯	3)pp.50〜51
		お八日	12月8日	出雲の国に八百万の神の集まる日といって、地方から神々がたつので、朝早く神前に灯明をあげ、赤飯を炊いてあげる。この日は「八日ナレ」といって、主に北西の風の吹くとされている。	八百万の神			赤飯	3)p.50
33	牡鹿郡牡鹿町鮫ノ浦	ニガツヨウカ、オシャカ	2月8日	ダンゴをつくり、仏壇にささげた。		団子	〈仏壇〉		2)p.260, p.264
		カラスダンゴ、オミサキ	12月8日	「かや」にダンゴをさし、野に置くと、カラスが寄って来て食っていく。これは新しい神を迎えるために、一度古い神をおくるものであった。	神	団子			2)p.260, p.264
34	石巻市月浦	八日ダンゴ	12月8日	家族の人数分のダンゴか、粉を練ってダンゴ状にしたものをカラスのいる所にもって行き、「カーロ、カロカロ、カーロ、カロカロ」と呼びながらカラスに食べさせる。	からす	団子			3)p.16
35	桃生郡雄勝町大浜	厄神まつり	2月8日		厄神				6)p.253
		ツメの八日、大黒様の年取り	12月8日	神様の年取り。赤飯をつくる。				赤飯	6)p.248, p.255

表 267

No.	地名	名称	期日	行事内容	神・妖怪	供物・掲示物	空間	特徴	出典
36	桃生郡鳴瀬町宮戸	コトオサメ	2月8日	桃の枝を取ってきて、だんごをつくり、家族の数だけ桃の枝にかざって門口にたてる。		団子	門口		6)p.275,p.281
		コトハジメ	12月8日	桃の枝に家族の数だけのだんごをつけて家の門口に立てる。		団子	門口		6)p.275
37	宮城郡七ヶ宿町湊浜	かおろ、かおろ	12月8日	小豆粥にだんごを入れ、それを「かおろ、かおろ、だんごぇー」といって空にまく。		小豆粥、だんご			6)p.294

表6「コト八日」福島県

No.	地名	呼称	期日	行事内容	神・妖怪	掲示物・供物	空間	特徴	出典
1	安達郡国見町崎山・鳥取・石母田・光明寺・貝田・内川・内谷西堂	しわす八日、お八日	12月8日	白い粉で団子をつくり、煮ないで神様にあげ申した。おざつきに十二個あげた（崎山）。この日は山に行かない。山の神様の歩く日だから山に行くと神の罰があたる（鳥取・石母田・光明寺・貝田）。大マナグを立てる。目籠を竿にさして立てる（坂小）。籠を竿につけてさげる。お正月様が籠に乗って来られる（石母田）。家の入り口に荒い籠をさげ、だんごををねった手で手形をつける（内川）。手形を入り口の戸の裏側につける。泥棒除け（内川・内谷西堂）。神々が各家庭で正月を迎えるために帰ってくる日であるというのがわずかに見られる。	〈神〉、〈山の神〉、正月の神	団子、目籠（竹竿）、手形をつける。	軒先、戸口	山の神様を忌む。山に行かない。	1)pp.1164～1165

No.	地名	呼称	期日	行事内容	神・妖怪	掲示物・供物	空間	特徴	出典
2	安達郡国見町	おこと八日、お八日	2月8日	お八日は山の神様の他、行日として山行きを慎む。この日山に行って山の神に会うと死ぬと言われる。また、この日は神様が天から下りになる日だ、上がりになる日だ、正月の神様がお帰りになる尊い日だともいって仕事を休む。軒先に目籠を竹竿の先につけてたてる家もある。目籠は下向きに立てるという。	〈山の神〉、〈正月の神〉悪神	目籠（竹竿）	軒先	針供養、八日は山の神様の日	1)p.1183
		しわす八日	12月8日	しわす八日は悪神がくるが、泥棒除けのまじないとなって残っている。毎月の八日は山の神の遊行日として山行を慎むが、これを侵したら死につながる災厄があると信じられている。特に、2月と12月は霊験あらたかであるといって、山行きを厳重に戒めている。	同上	同上	同上	同上、特に2・12月8日に山行きを厳重に戒める。	1)p.1165
3	安達郡梁川町	針供養	2月8日						2)p.304
		針供養	12月8日						2)p.311
4	安達郡桑折町	針供養	12月8日	「おやっかい」「おやっけ」といい、前の年の針供養のあとから取っておいた折れた針や曲がった針を豆腐にさして神様に供え、針箱・物差などもだして田楽をつくってあげる。田楽のご馳走をする。					3)p.409
5	福島市飯野町茂庭字梨平	八日	2月8日	山稼ぎに出ない。ぼた餅をつくる。				山仕事を休む。	4)p.547

表 269

No.	地名	呼称	期日	行事内容	神・妖怪	掲示物・供物	空間	特徴	出典
5	福島市飯野町茂庭字梨平	針供養	12月8日	田楽を食う。			田楽		4)p.557
6	福島市鎌田	針供養	12月8日	田楽などをたべる。			田楽		4)p.557
7	福島市	お八日、針供養	2月8日・12月8日	山仕事、農作業は休みで赤飯、小豆飯、小豆粥、餅、牡丹餅の何らかを必ず作る。針供養の日で豆腐、蒟蒻の味噌田楽を食する。			赤飯、あずき飯、餅など、田楽	山仕事、農作業を休む。	5)p.88
8	二本松市	おくだり八日	2月8日	諸々の神が出雲から、おくだりになるという。餅をついて食べる。	神々			針供養、餅つき	6)p.554
		おやっかい八日、おやっけ八日	12月8日	婿、嫁、奉公人はホウノキの葉に豆腐を乗せ、藁で十字に縛って持ち、実家に帰る。実家ではこれを田楽にしてご馳走をする。実家の親がコッカイ餅と言って、餅をついてご馳走する(大平)。山の仕事は休む。	同上			針供養、餅つき	6)p.554
9	安達郡安達町上川崎	オヤカイヨウカ	12月8日	嫁も婿も親のある限り、豆腐を持参し親の家を訪問する					4)p.557
10	安達郡岩代町		2月8日	江戸時代に朝早くうすをならす。この日小豆飯を地神様に上る。				臼をならす	7)p.203
		オヤッカイ八日	12月8日	重箱に豆腐をいれて里の親に持参する。帰りには、餅をお返しとするこれをオヤッカイ豆腐にコッカイ餅という(西勝田・百目木)。日頃世話になった人に「オヤッカイ豆腐」といって届ける(初森)。夜は田楽を食べる。				針供養	7)p.217

No.	地名	呼称	期日	行事内容	神・妖怪	掲示物・供物	空間	特徴	出典
11	安達郡白沢村		2月8日	餅をつき、神様に供える。	厄病神	目籠、〈餅〉	庭先、〈神棚〉		8)p.724
			12月8日	厄病神が天に昇る日といい、二月八日とは反対に、早朝に餅を音を立てずにつき、12個（閏年は13個）神様に供える。庭先には芋カゴを多角吊るす。	同上	同上		餅つき	8)p.724
		おやっかい八日	12月8日	嫁、婿、それに親もとを離れた子供は、豆腐四丁を持って親もとにいく。親は子かい餅といって、餅をついて振舞う。				豆腐、餅	8)p.724
12	安達郡本宮町	おくだり八日	2月8日	神々が出雲から降りる日。竿の先に芋洗い籠をつけて、庭先に立てるか、軒先に立てかける。くず米を水に浸してから干し、それを石臼でひいて粉にし、餅をつくる（高木）。餅をついて神棚に上げる（本宮）。	神々	目籠（竹竿）、〈餅〉	庭先、〈神棚〉	くず米で餅をつくる。	9)p.607
		お上がり八日	12月8日	神々が出雲に登る日だという（高木）。	同上	同上	同上	同上	9)p.625
		おやっけ八日	12月8日	山仕事を休む。豆腐と蒟蒻を焼いて田楽をつくる。甘酒とともにご馳走になる。上の白沢村と同様。				針供養、山仕事を休む。	9)p.625
		お籠り	12月8日	組内の年配の女子が、酒を持参して稲荷様に上げる（仁井田）。	稲荷様	酒			9)p.625
		烏講	2月8日	「熊野講」ともいい、熊野権現を祭って拝む。明治維新直後に廃絶した（仁井田）。					9)p.607

表 271

No.	地名	呼称	期日	行事内容	神・妖怪	掲示物・供物	空間	特徴	出典
13	田村郡船引町	かごつるし	2月8日	「厄神よけ」「悪神よけ」、朝早く起きて竹竿の先に目籠をつるして軒先に立てる。(大倉)では、十二月に出雲にでかけていた神々が二月八日に帰るが、その中に悪神もいるので、その悪神がよらないように目籠をつるすという。「悪神は小豆が嫌いなので、あんこを作って食べる」(門鹿)。	神々	目籠(竹竿)	軒先		10)pp.449～450
				(堀越)では十二月八日は神が籠に乗っておのぼりになる日で、二月八日は神が籠に乗ってお下りになる日であるから「早く起きてかごをつるせ」といっている。「一人子を売っても杵の音をさせろ」(芦沢)。	神	目籠(竹竿)	軒先	杵の音をさせる	10)pp.449～450
		かごつるし	12月8日	同上	同上	同上	同上	針供養	10)pp.449～450
		豆腐八日	2月8日	子が豆腐を買って親に贈るので「子買い豆腐」ともいう。この日に子が豆腐を買って親元へ持って行き、親は子に餅を返してよこす(春山)。この習俗は十二月にも行なわれ、十二月は「親買い豆腐」といいている。					10)pp.450
		豆腐八日	12月8日	同上					

No.	地名	呼称	期日	行事内容	神・妖怪	掲示物・供物	空間	特徴	出典
14	田村郡三春町	籠吊し、お八日	2月8日	二月と十二月八日が対応して厄神あるいは悪魔、鬼が来る日で、籠を高く揚げる。山仕事に出ない。特に、重要な物忌みの日。神々がこの日昇るので餅を搗いて送る。お八日に小豆餅を食べ、餅と豆腐を縁側に供える。刃物などを使ってはならない。	神々（一つ目の悪魔、厄神、鬼）	目籠（竹竿）、餅・豆腐	軒先、縁側	針供養、山仕事を休む。餅つき。小豆餅	11)p.324
			2月8日	(山田)ではこの朝、餅をつき12個をまるめて神棚に供える。また、豆腐を小さく刻み、ニンニクとともに串にさして戸口に刺す。(芹ヶ沢)ではニンニクとヒイラギ。		ニンニクと豆腐（串）、〈餅〉、ニンニクとヒイラギ	戸口、〈神棚〉		11)p.324〜325
			2月8日	(富沢)では三間竿に籠を吊るし、さらにその竿の尖頭に鎌を巽(東南)の方角に向けて結び付けて立てる。嵐の襲来を防ぐため風切り。		目籠（竹竿）（鎌）		嵐よけ	11)p.325
			2月8日	(蛇石)では、この日コジラ講といって、蚕神を信心する講ごとが行なわれる。マブシにマユ団子を乗せ、マユ豊作を予祝する。				マユ豊作の講	11)p.325
		籠吊し、お八日	12月8日	同上	同上	同上	同上	針供養	11)p.324
15	田村郡滝根町	お八日	2月8日	十二月と二月八日は神様と鬼という相反するものがそれぞれおとずれると考えており、この両日は餅やオコウを作って食べる。	神、鬼	目籠（竹竿）	軒先	臼をならす	12)p.510

表 273

No.	地名	呼称	期日	行事内容	神・妖怪	掲示物・供物	空間	特徴	出典
15	田村郡滝根町	お八日	12月8日	2月8日と同様。神はカゴに乗って往来するのでカゴをつるす。鬼が来た時、カゴの目の数を見て恐れて逃げてしまうようにするのだという。	同上	同上	同上	同上	12)p.510
		親買い豆腐	2月8日	子供が日頃の感謝を表す意味で、親に豆腐を買って送る。					12)p.510
		子買い豆腐	12月8日	子供に対する愛情の印や子供に贈られたお返しで、親が子供に豆腐を買って送る。					12)p.510
16	田村郡小野町	お八日	2月8日	(大倉)では、朝早く餅をつき、籠を吊す。12月に縁結びのために出雲に出かけた神が、2月に縁結びして帰ってくる。物忌みし、神の目印として籠を庭先に高くつるす。(和名田)では、山仕事を休む。この日小豆を食べて外出すると、悪い神様に会わない。庭先に籠と草刈の鎌を竿に縛り付けて立てる。	神々、(悪神、正月様、大神宮など)	籠	小豆、豆腐	大倉では2月8日と12月8日にお正月様の行事をする。餅つき。針供養	13)pp.230〜231
		お八日	12月8日	同上					13)p.230
		オヤッカイ豆腐	2月8日	上の滝根町と同様。昭和になってからできたようである。			豆腐		13)p.232
		コッカイ豆腐	12月8日	同上			豆腐		13)p.230

No.	地名	呼称	期日	行事内容	神・妖怪	掲示物・供物	空間	特徴	出典
17	須賀川市	籠八日	旧2月8日	空から厄病神がおりてきて、屋根の上に籠を吊るしてない家を覚えて帰り、二月八日にその家に厄病を撒く。目籠が八万をにらんでいるので厄病神がよけて通るといわれている。餅を搗き神棚に供える。山に行かない日。	厄病神	目籠（竹竿）、〈餅〉	屋根、〈神棚〉	山に行かない。餅つき	14）p.54
		籠八日	12月8日	同上	同上	同上	同上	同上	14）p.54
18	石川郡平田村	コトハジメ	2月8日	正月様が行って、田の神がくる日という。山にいかない。神詣でしない。山藤をきってはいけない。出かける人は赤飯を食べてから出る。神様に赤飯を供える。神様達が出雲大社に行く日（手倉）。この日は山の神様の通る日である（打違内）。	神々、（田の神、正月の神、山の神）	目籠（竹竿）、目籠、〈赤飯〉	竹竿、家の入り口、〈神棚〉	山の神様の通る日。山藤をを切ってはいけない。	15）p.215
		しわす八日	12月8日	同上	同上	同上	同上	同上	15）p.215
		針供養	2月8日	県内の針供養行事と同様。女の行事である。		針			15）p.194

表　275

No.	地名	呼称	期日	行事内容	神・妖怪	掲示物・供物	空間	特徴	出典
19	岩瀬郡鏡石町	おこと始め・おことしまい、籠つるし	2月8日	正月の神事がすべて終わるというのでコトオサメ、コトオサメともいう。山に行かない。小豆餅を食わないうちには外に出ない。厄神よけに家の軒先に目籠を吊したり、早朝トンボロに唐辛子をいぶしたり、七日の晩、外に履物を出しておくな、厄神に履かれるぞなどともいう。毎月八日は山に入ることを忌むが特にこの日は山の神が木の数を数える日だから山にいくと木の数に入られるといって恐れられている(仁井田)。この日ヒイラギを戸口にさす。籠を竿に吊してとぼぐちに立てる。この日山にいかない。豆腐・ニンニクを串をさして、トンボ、農作業場、倉庫、裏戸などにさす。神棚に牡丹餅を供える。	神々(山の神、厄神など)	目籠(竹竿)、豆腐・ニンニク、〈牡丹餅〉	軒先、戸口、倉庫など、〈神棚〉	針供養、コトハジメ・コトオサメともいう。毎月八日は山に入ることを忌む。	16)p.328
		事納め、オコトヨウカ、カゴツルシ	12月8日	同上	同上	同上	同上	針供養	16)p.369〜371
		数珠くり	2月8日	年寄り婆さん達が毎年二月八日と十二月八日に数珠くりをする。もとは旧暦であったのが新暦に改められた。午前9時半頃に宿に集まり、十時頃から数珠を持って部落外れにある愛宕様道路ばたで数珠を一同で始める。悪神よけのいみがある。					16)p.370〜371

No.	地名	呼称	期日	行事内容	神・妖怪	掲示物・供物	空間	特徴	出典
20	白河市	コト八日	2月8日	悪病除け、厄神除け、厄病除けなどの行事。目籠を吊るす。籠の目が悪病を睨むという。さらに厚切りにしたニンニクとサイの目に切った豆腐を竹の枝にさしカドロにさす。しわす八日も同じことをする。履物を外に出さない。	悪病、厄神、厄病	目籠、ニンニク、豆腐			17)p.339
		コト八日	12月8日	同上	同上	同上			17)p.362
		数珠くり	2月8日	念仏講の数珠くりが村境、道路上、公民館などで行なわれる。厄神除けのためである。					17)p.339
21	棚倉町	針供養	2月8日	県内の針供養行事と同様。一部落では餅をついて供える。又、針箱を供えて供養する。		針、餅			18)p.458〜459
22	塙町		2月8日	七日の夜、八日の朝早く目籠を家の入り口にかける。家による柊、ホウツキ、カラシなどもかけるところがある。この日の目籠は悪魔、厄病神をさげるためである。なお、にんにく味噌やネギをこしらえて、厄病神がくさくて入ってこられないようにする家もある。目籠は十日にはずす。この日は餅をつく。十日は田の神おろし。	悪魔、厄病神	目籠、柊、ホウツキ、カラシ、にんにく豆腐、ネギ	餅	針供養。10日は田の神おろし(餅つき)	19)p.1531〜p.1532

表 277

No.	地名	呼称	期日	行事内容	神・妖怪	掲示物・供物	空間	特徴	出典
22	塙町	田の神おろし	2月10日	十日の朝、あんのついた団子をつくって、枡に盛り、敷わらの上に置いた臼の上に箕をおく。おく前に、臼を三度つき、正月の門松など煙の出るものを燃やして田の神を迎える。この煙るにのって田の神様がおりてくるという。臼をつくとき「ちはやぶる神の稲穂をこれにあり、おろさせたまえ今日の田の神」と三度唱える				日籠なし、臼をつき、正月の門松など煙のでるものを燃やす。	
		八日、十日	12月8日	同上	同上	同上	同上		19)p.1540
23	矢祭町	田の神おろし	2月8日	二月八日あるいは十日に田の神おろしをする。これがすまないと田に入らない。正月の松飾りを燃やしていぶし、その煙にのって神様がおりてくるのだおいう。臼に米の粉をほんの一つかいれ、三回臼をつく。田の神おろしは家の戸間でやる。ダンゴを一升ますに入れて供える。また、厄病神が入らないように、屋敷の入り口に目籠をかけておく。	厄病神、〈田の神〉	目籠、〈ダンゴ〉	屋敷の入り口、〈神棚〉〈戸間〉	門松燃やし、臼をつく。	20)p.863~864
24	耶麻郡磐梯町	だっしぇもち	2月8日~2月10日	七日の晩に宿となった家に布団、餅米、うる米を持ち寄り、八日から村中の参加者が集まったところで八日講を行なう。この間は朝から酒、肴を出し、その年の村行事の相談もする。				八日講	21)p.171
		お八日様	2月8日	神々が出雲大社からそれぞれの郷里に帰る日。餅をついて祝い迎える。この日長竹竿に「籾どうし」を結びつけて、にわに高く立てる。こうすると厄神がその籾どうしの千の目に威嚇しされ近づかない。	神々、厄神	目籠(竹竿)	庭	餅つき	21)p.171~172

No.	地名	呼称	期日	行事内容	神・妖怪	掲示物・供物	空間	特徴	出典
25	耶麻郡猪苗代町	お八日	2月8日	磐梯郡の「お八日様」と同様	神々、厄神	目籠（竹竿）			22) p.340
		八日講	2月8日	八日講といって、村人が集まり、今年の代参の割当（くじ引）をする。この日は部落の戸主だけが区長宅で宴会をやる。			宴会をやる。		22) p.358
26	耶麻郡山都町	事八日（八日餅、神下り）	2月8日	戸口に赤唐がらしを結びつけた籾通しを竹竿の先に立てかけ揚げる。(藤巻)では神様は天から降りてくる日なので、家の前で目印の火を焚く。(宮古)では「津島さま」といって小豆餅を津島大明神に供える。事情があって餅がつけない家では小豆だけは食べる。	厄病神、〈神様〉	目籠（竹竿）（唐辛子）、〈小豆餅〉	戸口〈神棚〉	針供養、家の前で火を焚く。餅つき、餅をつけない家では小豆を食べる。	23)p.484
		かびたれ餅	2月8日・10日	粉餅や餅を仏壇に供え、後で川にながしたり、家族全員で食べる。十二月一日も同じことを行なう。		粉餅	仏壇	粉餅を仏壇に供えてから流す。	23)p.484
		ツボ団子	2月8日	(丹岡では前年拾っておいた落穂で団子をつくり、仏前に供える。10日に行なうところもある。		ツボ団子			23)p.485
		事八日（八日餅、神下り）	12月8日	同上	同上	同上	同上	針供養	23)p.84

表 279

No.	地名	呼称	期日	行事内容	神・妖怪	掲示物・供物	空間	特徴	出典
27	喜多方市（『‥‥風俗帳』）	事初め	2月8日	田の神が地に降りる日。杵の音を立てる。一つ目小僧などに対しては籾通しを高く上げる。にんにくなどの悪臭のあるものを戸口においたりする。事は神事であろう。	一つ目小僧、〈田の神〉	目籠（竹竿）、にんにく	屋根	餅つき（杵の音をたてる）	24) pp.293〜294
		事納めの餅	12月8日	同上。八日餅は喉に立つ。事納の餅ともいい餅を搗いて祝いをする。江戸時代には、12月8日の前には租税は上納しなければならない。	同上	同上	同上	同上、ことおさめの餅をつく。針供養	24) pp.331〜312
28	耶麻郡会津高郷村	お八日様	2月8日	山都町の「事八日」と同様。「一つ目の大眼」は一つにまとまった台風を意味したのかもしれない。良い神様は目の数だけお金を置いていく、などもいわれている。	一つ目の大眼、厄病神	目籠（竹竿）	屋根	小豆餅を食べないと出られない。2月16日田の神おろし	25) pp.357〜359
		厄神様の日、事八日、お八日様	12月8日	同上	同上	同上	同上		25) pp.376〜377
		八日餅	12月8日	かならず餅をつく。餅をつけないときは空臼でも鳴らす。				餅つき	25) p.377
		お八日講	12月8日	一家の主人がもち米一升を持ち寄って、当番の家に集まった。餅をつき、出羽三山と厄神にあんこ餅を供えて、礼拝した後餅を食べながら、盛大な宴を開いた。		あんこ餅	餅、宴をやる。	針供養	25) p.377

No.	地名	呼称	期日	行事内容	神・妖怪	掲示物・供物	空間	特徴	出典
29	河沼郡会津坂下町	お八日	2月8日	山間部ではヤサブロカカアという鬼女とか、厄神の襲来する日なのでこれを撃遅するのに、モミドウシやスンブルイ(炭をふるうカゴ)に赤いナンバンで鬼面をつくり、早朝戸口に揚げ、あるいは団子をこねた手で戸口に手形をつけて厄神などを威嚇するのに対し、平坦部では神の送迎にカゴをつるし、神々が降りてくるとき善神と悪神をカゴでふるいわけるものである。餅をついてその音で神を送迎する。モチ米の乏しい家では空臼でもならす。	神々，厄神(平坦部)、鬼女、厄神(山間部)	目籠(竹竿)(平坦部)、目籠にナンバン(山間部)	屋根、戸口	物忌み日、八日餅、山間部では戸口で目籠の鬼面か手形、平坦部では神々に対して屋根に目籠、餅つき	26) p. 407
	お八日、ノドクビリ餅	12月8日	2月8日と同様。神々の昇る日、厄神の通る日。(洲走)ではこの日の餅をノドクビリ餅と言う。これは藩政時代、この村は山間部の田で米の収量はすくないのに藩の役人から厳しくとりたてられ食い米がなくなってしまった。それでお八日の餅がノドに通らなかった。	同上	同上	同上		26) p. 411
30	河沼郡湯川村(針供養、籾通しかけの写真)	お八日様	2月8日	神が降りになる日。反対に正月に参られた神々が天に帰りになる日。籾通し掛けの日。餅をつくか、空臼をつく。	神々、正月の神	目籠(竹竿)	屋根	針供養、餅つき	27) p.320

表 281

No.	地名	呼称	期日	行事内容	神・妖怪	掲示物・供物	空間	特徴	出典
30	河沼郡湯川村(針供養、籾通しかけの写真)	お八日様	12月8日	同上	同上	同上	同上		27)p.320
		八日講	12月8日	伊勢講や古峯原講があり、村人が各自に今年の掛金を持寄り、代参者の家で講中を結ぶ。そして神社の掛軸を揚げ、お神酒を供え村中安全を祈願する。			お神酒		27)p.330〜331
31	大沼郡会津高田町	コト八日	2月8日	籾通しを高い竿に掛けて家の前に立てる。出雲にいっていた神々がこの日にそれぞれ故郷に帰る日と考えられ、「餅はつかなくても空臼でもならせ」といわれた。一年の農耕に伴う祭事の始めとして二月をコト始めとして考えた。	神々、目が一つの厄病神	目籠(竹竿)	屋根	針供養、餅つき(空臼ならす)	28)p.320
		師走八日	12月8日	同上、餅つき12月26日に行う。	神々、目が一つの厄病神	同上	同上	針供養	28)p.340〜341
32	南会津郡只見町(目籠の写真)	メケイ八日	2月8日	メケイ(目籠)に赤いナンバンやニンニクを取り付けて人の顔を作り、家の入り口の目の高さぐらいにかけておく。家々では、玄関の入り口のところにコモを二枚ぐらいさげておき、そこにメケイをかけたりする。厄神がこれを見て避ける。朝食はマナコダンゴといってアズキダンゴをつくって食べる。また、八日は「コトヒロメさま」といって事業などがますます広がるように祝った。	厄神	メケイ、ナンバンやニンニクで人の顔を作る。	戸口	小豆団子	29)p.542
		メケイ八日	12月8日	同上	同上	同上	同上	コトヒロメ師走八日	29)p.560

No.	地名	呼称	期日	行事内容	神・妖怪	掲示物・供物	空間	特徴	出典
33	南会津郡南郷町	厄病神の通る日	2月8日	只見町のメケイ八日と同様。ところが、（富山）の三軒は厄病神のお宿である。この家はメケイは勿論出さず、戸をいっぱい開けて厄病神を家に招き入れる。そしてぼた餅や小豆餅をご馳走したのである。いろりには赤々とほだ火が暖かい。厄病神達は腹一杯食べ、体も温まったら、また隣村に旅たたれる。	厄神、厄病神	メケイ、ナンバンやニンニクで人の顔を作る。	門口	厄病神のお宿、人の顔、針供養	30)p.409
		メケイ八日	12月8日	同上	同上	同上	同上	同上	30)p.420
34	南会津郡田島町		2月8日	目籠を戸口の脇に吊す（栗生沢）。橘の下に厄神がいるからダンゴを食わぬうちは端を渡るなといい、朝に丸めたものを食う。物忌みの習俗がそんざいしている。	厄神	目籠吊し	戸口	団子	31)p.208
		師走八日	12月8日	厄神の来訪があるので前日の宵から戸口に目籠をつるしておく。小豆飯と蕎麦練りをする。それを食うと「そばを通っても厄神に会わぬ」という。この日の朝にカブサンベをつくり、仏壇に供え、家族も食した。それは赤カブ汁またはカブ粥のことで、これにシイナ団子を添える。	同上	同上、カブサンベ	同上、〈仏壇〉	小豆飯、カブサンベ、シイナ団子、蕎麦、団子	31)p.218
35	南海津郡下郷村	コト始め	2月8日	目籠をトンボロに吊す。目籠を高く掲げる。農家ではこの日農事の始めといい、団子をつくって祝う。	厄神、ひとつ目小僧	目籠（竹竿）	団子	籠を年取りという	32)p.521

表　283

No.	地名	呼称	期日	行事内容	神・妖怪	掲示物・供物	空間	特徴	出典
35	南海津郡下郷村	コト納め	12月8日	2月8日と同様。厄病神が年取りの宿を探しに来るというので、この日遠出しない。小豆を煮た所に米の団子をいれて食べ、またコトの神様はコト納めの団子を食べてから帰るという。	ひとつ目小僧	目籠、目籠吊し	軒先、戸口	厄病神が年取りの宿を探しにくる、小豆飯	32)p.538
36	南海津郡飯館村	事八日、おくだり八日	2月8日	神々の移動。屋敷神だけは家に残っている。山に行ってはいけない。木を切ってはいけない。赤飯、餅、団子をこしらえる。いい神が来るように夕方松等でかがり火を焚いた。この日神が乗った馬となきあわせすると悪いので、家の馬はなかせないように充分飼い葉をあげる。	神々、歳徳神、山の神、厄神、三つ目小僧	目籠(竹竿)、〈餅〉	軒先、〈神棚〉	針供養、山に行かない、赤飯・餅・団子	33)p.169～170
		師走八日	12月8日	同上。かならず、餅を搗いて供える。神が出かけるときに、立ち木を数えていくから、山に入って木をきってはいけない。	神々、正月の神様	目籠	餅	餅つき	33)p.184～185
37	双葉郡川内村	八日つるし、お八日	2月8日	悪い病気が入ってこないように籠を戸口につるす。千の目のある化物がいるからこの家には入ってこない。餅をつく。	悪い病気、神々	籠	戸口	餅つき、山仕事しない	34)p.411
		八日つるし	12月8日	同上	同上	同上	同上	同上	34)p.426
38	双葉郡広野町	八日様	2月8日	神々の去来信仰があり、人々は精進潔斎して物忌みをし、神の目印として籠を庭先に高くつるす。餅をつく。(長畑)では、悪いものが入ってこないように、籠をつるす。下駄などの履物は家の中にいれておく。朝早く餅をつく	神々、悪いもの	目籠(竹竿)、目籠をぶら下げる	軒先、門口	針供養、物忌み、八日餅(餅つき)	35)p.203

No.	地名	呼称	期日	行事内容	神・妖怪	掲示物・供物	空間	特徴	出典
38	双葉郡広野町	八日様	12月8日	同上	同上	同上	同上		35)p.203
39	いわき市	事八日	2月8日	神日であり、厄神よけの日でもある.この日山にいかず、今年初めての餅をつき、赤飯をつくって権現様に参拝した.この日の餅は八日餅といった.魔除けのため目籠を竿に掛けて高く立てる.	厄神、魔	目籠（竹竿）、〈権現様〉	家の前	針供養,山に行かない、餅つき、赤飯	36)p.317
		事八日	12月8日	この日今年最後の餅をつき、仕事を休む.七日の晩に厄除けとして籠を飾る.「おことしまい」ともいう.	同上	同上	同上	餅つき（ことしまい）	36)p.323

表7 「コト八日」茨城県

No.	地名	呼称	期日	行事内容	神・妖怪	掲示物・供物	空間	特徴	出典
1	北茨城市華川町		2月8日	ニンニク豆腐を門口へさし、屋根に籠を立てて鬼がこないようにする。春日待ちもこの日行なう。	鬼	目籠（竹竿）、ニンニク豆腐	屋根、門口	針供養	1)p.724
			12月8日	屋根にかごを立てる。		目籠			1)p.725
2	高萩市大能	エリカケモチ	2月8日	子供の祝いであり、麻に通した餅を子供のエリにかける。初子の祝いをもらった家へ赤飯を炊いて配りお返しする。この日門口にメザルをかけておく。		目籠	門口	針供養	1)p.668
		ニンニクトウフ	12月8日	にんにくがなければヒイラギをさした。メカイを門口におく。昔は立木を切るものではないといわれた。		目籠、にんにく・ヒイラギ	同上	木を切ってはいけない	1)p.669

表 285

No.	地名	呼称	期日	行事内容	神・妖怪	掲示物・供物	空間	特徴	出典
3	十王町黒坂	エリカケモチ、厄病除け	2月8日	門へ目籠をかぶせておく。		目籠	門		1)p.92
		厄病除け	12月8日	門へ目籠をかぶせておく。山へ行かない日		同上	同上		1)p.92
4	日立市山地地区(入四目、笹目)	ニンニクトウフ	2月8日	目籠を柱などにぶらせておき、また、ニンニクトウフを竹の棒につけ、柱の割れ目にさしておく。農業を休み、生木を切ってはいけない。		目籠、にんにくとうふ	柱	目籠を柱にかぶせる	1)p.579
		ニンニクトウフ、師走八日	12月8日	2月8日と同様		目籠		針供養	1)p.580
5	久慈郡大子町	厄病神除け	2月8日	前日部落では世話人が四辻に青竹2本立てて大ジメを張り、各家々ではにんにくと豆腐をさしたものを、母屋や便所などの入り口にさし、メカイ(目籠)や木の葉篭などを、大きな目のある籠を家の戸口に出しふせておく。	目が一つの厄病神	にんにく豆腐、目籠	母屋や便所などの入り口、戸口	針供養	2)p.159
		厄病神除け	12月8日	同上。八日は山には厄病神がうろうろしているから、山へはいくものではないという。	同上	同上	同上	八日は山に入らない。	2)p.163
		年始めの八日	2月8日	朝鎮守様へお参りに行き、お礼をいただいてくる。山にはいってはならない。				山に入らない。	2)p.159

No.	地名	呼称	期日	行事内容	神・妖怪	掲示物・供物	空間	特徴	出典
6	常陸太田市	厄病神除け	2月8日	朝餅をつく。柊の枝ににんにくと賽の目に切った豆腐をさしたニンニクトウフを軒端にさす。(磯部町)では目籠に鎌をつける。これを「お疱瘡様よけ」という。	厄病神、疱瘡様	にんにく、柊、豆腐、(ニンニクトウフ)、目籠、鎌	軒・軒先	針供養、お疱瘡様よけ	3)p.453
		厄病神除け	12月8日	同上	同上	同上	同上		3)p.490
		カンカン念仏	2月8日	鉦や太鼓をたたき、念仏を唱えながら数珠くりをする。					3)p.454
		カンカン念仏	12月8日	同上					3)p.490
		山に入らない日	2月8日						3)p.490
		山に入らない日	12月8日						3)p.490
			12月8日	セイモンバライ、思案餅、奉公人の出替りの日などもある。					3)p.490
7	勝田市東海村	厄病神除け、山に入ってはいけない日(物忌みの日)	2月8日	常陸太田市の厄病神と同様。厄病神は一つ目だから目籠の沢山の目に恐れる。柊と豆腐は形と感触、にんにくはその匂いから悪霊に嫌われる。元来は山の神に関わる聖なる日だったようである。	目が一つの厄病神、悪霊	にんにく、柊、豆腐、(ニンニクトウフ)、目籠	軒先、門口	針供養、山に入らない。元来は山の神に関わる聖なる日。	4)pp.151～152

表 287

No.	地名	呼称	期日	行事内容	神・妖怪	掲示物・供物	空間	特徴	出典
7	勝田市東海村	厄病神除け、山に入ってはいけない日	12月8日	同上。この日が正月に入る聖なる時間のはじまりようである。	目が一つの厄病神、悪霊	同上	同上		4)p.152
		襟掛け餅	2月8日	県内の襟掛け餅と同様					4)p.196
8	勝田市	厄病神除け、誓文払い、おこと、にんにく豆腐	2月8日	七日の晩ににんにく豆腐を家の入り口にさす。にんにく豆腐を食べるいえもある。(金上)では竿の先の目籠へ鎌をつける。	厄病神	にんにく豆腐、目籠、鎌	門口	針供養	5)p.682
		厄病神除け、誓文払い、おこと、にんにく豆腐	12月8日	同上。にんにく豆腐を食べると無病息災だと信じている。	同上	同上	同上	同上	5)p.702
		山に入らない日	12月8日	山には鬼がいるので、この日山にいって木を伐ってはいけない。	鬼			木を切ってはいけない	
		山に入らない日	2月8日	山仕事を慎む。				同上	
		エリカケモチ	2月8日	県内の襟掛け餅と同様					

No.	地名	呼称	期日	行事内容	神・妖怪	掲示物・供物	空間	特徴	出典
9	西茨城郡内原町	ヤマクラサマ、田の神まつり、八日ゾウ、ダイマナク、コトハジメ	2月8日	農作を本業とする地方では、この日山の神が里に降り立ち、田の神になるという。又、この時一つ目の厄病神も一緒に連れてくるといわれ、目籠などをさす。	目が一つの厄病神	にんにく、柊、豆腐、(ニンニクトウフ)、目籠			6)p.171
		田の神団子	2月8日	彼岸団子より大きな田の神団子を床の間の天神様と歳神様に供えた。この団子を甘くして子供達と食べるところもある。		田の神団子	田の神団子		6)p.171
		エリカケモチ	2月8日	小学校に入る前の子供が藤のつるに数え歳の分だけ餅を通してこれを首にかけ、成長を祈願した。					6)p.171
		コト始め	2月8日	12月8日と同様	同様	同様			6)p.207
		師走八日、コト納め	12月8日	(倉田)では目籠のほか、大豆を枝に鰯の頭としっぽをさしたものを12個くって出入り口に1年間刺しておいた。厄気除け、厄病神除けの意味。	目が一つの厄病神	にんにく、柊、豆腐、(ニンニクトウフ)、目籠	戸口		6)p.207
10	鹿嶋市	恵比寿様	2月8日	恵比寿様が金もうけに出かけるので餅をついて弁当にもたせる。	〈恵比寿様〉	目籠、〈餅〉	軒先、〈恵比寿様〉		1)p.64
		恵比寿様	12月8日	2月8日に出かけた恵比寿様が帰ってくる。	同上	同上	同上		1)p.64

表 289

No.	地名	呼称	期日	行事内容	神・妖怪	掲示物・供物	空間	特徴	出典
11	鹿島郡波崎町	山に入らない日	2月8日	お庚申様参りに行き、賽銭をまいてくる。	厄病神	目籠		賽銭	1)p.199
		コトハジメ、コトジマイ	12月8日	行事は特に行なってないが昔はマンメシを炊いた。年よりはコトジマイといっている。			マンメシ		1)p.203
12	行方郡麻生町	恵比寿様(講)、大黒様	2月8日	家々の恵比寿様が祀られる。朝、餅を搗いて皿に載せ、恵比寿・大黒の神像の前において供える。恵比寿様が道で滑らないように小豆餡をつける場合もある。弁当として粉餅を供えるところもある。	〈恵比寿様〉〈大黒様〉	〈餅、小豆餡、粉餅〉	〈恵比寿様〉〈大黒様〉	山に入ってはいけないというところもある。	7)p.427
		恵比寿様、大黒様	12月8日	同上、2月より盛大に供える傾向がる。家によっては山に行かない。厄除けの目籠伝承もある。	厄病、〈恵比寿様〉、〈大黒様〉	同上、目籠	同上、軒先	同上	7)p.455
13	真壁郡真壁町	ササガミ様	2月8日	庭の真ん中に竹枝を結き、上に蕎麦切りを供えた。(本田坪)でもどうようであるが、棒を籠に通して屋根に上げた。両方とも今はやってない。なお、20日に行なう場合もある。	笹神	竹枝、蕎麦切、籠	屋根、庭		8)p.577
14	つくば市	笹神様	2月8日	笹で結んだ上に赤飯をのせる。8日の夕方に立てて明日とりはずす。神様が働きに出かける。	神様	笹、赤飯	庭	針供養	1)p.335

No.	地名	呼称	期日	行事内容	神・妖怪	掲示物・供物	空間	特徴	出典
14	つくば市	笹神様	12月8日	神様が金を持って帰ってくる。そのため、12月には笹を表へ立て、オコウをふかしてあげる。その後、笹は燃やす。	神様	笹、オコウ	同上		1)p.336
15	旧筑波郡谷田部町	恵比寿講	2月8日	そば、豆、米を入れた一升マスと御飯、汁、頭付の魚を供える。	〈恵比寿様〉	〈そば、豆、米、御飯、汁、魚〉	〈恵比寿様〉		1)p.462
		恵比寿講	12月8日	同上	同上	同上	同上		1)p.463
		子供の祝い	2月8日	年末に男の子には破麻弓、女の子には羽子坂が贈られ、その贈られた家に餅を搗いて返す。					1)p.462
16	旧筑波郡茎崎村	山に入らない日	2月8日						1)p.281
		山に入らない日	12月8日						1)p.281
17	土浦市	子供の祝い	2月8日	子供の祭りともいい、餅をついて祝った。この餅をおコトの餅ともいい、(粟野)では烏呼ばわりといい烏に餅をまく。また、子供の背に南天や唐辛子など七種をくくりつける。				針供養、餅つき	9)p.384
		恵比寿講	12月8日	大黒様の大黒祭りとも言う。御飯になます、尾頭付の膳、そばなど供え物は地域による違う。目籠立て。10月の20日は商人のえびすこ。	〈大黒様〉、〈恵比寿様〉	籠、〈ご馳走〉	〈大黒様〉〈恵比寿様〉	針供養10月の20日は商人の講。	9)p.429

表 291

No.	地名	呼称	期日	行事内容	神・妖怪	掲示物・供物	空間	特徴	出典
17	土浦市	天道念仏の日	2月8日	（小山崎）でこの日の行事を念仏講といい、豊作を祈る。老人の祭りに当たると説明されている。				念仏講	9)p.384
		薬師の縁日	2月8日	薬師の祭りの日に当たる地域では薬師参りを行なう。				薬師参り	9)p.384
18	結城郡千代川村	笹神様、ダイマナコ（厄病神除け）	2月8日	七日の夕方ざさを三本切ってきて先端を結び、三脚にして庭に立てる一方、ダイマナコの除けとして目籠を高く揚げる。笹神様にはその結んだ上にそばかうどんを供える。笹神様を立てるのを泥棒除けともいう。	笹神様、ダイマナコ	目籠、そば、うどん	庭、軒先	針供養、泥棒除け	10)p.59～60
		笹神様、ダイマナコ（厄病神除け）	12月8日	笹神様は2月と同じことをするが、笹竹を裏口に立てる。ダイマナコの目籠伝承もある。山に入らない。	笹神様、ダイマナコ	目籠、そば、うどん		泥棒除け	10)p.74
19	下妻市	コトヨウカ、笹神様、コトハジメ	2月8日	笹神伝承、目籠伝承、山に入らない日。	一つ目の怪物、笹神様	籠、笹竹、そば、白飯	庭、軒先	山に入らない。	11)p.211
		笹神八日、カッキリケ	12月8日	2月8日と同様。カッキリは小豆粥を作って食べる。	一つ目の怪物、笹神様	籠、笹竹、そば、白飯		同上	11)p.211
20	取手市	コトヨウカ	2月8日	目籠で鬼を威嚇する。	一つ目の怪物、鬼	目籠			12)p.345

No.	地名	呼称	期日	行事内容	神・妖怪	掲示物・供物	空間	特徴	出典
20	取手市	コトオサメ	12月8日	2月8日と同様。	一つ目の怪物、鬼	目籠			12) p.345
21	猿島郡五霞村		2月8日	鬼が来る日だという。ミケを竿のの先につけて立てる。サイカチの実や、生ネギをもやして鬼を追った。そばをぶって食べる。	鬼	ミケ	そば		13)p.73
22	岩井市台地	コトヨウカ	2月8日	鬼が来る日だという。メイケ(目のあいた籠)を竿の先につけて立てる。小麦粉を練った餅を焼いて食べた。今は見られない。	鬼	メイケ	餅		14) p.115
23	取手市	恵比寿様	2月8日	県内の恵比寿様伝承と同様。2月8日は恵比寿様が出稼ぎに行くから、ミケといわれる竹の籠を竹竿につけて上に向けて上げる。	〈恵比寿様〉	目籠(竹竿)、〈ご馳走〉	軒先、〈恵比寿様〉	1月20日又は10月20日は商家の恵比寿講。	15)pp.214〜216
		恵比寿様	12月8日	同上(夜ご馳走を供える)、ミケは下向き。	同上	同上	同上		15)pp.214〜216
24	北相馬郡利根町	針供養	2月8日	沼南町に「あわしまさま」という神社があって、裁縫を習う、いわゆる針子たちがはりくようのため、この日参拝した。					16) p.225
		すすはらい	12月8日	煤払いの日と定めはているが、12月中の適当な日ということが多い。				正月のはじめ	16) p.287

表 293

No.	地名	呼称	期日	行事内容	神・妖怪	掲示物・供物	空間	特徴	出典
25	竜ケ崎市	コトハジメ	2月8日	コトハジメの餅、恵比寿様の赤飯といい供える。（泉）では御飯に煮魚と一升マスに財布を入れて供えた。	〈恵比寿様〉	〈蕎麦、豆、米、御飯、汁、魚、生鮒など様々（ご馳走）〉	〈恵比寿様〉		17) p.515
		恵比寿講	12月8日	同上。ミカイなどを下に向けて、竿につけて、その下に銭を撒いて恵比寿様がまいたようにし、子供達に拾わせるところが多い。	同上	目籠、同上	軒先、同上	商家の恵比寿講が別にある。	17) p.534

表8「コト八日」栃木県

No.	地名	呼称	期日	行事内容	神・妖怪	掲示物・供物	空間	特徴	出典
1	那須郡大畑部落	にんにく豆腐	2月8日	にんにく豆腐を柊の枝に挿し、家の出入口全部にさす。悪魔は八日の朝通る。八万からにらまれる。	悪魔	目籠、にんにく豆腐	軒先、家の出入り口	針供養	1) p.61
		にんにく豆腐	12月8日	同上	同上	同上	同上		1) p.64
2	黒磯市	悪神除け	2月8日	仕事を早く休んで、朝から門口にカゴをあげ、それに豆腐をさす。	悪神	目籠（豆腐）	門口		1) p.514
		悪神除け	12月8日	同上	同上	同上	同上		1) p.514
		地鎮祭り	2月8日	農事の始めの意味があり、この日神が降りて来ると信じる。	〈田の神〉				1) p.533

No.	地名	呼称	期日	行事内容	神・妖怪	掲示物・供物	空間	特徴	出典
3	那須郡西那須野町	にんにく八日	2月8日	ニンニクとさいの目に切った豆腐を茅に刺し、木戸口に草刈り籠を伏せ、そこに刺す。ニンニク豆腐は戸口・倉・便所・味噌小屋の入り口にもさす	厄病神	目籠（にんにく豆腐）	門口	コトハジメ、ダイマナクと呼ぶ地方もある。	2)pp.58〜59
		地鎮様おろし	2月10日	厄病神を払うと、作神である地鎮様を迎える。空臼を三度つく。この音を聞いて地鎮様が「食べ物がなくなって、みんな困ってるな」と思い降りて来るのだという。団子は朝作り、重箱に山盛りに入れ臼の上に供える。	〈地鎮様〉			田の神の性格。〈空臼つき〉	2)pp.58〜59
4	塩谷郡粟山村	八日豆腐	2月8日	ニンニクとソバでソバトウフを作り戸口に挿す。薬は飲まない。	厄病神	ソバ豆腐	戸口		1)p.196
		師走八日	12月8日	ニンニクトウフを作り戸口にさす。	同上	にんにく豆腐	戸口		1)p.198
5	塩谷郡喜連川町	コトハジマリ	2月8日	ネギ（にんにく、唐辛子）と豆腐を戸口にさし、籠をさげる。厄病神が入らないように多くの目で見張るという。	厄病神	にんにく豆腐、目籠	戸口		1)p.700
		コトオワリ	12月8日	同上	同上	同上	同上		1)p.700
6	芳賀郡市貝町（コト日）	針供養	2月8日	婦人や娘達はこの日裁縫を休み、曲がった針や折れた針を豆腐に刺して供養する。				2月1日は次郎の日であり、この月のすべり出しの日をコト日として仕事を休み、赤飯を神に供える。	15)p.889

表 295

No.	地名	呼称	期日	行事内容	神・妖怪	掲示物・供物	空間	特徴	出典
6	芳賀郡市貝町(コト日)	針供養	12月8日	同様				正月の準備はカワピタ餅から。丸めた餅を川に投げ水神様に供える。	15)p.892
7	芳賀郡茂木町	針供養	2月8日						1)p.139
		恵比寿講	12月8日						1)p.139
8	芳賀郡芳賀町芳志戸	ダイマナク、コトヨウカ	2月8日	竹竿の先にメカイカゴを逆さにかぶせ戌亥の方角にかかげて魔除けする。家の入口の柱にソバガキをぬりつける家もある。(中郷地区)では、事始の日として、スイトンをつくったりもする。	一つ目の鬼	目籠、蕎麦掻き	軒先、柱	針供養。蕎麦掻きをぬりつける。(道祖神への餅の塗りつけとの類似性)	14)p.201
		ダイマナク、師走八日	12月8日	同上。逆さにしたメカイカゴを竹竿の先にかけ団子をつくって供える。	同上	目籠(団子)	同上	目籠の逆さ(下向き)	14)p.206
9	芳賀郡芳賀町	ダイマナク、笹神様(コトハジメ)	2月8日	目籠に竿の先にくくりつけ立てる。コトハジメとも呼び、スイトンをつくる地域や堆肥に赤飯を供えて、農作祈願として笹神様の日と呼ぶ地域もある。にんにく豆腐を食べる日。	一つ目の鬼	目籠、赤飯	軒先、庭、屋外(堆肥など)	にんにく豆腐	13)p.440
9	芳賀郡芳賀町	コトヨウカ、師走八日(コトジマイ)	12月8日	同様。ソバッカキを作って食べる。ニンニク豆腐を食べる。	同上	同上	同上	針供養。蕎麦掻きを食べる。	13)p.451

No.	地名	呼称	期日	行事内容	神・妖怪	掲示物・供物	空間	特徴	出典
10	真岡市	ダイマナク、笹神、コトヨウカ(コトハジメ)	2月8日	メカイカゴを家の軒先にかけたり、ネギやニンニクを串にさして戸口にさす。また、この日家の前に笹竹で笹神様をつくり、ソバガキやアズキメシなどを供える。	一つ目の厄病神	目籠、ソバガキ・アズキメシ、ネギ・ニンニク	軒先、庭、戸口	針供養。2月10日田の神おろし。1月20日恵比寿講。作神の去来信仰がうかがえるのでは。	12)p.554
		ダイマナク	12月8日	メカイカゴを竹竿にさして庭先にさすことや笹神様を作ることは2月8日と同じであるが、ただ笹神様の場所が家の裏側になる。	同上	同上	同上	針供養。笹神の場所。正月の準備のススハキは12月13日。10月10日地鎮様。10月20日恵比寿講	12)p.570
11	河内郡南河内町	ダイマナコ、コトヨウカ、笹神	2月8日	前夜よりダイマナコ(目籠伝承)、夕方笹神を祀る。厄病神が入ってこないように、メカイカゴを竹竿につけて玄関に立てる。履物を外に出しておくと疫病神が来て判を押していくので、全部家の中に入れる。餡をくるんだ団子を作り、柊の枝や竹にさして家の表のとぐちに供える。また、笹神様をつくりその上にうどんや蕎麦を載せて夕方立てる。	厄病神	目籠、ソバ・うどん、団子	屋根、庭、戸口	針供養。「吉田村郷土誌」これによれば、大籠や目籠を竹の先につけて立て、夕方には笹神を祭り、地域によっては門団子を作ったことが窺える。	11)pp.576〜578
11	河内郡南河内町	コトハジメ	2月8日	堆肥を初めていじる日。この日に家にいる神様が作物を見廻ってくださるためでていく。それで、餅を棒に刺して家の表のとぼ口に供えた。		餅		2月10日地鎮様。空臼つき。	11)pp.576〜578

表　297

No.	地名	呼称	期日	行事内容	神・妖怪	掲示物・供物	空間	特徴	出典
11	河内郡南河内町	師走八日、笹神、コトジマイ	12月8日	同様。笹神様の場所が裏側になる。神が帰ってくる。	同上	同上	同上		11) p.602
12	下都賀郡壬生町	ダイマナク、笹神(コトハジメ)	2月8日	厄神除けとして、長い竹竿の先にメカイをつけ軒先に出す。これをダイマナコと呼び、こうすると悪い病気がはやらぬという。庭先には笹竹で笹神をつくり夜ソバを供物として供える。この日履物を外におかない。	一つ目の悪病神	目籠、ソバ	軒先、庭(先)		9) p.204
		ダイマナク、笹神(コトジマイ)	12月8日	2月8日に対応する日で、ダイマナコや笹神をつくり、厄神除けとする	同上	同上	同上	針供養	9) p.209
13	鹿沼市上石川	ダイマナク	2月8日	家の屋根が草屋根だった頃は、2月8日になると悪魔がくるなどといって、竹竿の先にメカゴをかけて屋根に立てかけて魔除けをした。これをダイマナクという。	悪魔	目籠(ダイマナク)	屋根(軒先)	①正月の20日は20日正月といい、恵比寿講の日。朝、卓袱台を出し、そのうえに恵比寿、大黒の像をおろして飾り、それぞれの分として二組の膳を用意する。朝はご飯、夜はソバを供える。夜はソバを食べる。②地鎮様は2月15日で米の粉の団子を供える。	4) p.128

No.	地名	呼称	期日	行事内容	神・妖怪	掲示物・供物	空間	特徴	出典
13	鹿沼市上石川	ダイマナク	12月8日	戦前まで旧暦12月8日には2月8日と同様にダイマナクをする。揚げるのは夕方で翌日の日中にさげた。白い御飯を炊いたりする。ダイマナクというのは大きな目玉の意味で、悪魔を払うためにメカイを立てるのだという。	悪魔	メカゴ	白い御飯		4) p.132
13	鹿沼市上石川	師走八日	2007-12-08	同上。①恵比寿講10月20日②10月10日のトウカンヤ(地鎮様)に丸い餅(牡丹餅)を一升枡に月の数だけ入れて供えるので、いつもの年は12個、閏年は13個供える。作神はこの日餅をつく音に帰ってくるのだといわれる。この牡丹餅を持って嫁は実家に帰ったりする	同上	同上	同上	12月1日はかびたり餅といって、餅をつき、皮に丸め餅を流したという。	
14	鹿沼市樅山町	ダイマナク	2月8日	ダイマナクという一つ目の厄病神をみはる行事。調理箸の先に団子をさして大戸口に供える。くるみ団子をつくる。	ダイマナク	目籠、団子	軒先、戸口	団子をつくる。	3) p.548
		ダイマナク、コトジマイ	12月8日	同上	同上	同上	同上		3) p.599

表 299

No.	地名	呼称	期日	行事内容	神・妖怪	掲示物・供物	空間	特徴	出典
15	上都賀郡栗野町(ダイマナク、ショウマナク写真)	ダイマナク、ショウマナク、コトハジメ	2月8日	①大かごを2つ門におき、この上にサイカチの実をおき、これを燃やす。異臭によって厄神を追い払うのだという。②軒先に目かごのところもある③笹神様の変形のようなことも見られる。笹竹の上のうどんをゆわえる、	厄神	目籠、うどん	門、軒先、庭	針供養。大籠とさいかちの実。	5) p.210～211
		ダイマナク、ショウマナク、コトジマイ	12月8日	同様。	厄神	メカイカゴ、大カゴ			5) p.219
16	安蘇郡田沼町	コトヨウカ、ダイマナク	2月8日	目籠を竿の先につけ屋根に立てかける。家の前でネギ、ニンニク、唐辛子などをいぶして、悪魔を追い払う節分同様の行事も見られる。	ダイマナクの怪物	目籠	屋根	針供養。節分同様行事(習合現象)	6) p.372～373
		師走八日、コトヨウカ	12月8日	一年の仕事の終わる日。2月と同様にメカイ(メケ)を立てる。すると、どこからともなく近所の子供達が集まってきて、この竹竿を倒す。それから、コヤシ場に行って、それに供えてある花木にさした団子をたべる。これも昔の風習である。	ダイマナクの怪物	目籠、団子	屋根、肥やし場	目籠を倒す。	6) p.388

No.	地名	呼称	期日	行事内容	神・妖怪	掲示物・供物	空間	特徴	出典
17	栃木市	ダイマナク、コトハジメ	2月8日	7日の夕方、竹竿の先に草刈り籠やめかい（目籠）を結びつけ、それにわらじを下げて軒先に掲げた。おがらの団子を三センチーメトル位に切って焼いたネギをさして戸口にさしておいた。これを「トボグチダンゴ」という。	一つ目の厄病神	目籠（わらじ）、団子	軒先、戸口	目籠にわらじをさげる珍しく貴重な伝承。針供養	7)p.524
		ササヨメゴ(笹神様)	2月8日	県内の笹神様伝承と殆ど同様	笹神様	団子・うどん	家の前		7)p.524
		ショウマナク、コトジマイ	12月8日						7)p.538
18	佐野市	コトヨウカ、ダイマナク(コトハジメ)	2月8日	メカイを家の屋根にかかげたり、笹竹で笹神を作ってソバなどをその上にあげたりする。また、家の前でネギやニンニクを焼いたり、柱にもネギやニンニクをすりつけたりしたものである。コトハジメと呼んでいるところもあるが、それはその年のすべての行事がこの日をもって始まると理解しているからである。	厄神(一つ目小僧)、笹神	目籠、ソバ	屋根、庭	この日、ムラを訪れる厄神が一つ目小僧と考えられている。針供養。コトハジメとも	8)p.730〜731
		ダイマナク(コトジマイ)	12月8日	同上。針供養はあまりみられない。	同上	同上	同上		8)p.747

表　301

No.	地名	呼称	期日	行事内容	神・妖怪	掲示物・供物	空間	特徴	出典
19	小山市(カピタリ餅の写真)	ダイマナク、コトヨウカ	2月8日	(ダイマナク)目籠を長い竹竿の先につけ屋根に立てかける。、笹竹で笹神を作り、ソバ・うどんをそれにひっかける。戸をあけないうちにトウガラシ、ネギを焼いてから外に出る。履物を家の中にしまう。ダンゴ(トボグチダンゴ)をつくり、これを大豆がらの先につけて戸口に飾った。	厄神(一つ目小僧)、笹神	目籠、ソバ・うどん、団子	軒先、庭、戸口	厄神がムラにくるという。軒先、庭、戸口の空間に注目すべきではないか。針供養。	10)p.572
		ダイマナク、師走八日	12月8日	同様にダイマナコ(ダイマナク)を家の軒先にかざる。所によっては小さいメイケを竿の先につけて家の裏口にかざる。トボグチダンゴを作ってあげ、カゴを倒してからダンゴを食べる。	厄神(一つ目小僧)	目籠、目籠(団子)	軒先、家の裏口	籠に団子をあげ、籠を倒してから食べる。カピタリ餅は12月1日で、水神様に関係のある日。川へ流したり供えたりするのは、子供たちが川で災難にあわないようにとのこと。	10)p.587

表9「コト八日」群馬県

No.	地名	名称	期日	行事内容	神・妖怪	掲示物・供物	空間	特徴	出典
1	勢多郡北橘村	コト初め、オコト八日	2月8日	早起きして、メカエを竹竿のうらにつけて庭先に立てる。ダイマ様が悪いことをしようとしても、目が一杯あり、八万を睨んでいるのでできないといわれる（分郷八崎）。目籠を春は上向きに秋は下向きにしてヒイラギの葉を入れる（下南室）。ネギの根を焼く（真壁）。目籠を竹竿の上にかぶして家の庭にたてる。小豆飯（上箱田）。2月が事始め、12月が事ジマイ。目籠を竿の先にさして立てる。小豆飯（箱田）。	ダイマ様、悪魔、鬼	目籠（竹竿）、目籠・ヒイラギの葉	庭先、庭	針供養。赤飯、餡類、小豆飯を食べる。事始にともない小豆飯。シャカサマの何とかというういわれがる（上箱田）	1)p.207
		オコト八日、コトジマイ	12月8日	同上。事ジマイといって、赤飯を炊く。目籠（メカイ）を庭に立てる（八崎・舟戸）。	同上、八百万の病気	同上	同上	針供養。赤飯をふかすが春は朝、秋は夜ふかす（子室）。	1)p.228
2	勢多郡宮城村	オコト八日、コト初め	2月8日	①メカイの中にヒイラギをさして庭先に飾ったり、カイドに立てる。②ミカイに草刈の鎌を縛り付けて立てた家もある。風を切るためだという。③魔除けにヒイラギやエンジの木をカドにさす。④事始は2月8日、この日メケにヒイラギをさしいれ上をむける。事ジマイの時は下を向ける。	悪いもの、鬼	目籠（竹竿）、目籠・ヒイラギ、目籠・鎌	庭先、門口	針供養。水も流さぬコト八日という。目籠・鎌を倒すこともある（年1回）（柏倉）。	2)p.201

表　303

No.	地名	名称	期日	行事内容	神・妖怪	掲示物・供物	空間	特徴	出典
2	勢多郡宮城村	オコト八日	12月8日	同上、魔除けに鎌をたてておくという。	同上	同上		よく知らない人が多い。	2) p.215
3	大間々町(目籠写真)	コト八日	2月8日	メカイや木の葉籠をトボグチにおき、ヒイラギの枝をさす。ヒイラギとともに鰯の頭や、鎌を一緒にさすという家もある。テッペイが鳴ると大火事があるという。	ダイマナク、鬼、悪病	目籠(木の葉籠)・ヒイラギ、鎌、鰯の頭	トボグチ	魔除けという。「水も漏らさぬコト八日」という言葉があり、仕事を休みにして静かにする。針供養	3)pp.381〜382
		コト八日、コト初め	12月8日	同上	同上	同上		正月の準備を始める日。	3) p.403
4	伊勢崎市(厄神歓待)	コト八日	2月8日	①庭先に竹竿を立て、その先にメケイをかぶせ、ヒイラギも入れる。②家の周りにヒイラギをさし泥棒よけをする。③七日の夜、親がメカイの中に小銭を入れておき、翌朝子供が目籠のある竹竿をゆすらせた。鬼がお金をおいたと説明する。④今村の重田家では厄神を歓待して送り出す意味で、夕方になると膳に赤飯、味噌汁、尾付の鰯、箸一膳をのせて味噌樽の上にあげておく。重田家ではこの日ヒイラギを飾らない。⑤二之宮でもわざわざ厄神を迎えて、赤飯を供えて歓待し、翌日タラッペ(にのせて三本辻に送る家もある。	魔物、ダイマン、鬼、厄神	目籠(竹竿)・ヒイラギ、目籠(竹竿)・銭	庭先、家の周り	夜なべをしない、針仕事をしないなどできるだけ静かにする。庭先に履物を出しておくと、鬼が来てハンコをおすという。厄神を歓待して送る家がある。針供養	4) p.454

No.	地名	名称	期日	行事内容	神・妖怪	掲示物・供物	空間	特徴	出典
4	伊勢崎市(厄神歓待)	コト八日、師走八日	12月8日	同上。ヒイラギのマツリともいい魔除けのヒイラギを戸口にした。	同上	同上	同上、戸口	2月を事始め、12月を事ジマイと区分するところある。	4) p.472
5	伊勢崎市三和町	コト八日、八日節供	2月8日	2月7日の夕方に、竹竿のメカイにヒイラギをさし庭先に高くかかげた。	鬼、悪魔	目籠(竹竿)・ヒイラギ	庭先		5) p.204
		師走八日	12月8日	同上、12月7日の晩に目籠を立てる。家の周りにヒイラギをさし泥棒除けといった。金が降ってくるといい子供が8日の朝みにいく。		同様			5) p.221
6	伊勢崎市波志江町	コト八日	2月8日	メカエにヒイラギを入れ立てる。物忌伝承で静かにする、医者の薬礼にならぬように(厄気にかかって医療費を出さないように)早く寝る。	鬼、悪魔	目籠(竹竿)・ヒイラギ	庭	針供養。水も流さぬコト八日。1月17日は大日如来を祭り、昔は灯籠を上げた。	6) p.181
		師走八日	12月8日	同上	同上	同上	同上	下駄をださない。夜なべしない。	6) p.191
7	伊勢崎市馬見塚町	コト八日	2月8日	つけ木とヒイラギをメケエのなかに入れて、竹の棒の先につけて一晩庭に立てておく。翌朝おろして「金が降ってきた」といってその金を子供にくれた。年寄りが立てるときに銭を入れておいたものだという。いっしょに入れるつけ木は先にいおう(祝う)といって入れた。		目籠(竹竿)・つけ木・ヒイラギ・銭	庭	一緒に入れるつけ木は先にイオウ(祝う)といって入れた。	7) p.148

表　305

No.	地名	名称	期日	行事内容	神・妖怪	掲示物・供物	空間	特徴	出典
7	伊勢崎市馬見塚町	師走八日	12月8日	ヒイラギの枝にサンマの頭をさして焼き、トボグチにあげた。ザルにヒイラギを入れてカドグチに立てる家もあった。		目籠・ヒイラギ、サンマの頭・ヒイラギの枝	門口、トボグチ		7) p.155
8	勢多郡東村	コト八日	2月8日	魔除けでカイドへ大きなクサカゴ、キノハカゴの口を下にして地面にしておく。赤飯をつくる。仕事ははやじまい。	魔、厄病神	大きな草籠・木の葉籠	カイド	針供養、赤飯	
		コト八日、ダイマナク	12月8日	①こやし場に笹の葉をきりつめて上げ、ご馳走を供えた。また草刈り籠をカドにたてたが、何も入れない。笹の葉は丸めてしばった、肥やし場にさし、ソバやうどんを掛けて供えたもので、名称は不明(下草木)。②竹のウラをとめて、餅をさしてこやし場に立てた。ダイマナクといって籠を庭に出しておくと、カゼの神がたまげてこないからカゼがはやらないという。また、ネギを囲炉裏でくべる。③コト八日様といって、笹っ葉をまとめて肥やし場にさし、赤飯を供えた。④大きな目籠(ダイマナク)に笹の葉をさす。また肥料の小舎にも笹の葉をさしてものをあげる。この日はネギを食べるものだといい、囲炉裏でネギを燃やす。⑤ダイマナク(木の葉籠)をカイドにだし、朝飯は籠のところへあげる。	カゼの神、厄神	目籠(竹竿)、目籠、目籠(笹の葉)・朝食、笹の葉・ソバ・うどん・赤飯・ご馳走、竹・餅	肥やし場、庭、カイド	肥やし場でも行事が行なわれる。囲炉裏でネギをもやす。笹神との類似	

No.	地名	名称	期日	行事内容	神・妖怪	掲示物・供物	空間	特徴	出典
9	新田郡藪塚本町	メカイ	2月8日	①ダイマナクといって、メケーにヒイラギ・ネギをさし、竿につけて庭先に立てる。竿の先に鎌をつける場合もある。②ヒイラギをトボグチにさす、家の周りにさす。③鬼が金をぶっこんでいくといい親がカゴに金を入れる。	ダイマナク、厄病神、鬼	目籠(竹竿)・ヒイラギ・銭・鎌	庭、庭先、トボグチ、家の周り	下駄などを外に出さない。夜なべ休む。静かにする。目籠に銭を入れるところでは2月事始め、12月事納め。針供養	
	師走八日	12月8日	同上。この日、赤飯をふかして食べる。ザルにヒイラギをさして、庭木に結びつけておいた。銭をいれる。履き物をしまっておく。(大久保)	同様	同様	赤飯	判をおされたら病気になるという。	
10	桐生市梅田町(ザルとわらづち写真)	コト八日	2月8日	①ネギを燃やす。②ヒイラギをトボグチにさす。メカイにヒイラギをさし(ダイマナク)庭の中で転がしまわす。風除けになるという。③厄除けといって家のトボグチにネギを焼いて塗りつけるかさす。目籠に藁をのせ、トボグチの脇におく。④草刈り籠か芋目籠をおっかぶせて、藁ただきねをいっつけ、ヒイラギをさして厄病よけをする。⑤事始めといい、棒の先に目籠ををかぶせて、ヒイラギを二本さす。だいまなこといい悪魔よけ。	厄神、一つマナクの団十郎(ダイマナク)、悪魔	目籠・ヒイラギ・藁ただきね、目籠(竹竿)・ヒイラギ、ネギ	トボグチ、庭	ネギの使い多くみられる。水もならさぬコト八日という。仕事を休む。目籠がトボグチ、庭先、庭など空間が多様。	

表 307

No.	地名	名称	期日	行事内容	神・妖怪	掲示物・供物	空間	特徴	出典
10	桐生市梅田町（ザルとわらづち写真）	コト八日、コトジマイ	12月8日	同上。①ネギをとってきて、戸のたてつけの所を全部なすってやるもので、このほかにダイマナコを出せといって、目のある籠の上に薬をぶったきねをたて、きねにもネギをなすりつける。②ヒイラギをトボグチにさす。また、庭に大きな草刈り籠をおき、これにヒイラギをさし、わらづちこの籠にのせておいた。③八日はことじまい。カド柱（お松を飾るところ）を毎年新しくした。ナラの木で作った。目籠の中に、ヒイラギとつちん棒（こなし棒）を入れてカド柱のところに飾った。悪魔よけ。棒はなぐる意味でいれる。④ではヒイラギを家の入口にさし道路に面したほうに多くさし盗難よけだという。	悪魔、厄神、鬼	ネギ、目籠・ネギ・棒・ヒイラギ、ヒイラギ	門口、トボグチ、門柱	目籠の利用の多様性。ことじまいの目籠	
11	太田市（トボグチのヒイラギ飾り写真）	コト八日	2月8日	①竹の棒に目籠をつけ、その上に鎌をゆいつけた。目籠にヒイラギをさし庭先に立てる。②玄関のところにヒイラギをさす。夕飯にぼたもちをつくって、神棚に供える。③鬼がおくといってメカイに金が入っている。	鬼	目籠（竹竿）・鎌・ヒイラギ・銭、ヒイラギ、ヒイラギ、〈ぼた餅〉	庭先、軒下、玄関、〈神棚〉	「水も漏らさぬコト八日」。メカイのことをダイマナクという。はやり病のよけ。針供養	

No.	地名	名称	期日	行事内容	神・妖怪	掲示物・供物	空間	特徴	出典
11	太田市(トボグチのヒイラギ飾り写真)	師走八日、コト八日、ことじまい	12月8日	①小豆粥を食べ先祖様や家の神様にあげる。②12月だけ竹竿の先に鎌をつける。③しるだんごをつくって、豆がらにさして、ヒイラギの枝と一緒に土蔵・納屋や家の入口にさす。④12月だけ籠を下向きにする場合がある。⑤目籠に銭。⑥すすはらいは12月8日か、13日、23日の前後に行う。これは単なる掃除ではなく、昔からのしきたりとして、焼き餅を神仏にそなえる。小豆のあんをいれたもので食べる。	同上	同上、団子(豆がら)	同上〈神棚〉〈仏壇〉	2月の行事を欠くところもある。正月準備のはじまり。盗難よけ・悪魔よけ	
12	館林市ろくごう	コト八日(仕事始め)	2月8日	ミケーを長い竹竿の先に逆さにかぶせて軒先にたてる。八日ダンゴをつくってあげる。水も濡らさぬコト八日といい、一日中家で静かにしている。	厄神神、鬼	目籠(竹竿)、〈ダンゴ〉	軒先、〈神棚〉	当日朝早く、赤城山から筑波山へ鬼が飛ぶという。水も濡らさぬコト八日といい、一日中家で静かにしている。針供養	
		コト八日(コトオサメ)	12月8日	同上	同上	同上		コトオサメになっているが、逆に言う地方もある。	
13	館林市たたら	コト八日(ダイマナコ)	2月8日	軒先にミケをを逆さにしてたてかける。八日ダンゴをつくってあげる。何かにつけてコト日といって米の飯を食べた。	悪魔	目籠(竹竿)、〈ダンゴ〉	軒先、〈神棚〉	針供養	

表　309

No.	地名	名称	期日	行事内容	神・妖怪	掲示物・供物	空間	特徴	出典
13	館林市たたら	コト八日(事納め)	12月8日	同上。八日から正月の準備、13日にすすはらい。	同上	同上	同上	コトオサメで1年の神事・農事の行事は冬至祭りを残し、正月の準備に忙しくなる。	
14	利根郡明和村	コト八日	2月8日	①ミケイ(目籠)を屋根に立てておく。庭先に立てておくと鳥が逃げるのだといわれる。②葬式の出棺のあと、座敷でザルを転がすことを行っていた。③「2月8日のヤキビン」といい、小麦粉を水でこねて残飯やネギ・味噌などを入れて、2寸丸ぐらいの大きさにしてほうろくでやく。	一つ目の鬼	目籠(竹竿)	庭先	一つ目の鬼が天からそれをみて、目がいくつもあるんで怖がって降りてこないという。針供養。「2月8日のヤキビン」	14)p.260
		師走八日、ネロハ、八日ヤキビン	12月8日	同上。①目籠を庭先に高くたてることをコトハジメという。2月はない。団子を作って食べる。履物は外に置かない。②ヤキビン(焼き餅)をこしらえる時、目籠を逆さにして竹竿の先に掛けて、母屋のひさしに立てかける。この日厄神が通るという③②のような目籠伝承とともに「早く寝る日」という。④ヤキビン(焼餅)と目籠伝承が多い。小米の粉でヤキビンを作る。中に味噌を入れて焙烙でやく。ほかにうどんなどを夕食にする。12月だけするところもある。	厄神、鬼	目籠(竹竿)	庭先、軒先、母屋のひさし	奉公人のかわり日。「音もならさぬコト八日」。12月8日のみのところもある。ネギ・柊などの伝承がない反面、「八日ヤキビン」(食物)の伝承がみられる。	14)p.294

No.	地名	名称	期日	行事内容	神・妖怪	掲示物・供物	空間	特徴	出典
15	高崎市東部地区	オコト始め	2月8日	①メケエを竿の先につるして庭に立てる。メケエは上に向けて入ってくるのを待つ。②ヒイラギを籠の中に入れたり、鎌も用意したりして、竹に籠をつけて庭の植木に立てておく。九日の朝早く起きるとお金がひろえる。		目籠(竹竿)、目籠(竹竿)・ヒイラギ・鎌・銭	庭、庭の樹木	お金がふってくる。奉公人がゆっくり休める日。針供養	15)pp.151～152
			12月8日	何もしない。				特に聞いたことがないという。	15)p.170
16	安中市秋間	コト八日	2月8日	何もしない。				針供養	16)p.208
		オコト八日	12月8日						16)p.238
17	碓氷郡松井田町	道祖神の火事見舞、馬節句、ことはじめ	2月8日	①ぼたもちを八つを道祖神(顔)にぬる。なお残りは家に持って帰って食べるところもある。藁で高さ一尺ほどの馬をつくり、籠を馬の左右に下げてこれにお餅(牡丹餅)をいれて、引っ張って行ってドウロク神にぬってきた。②八日餅をつくって、ぼたもちを先祖様に供える。つぶし御飯をまるめて五つくらい神のはちにいれてあげた。		〈牡丹餅〉、牡丹餅	道祖神	道祖神祭り。餅つき(八日餅)。恵比寿講は、11月20日と1月20日。コトハジメというところが多い。目籠がみられない。	17)p.159

表　311

No.	地名	名称	期日	行事内容	神・妖怪	掲示物・供物	空間	特徴	出典
17	碓氷郡松井田町	ことおさめ、ヒツジ団子	12月8日	①八日餅は、2月と12月同様に餅をついた。②12月かその頃の羊の日。コトオサメともいう。萱に団子を三つほどさして屋内外の神へ供える。鬼がこないという。③団子を串にさしてトボグチにさす④道祖神祭りを2月コトハジメ・12月コトオサメといい二回行うところもある。	鬼	団子	トボグチ	餅つき。12月20日頃をことおさめというところもある。	17)p.172
18	甘楽郡妙義町		2月8日	何もしない。					
		コトジマイ	12月8日	米の飯を神棚に供える。「大ゴト」という。		米の飯			18)p.287
19	藤岡市	コト八日、初ゴト、コトの餅の日	2月8日	①初ごとといい、コトの餅をつく(餅つき)日子供の誕生祝い(出産祝い)をする。コトの餅は塩餡をいれて丸めて大きなもので、奇数を重箱にいれて出産祝いをもらった家などへ配る。子供みんなで豆腐を食べる(上日野)。②竹竿の先にメカエを上向きにつけてたてる日。天からお金がふってくる。③メケエの中に小正月のツクリモノの杵を入れ、囲炉裏でネギを焼いて臭い匂いをさせる(高井戸)④コトハジメか初ごとといい、目籠の中につけ木を月の数だけ入れて庭に立てる。⑤両日にネギを焼き、酢味噌で食べると悪魔除けになる。	悪魔、鬼	目籠(竹竿)・杵・銭・付け木	庭・庭先・屋根・屋敷の入り口	二月八日を子供の祝いで十二月八日を年寄りの祝いというところもある。目籠の上向きと下向きがある。上向きの場合銭を入れることが多い。針供養	19)pp.983〜989

No.	地名	名称	期日	行事内容	神・妖怪	掲示物・供物	空間	特徴	出典
19	藤岡市	しまいごと	12月8日	殆ど同様。朝、目籠の中につけ木（木の実）を入れて、竹竿の先につけて母屋の屋根に立てかけて祝った。2月のコト節句にはやらない。	同上	同上、目籠（竹竿）・つけ木・木の実	同上	目籠の向きと木・銭の関連性。	19)pp.983～989
20	甘楽郡甘楽町（藁馬の写真）	八日節句、初節句、馬の観音様の日	2月8日	①初節句といった。餅を搗いて、藁製の馬に、ツヅッコ（包）をつけて、それに入れて道祖神に供える。この藁馬は疱瘡神送りの時の馬と同じようなものである。この馬の首にお金をすこし結えておいて子供にくれた。②馬の観音様の日で、藁馬を作って、おはぎをつけて、道陸神に供える。昔は、はじめての子供や、嫁ごを、親類中で招待してご馳走した。				道祖神祭り、藁馬への金と包（餅）	20)p.1352
21	富岡市	オコト（オコトハジメ）	2月8日	八日の日に小豆粥を食べる。豆腐を買って食べる。大豆を入れた御飯食べる（君川）。				この日で正月の終わりとなる。針供養。	21)p.618

表 313

No.	地名	名称	期日	行事内容	神・妖怪	掲示物・供物	空間	特徴	出典
21	富岡市	山の神の日、コトハジメ	2月8日	①八日を山の神の日。またおコトともいう。大豆を入れたご飯を朝食に食べる。山仕事をきらう。②山の入口に石宮があり山の神がまつってある。山の神様の日で山にはいってはいけない。朝早く子供達が学校に行く前に「山の神のお賽銭ください」といいながら家々を回る。もらったお賽銭で菓子を買い、山の神に供えて拝む。子供達は菓子を食べて遊ぶ(星田)。②(黒川)の雨宮地区では「餅投げ」の行事がある。餅つきを当番の家でやったあと、各家の神棚にあげる。投げる餅を山からとってきたカシの葉の上に載せ、これを盆一杯にのせ、当番のが四人が山の神の社の屋根に上がり、屋根の真ん中におく。まず、社の四隅に屋根から酒を注ぎ、次で神酒を飲んできよめ、3・3・4の拍子をしたあと、屋根上から餅をまく。集まった子供たちがこれをひろう。この餅を食べると病気にならないという。この日コトハジメといい、春祈祷と一緒になっているともいう。③この日山にいかない。この日の後、山に入れるようになる。	山の神		社	山に入ってはいけない。餅投げのところではこの日をコトハジメといい、ハルギトウと一緒になっているともいう。今では2月8日を中心とした日曜日に行なう。	21) pp.618 〜619

No.	地名	名称	期日	行事内容	神・妖怪	掲示物・供物	空間	特徴	出典
21	富岡市	コトジマイ	12月8日	この日から正月の準備がはじまるといい。正月行事のこと始めの日となる。小豆飯を炊いて神棚に供える。					21)pp.654〜655
22	多野郡上野村		2月8日・12月8日	何もしない。					22)p.100
23	渋川市(おコトの上向き目籠写真)	コトハジメ(コトオサメ)(オコト)	2月8日	①悪魔よけのメカエを下向きにする。小豆飯を炊いて神棚と仏壇に供える。忌み日であり、神様が天を通るので、物音をさせてはいけない、静かにする。②目籠を竹竿にかぶせる。また桟俵を屋根に向けて投げる。③この日メケエの口を上向きにして、竹竿の先に吊るして庭先に立てて、赤飯を供えた。天からお金が降ってくるからだという(石原、有馬など)④おコトの日は、小豆飯を炊いて、縁側に机を出してその上においておく。	悪魔・魔物(竜)、〈神様〉	目籠(竹竿)、〈小豆飯〉、目籠(竹竿)・赤飯、赤飯	庭先、〈神棚〉〈仏壇〉、縁側	山にいってはいけない。忌む日。メケエを上向き、下向きにするのは町々だが昔は下向きが多かったが、次第に上向きに変ったいえがある。なお、2月は上向き12月は下向きもある(渋川)。魔物は竜だともいわれる。針供養	23)pp.858〜859
		コトオサメ(コトハジメ)	12月8日	12月をおコトジマイというところが多いが、反対にお事始という人もいる。	同様	同様	同様	魔物は竜だともいわれる。	23)pp.858〜859

表 315

No.	地名	名称	期日	行事内容	神・妖怪	掲示物・供物	空間	特徴	出典
24	北群馬郡榛東村	オコト（オコトハジメ）	2月8日	夜明け方くらいうちに庭先にメケーをたてる。俺よりメのうんとあるのがいるといって沢山のお金を入れる。赤飯をふかす。	悪い物	目籠（竹竿）・金	庭先	赤飯	24)p.94
		オコトジマイ	12月8日	魔物除けのメザルを庭の真ん中に立てる。赤飯か煮ごわめしを似る。	魔物	目籠（竹竿）	庭の真ん中	赤飯	24)p.98
25	群馬郡群馬町	コト八日	2月8日	早朝あるいは前日の夕方にメケエ庭に立てておくと、子のカゴに天から幸せ（お金）が降ってくるという。この朝赤飯を炊き、七日の晩に天から厄病神が降りてくるから静かにし、カゴをつるすという。	厄病神	メケエ（竹竿）・金	庭	お金の意味には財産がたまるという。赤飯。針供養	25)pp.389～390
		オコトジマイ	12月8日	朝早く庭に目籠を竿の先に吊してたてた。悪魔よけ。また天から金が降ってくるともいう。大日様に赤飯をあげるところもある。	悪魔〈大日様〉	同上、〈赤飯〉	同上、〈大日様〉		25)p.404
26	群馬郡倉渕村	オコト	2月8日	月の八日は悪い日だという。八のつく日（8、18、28）には旅に出るのをさけたり、医者に行くのもさけた。				針供養。月の八日は悪い日だという。	26)pp.168～169
		正月の準備	12月8日	この日から正月の準備がはじまるという。					

No.	地名	名称	期日	行事内容	神・妖怪	掲示物・供物	空間	特徴	出典
27	五妻郡高山村	オコト、オコトハジメ	2月8日	①オコトボタモチといい、ボタモチを作って食べた。メケイ（カゴ）をカイド（街道）に出しておいた。②春のオコトには細くて長い食べ物を食べる（五領）。うどんやそば、ボタモチを神様に供える。トグチにメケイを出す。	一つマナコ、おこトババア	目籠、〈うどん・そば〉	カイド（街道）、トグチ、〈神棚〉	両日オコトババア、ひとツマナクがくるという。オコトボタモチといい、ボタモチを作って食べた。	27) p.170
		オコトジマイ	12月8日	目籠を表に出す。鬼が悪いことをするのは決まっているが、名前は特にない。	鬼	メのあるもの		すすはらおは13日	27) p.187
28	五妻郡長野原町	コト	2月8日	女衆がご馳走を作って、神棚に供える。メカゴを庭に立てる。	（邪？）ジャ	目籠、〈ご馳走〉	庭、〈神棚〉	話だけ残っている。針供養	28) p.316
		コトオサメ	12月8日	特にしないが、炭を焼く人は仕事を休め、気を伐るな。					28) p.340
29	沼田市	オコト八日	2月8日	①ボタモチをつくり、お鉢などなるべく大きな入れ物にいれ、長い茅の箸を添える。そしてカゴを外にだす（新町）。②小豆粥に長い茅の箸を添えて神棚に供える。カゴなどを外に出す（屋形原）。③子供が軒先にカゴをだす（上発知）。	魔、鬼	メカゴ	ボタモチ、茅の箸	所によってコトハジメ・コトオサメが混同されている。針供養	29) p.708
29	沼田市	オコト八日	12月8日	上佐山では小豆飯を炊き、豆など煮たものを藁つとに入れて三本辻に出す。				12月15日行なう所もある。なお、池田地区では「おことだんご」という名称で「つじゅうだんご」と同じ慣習が見られる。	29) p.757

表　317

No.	地名	名称	期日	行事内容	神・妖怪	掲示物・供物	空間	特徴	出典
30	利根郡片品村	八日餅、デーマナク	2月8日	ボタモチ伝承、目籠伝承。県内と同様。	悪魔、鬼、ダイマナク	メカゴ	ぼたもち	豆の粉を食べないうち神社の前を通るなといわれる。針供養	30)p.101
		八日餅、デーマナク	12月8日	同様。ナベブタにボタモチを二個のせて馬にくれ「フネ、カワよく渡れ」と唱える。地域によってカゴを7日の晩カイドに出したり庭の中心に出す。	同様	同様	同様	ネギの白身を爪でこすったりする。	30)p.107

表10 「コト八日」埼玉県

No.	地名	呼称	期日	行事内容	神・妖怪	掲示物・供物	空間	特徴	出典
1	浦和市(目籠写真・下向き)	八日節供	2月8日・4月8日	①七日の晩に目籠を逆さにして、竿の先にかけ柊の小枝をさし、屋根に立てかけた。鰯の頭とさいかちの実をつばをかけながらやく。これを柊に豆の殻と一緒にしてとぼ口にさす。七日の晩から下駄を外に出してはいけない。②2月8日の早朝逆さにして軒に立てかける。目籠、柊すべての神様にケンチン汁と御飯を供える。	一つ目の鬼、悪魔、〈神様〉	目籠(柊)、柊(鰯の頭とさいかちの実)、〈けんちん汁、ご飯〉	屋根・軒先、とぼ口、〈神棚など〉	＊同じ行事が4月8日、12月8日と年三回ある。物忌。針供養。	1)p.661〜663
		八日節供	12月8日	同上。イモのけんちん汁と五目飯を食べる。	同上	同上	同上		1)p.713

No.	地名	呼称	期日	行事内容	神・妖怪	掲示物・供物	空間	特徴	出典
2	与野市	八日節供	2月8日	目籠に柊をさしこみ軒に立てかける。柊の小枝を玄関や便所・蔵などの出入口の左右にさし、玄関には篩をも掛けた。篩やミカイは当日のみで片付けてしまうが、出入口の柊はその後もさしたままにしておく。ネギのような強い臭いのものをかまどなどで燃やし、夕食には油物を食べる		目籠（柊）、柊	軒、玄関・便所・蔵などの出入口、カマド	もとはともに月遅れ。＊篩やミカイは当日のみで片付る。	2) p.262
		八日節供	12月8日	同上。		同上	同上		2) p.262
3	大宮市	ミケエ節供、めんかご節供、こと八日	2月8日	目籠、柊伝承は県内と同様。目籠を逆さにすればお金が入ってくる（大成）。柊を家の周りにさせば魔除け（土呂）。かまどで生ネギをいぶす。履物をださない。	一眼一足邪神、鬼	目籠（柊）、柊	屋根、家の周り、カマド	ひいらぎをさしておけばお金が鬼に取られないですむという（春岡地区）。天上の邪神が目の多い怪物（目籠）に恐れて逃げ去るともいう。	3) p.484
		中山神社の鎮火祭り	12月8日	同上。中山神社の鎮火祭。白米を焚き目籠を立て、入口に柊をさし、早く寝る（堀の内）	鬼	目籠、柊	屋根、家の入り口		3) p.521

表 319

No.	地名	呼称	期日	行事内容	神・妖怪	掲示物・供物	空間	特徴	出典
4	蕨市	八日節供	2月8日	洗濯物、履物を出しっぱなししておくと鬼がきてハンコをおし、家人が病気になるという。一つ目小僧や鬼が家に入ってこないようにと目籠などを家の入り口に立てかけておく。	一つ目小僧、鬼	目籠	家の入り口	できるだけ編み目の大きな、あるいは目の多いカゴがよいという。	4) p.84
		八日節供	11月8日	同上	同上	同上	同上	11月8日	4) p.84
5	戸田市戸田	八日節供	2月8日	ミーケとかメカイ(目籠)などを物干しの先にひっかけて屋根にたてかけておく。ガラガラの木の実をとってきてイロリにくべ、家の中をいぶして病魔を追い出すと言う家もある。この日家々では神棚に燈明をあげ、白飯や五目飯を作って食べる。	鬼、悪魔〈神〉	目籠、〈灯明〉	屋根囲炉裏〈神棚〉	ガラガラの木の実をとってきてイロリにくべる。	5) p.146
		八日節供	11月8日	同上	同様	同様	同様	11月8日	5) p.163
6	戸田市美女木下笹目(目籠写真・下向き)	八日節供	2月8日	上の戸田と同様。各戸では神棚に燈明をあげ、白米を炊いたり、赤飯・五目飯・うどんなどをたべる。団子入りの粥を食べる家もある	一つ目小僧、鬼〈神〉	目籠〈灯明〉	屋根〈神棚〉	両日は大変悪い日で、鬼とか一つ目小僧がやってくるという。	6) p.119
		八日節供	11月8日	同上	同上	同上	同上		6) p.134
7	川口市	コトハジメ	2月8日	県内の目籠伝承と同様、笊、篩いなど目の沢山あるものを見て一つ目小僧がびっくりして逃げるという。	一つ目小僧	目籠	屋根	昭和の始めまで、所によっては3月8日におこなう。	7) p.192

No.	地名	呼称	期日	行事内容	神・妖怪	掲示物・供物	空間	特徴	出典
8	上尾市	八日節供	1月8日・2月8日・3月8日・4月8日	3月8日を八日節句という。目籠を竹竿の先端にかぶせ母親の軒先に立てかける。目籠に柊をさすところもある。柊の魔除け伝承、葱を囲炉裏で燃やす伝承など県内と同様。	悪魔、鬼	目籠（柊）、柊	軒先、すべて家の入り口、囲炉裏	やや行事の期日の伝承が混乱している。月遅れで三月、四月にもあり、暮れの八日ということで、一月八日にも行事の伝承が集中している。	8) p.342
	八日節供	12月8日	同上		同上	同上	同上	鬼が嫁にくる日という言い伝えもある。	8) p.342
9	桶川市	八日節供	2月8日・3月8日	2月と11月8日を八日節句という。鬼を追い払う行事。ミケイを長い竹竿の上につけて屋根にたてかけておく。ミケイにヒイラギをさしたり、ヒイラギを玄関にさしておくという家もある。	悪魔、鬼	目籠（柊）、柊	軒先、家の入り口	鬼が婿に来るので大変な日だという。	9) p.140
	八日節供	11月8日・12月8日	同上。鬼が婿に来るというのはそれを防ぐための行事、悪魔払いという。		同上	同上	同上	月遅れで三月、十二月八日にも行なう。	9) p.132
10	北本市	八日節供	2月8日	鬼よけのメカイ、ヒイラギ伝承、臭いものをやく行事は県内と同様。トボグチで葱を燃やした。履物を外に置いてはいけない。	鬼（悪物）	目籠（柊）、柊	軒先、家の入り口	戦前まで、同様の行事が節分に行なわれている所もある。針供養	10) p.673

表　321

No.	地名	呼称	期日	行事内容	神・妖怪	掲示物・供物	空間	特徴	出典
10	北本市	八日節供	12月8日	同上。うどん、ケンチン汁をこしらえる。五目御飯を作る家もある。	同様	同様	同上	大きな年中行事は1日と15日に集中しており、物忌的性格の強いコト八日はその間の7・8日、月齢的には半月の時期の行事の持つ意味を考えさせる。	10)p.716
11	草加市(目籠写真・下向き)	コトヨウカ	2月8日・4月8日	ミケたてともいう。目の多いミケを屋根の高さに立てておくと、ミケをみて悪魔が逃げて避けてゆく。なお、ザルの中に小銭を入れ、翌朝下げた親が子供達に神様が小遣いをくれたといって与えた。夕飯はイモ・大根などが入ったけんちん汁を食べた。	一つ目小僧、悪魔、三つ目小僧	目籠(小銭)	屋根	月遅れの四月八日に行なうところもある。	11)p.463
		コトヨウカ	12月8日	同上	同上	同上	同上		11)p.463
12	八潮市	八日節供	2月8日	夕方ミーケを軒先に立てておくとその籠に「お金が入りますように唱えるとお金が入っている。」という人と「この日は魔物が通る日だがこれを見て驚いて逃げていく」という人もいる。けんちん汁を食べる。	魔物	目籠(銭)	軒先	2月8日の八日節句をしない家もある。	12)p.854
12	八潮市	八日節供	12月8日	メカイを庭先にたてるのは一つ目子供が生まれないように呪うためだと言われる。金のことやその他何か願い事をすると、次の日の朝、早起きしてみると笊の中に願いことが入っているという。	同上	同上	同上	針供養、フイゴマツリ	12)p.874

322 「コト八日」の祭祀論的研究

No.	地名	呼称	期日	行事内容	神・妖怪	掲示物・供物	空間	特徴	出典
13	三郷市	八日節供	2月8日	この日訪れるものや籠の付け方は家や地区によって異なる。魔除けのため籠は目の荒いものがよいという。メケエなどを付ける家もある。二月には籠を立てて竹竿に縛ってたて、十二月には籠を伏せて逆さにして軒先に立てた。そのため2月にはお金がふってくるという。八日節句の晩には五目飯や芋がら飯などをのまぜご飯を食べた。	悪魔の目玉、一つ目玉、一つ眼、悪魔、悪い人	目籠、目籠（銭）	軒先	戦後から次第になくなる。八日節句が四月八日(半田)、七月八日・十月八日(戸ケ崎)七夕の翌日に行なわれる。針供養	13)pp.422〜423
		八日節供	12月8日	逆に十二月だけがお金が降りる（目籠の上向き）という所もあった。	同上	同上	同上		13)p.458
14	春日部市	八日節供	2月8日	①農作業を休み、魔除けで屋敷の入り口にミイケ(目籠)を竹竿の先につけて立てる。②目籠を竹竿の先にかぶせて取り付け、庭木に立てかけたりする。この下に一銭銅貨をおとしておいたりする。これを子供が拾う。これは一つ目小僧が来ないようにということ。この日夜鍋仕事はしない。外にでない。ケンチン汁、白い御飯を食べる。	一つ目小僧、魔物	目籠、目籠（銭）	屋敷の入り口、軒先・庭木	ミイケがなければ笊でもいいという。目籠の下向きにも銭はみられる。	14)p.344
		八日節供	12月8日	オキ(起き)八日ともいう。	同上	同上	同上		14)p.364

表　323

No.	地名	呼称	期日	行事内容	神・妖怪	掲示物・供物	空間	特徴	出典
15	岩槻市	八日節句	2月8日	一つ目玉の鬼が病気を配りに来る日。①ミイケという目の荒い籠にヒイラギをさして、竹竿の先に被せて屋根に立てかける。②一つ目の鬼がくるからヒイラギを戸口や家の入り口にさしておく。③米の御飯とケンチン汁を食べる。④一つ目の鬼に判子押されるのでださない、早く寝るという。夜なべ仕事をしない。	一つ目の鬼	目籠(柊)、柊	屋根、戸口・家の入り口		15)p.844
		八日節句	12月8日	2月8日とほとんど同様。ネギなどを燃やす。供え物にうどんを作り、神様・仏様・大師様に供えた。	鬼〈神様〉	目籠〈うどん〉	軒先、囲炉裏〈神棚〉〈仏壇〉〈大師様〉	月の八日はよくない日だという。	15)p.878
16	南埼玉郡宮代町	寝八日	2月8日	一つ目玉が来るといい、ミイケ(目籠)を竹竿にかぶせ、屋根に一晩たて掛けた。夜なべ仕事を休む。	一つ目玉	目籠	屋根	初午に赤飯を家の中の神様などに供える	16)p.30
		八日節句	12月8日	同上	同上	同上	同上		16)p.24
17	久喜市	コトヨウカ、八日節句	2月8日	朝のうちに軒の所に長竿を立て、その先に目籠を伏せて揚げて置く。この日の料理はケンチン汁に決まっている。本来はエビス講の信仰のように神が来て、また送り出すという神去来信仰にもとづく行事だと解釈されている。	一つマナコ、ネハローネハローという魔物	目籠	軒先	初午にスミツカリという独特の料理(大根料理)と赤飯を稲荷様に供える。	17)pp.326〜327

No.	地名	呼称	期日	行事内容	神・妖怪	掲示物・供物	空間	特徴	出典
17	久喜市	コトヨウカ、八日節句	12月8日	同上	同上	同上	同上		17) pp.326～327
18	幸手市	フイゴ祭り	12月8日	(フイゴ祭り写真)					18) p.552
19	川越市	八日節句	2月8日	「籠の目がふさがるほど金がたまり、福が来るのだという。メカイを母屋の屋根に立てかける。杉の枝を表と裏の入口にさしておく。ヨナベをすると、厄病神にとりつかれるという。	厄病神、魔物	目籠、杉の枝	屋根、表と裏の入り口	初午に正月の飾りものを燃やす。	19) p.368
		八日節句	12月8日	同上	同上	同上	同上		19) p.368
20	入間郡大井町		1月8日	鬼が来ないように竹の棒の先にメーカイをさして軒にかけたてておいた。この日囲炉裏ではネギを焼いた。正月の準備を含めた一連の正月の行事を中心として、盆前の行事は月遅れではなくなっており、盆を中心とした夏から冬にかけての行事は月遅れのままである。	鬼	目籠	軒、囲炉裏	恵比寿講11・1月20日。畑作地域。1月8日のみ。	20) p.255
21	上福岡市	八日節句	12月8日	長い物干し竿に、目の多いミーカイと呼ばれるザルをつけて飾る。魔除け。	魔	目籠			21) p.449

表 325

No.	地名	呼称	期日	行事内容	神・妖怪	掲示物・供物	空間	特徴	出典
22	富士見市	八日節句、師走八日	1月8日	この日には悪いものがやってくるので、それを防ぐためにミイカイを竹の先につけて軒に立てかけておく。	悪いもの	目籠	軒先	戦前まで。	22) p.325
23	志木市(目籠写真・下向き)ことはじめの文献あり	八日節句	2月8日	目籠を竹竿にかぶせ軒先にたけかける。ネギやガラギッチョなどを燃やし、その強い臭いで邪鬼などを追い払う。判子を押されるから履物を出さない。厳重な物忌をする。粥をつくる家もある。	一つ目小僧、悪魔、厄神	目籠	軒先、囲炉裏	針供養。目籠のない家ではうどん揚げ(水嚢)を竿にゆわえて立てた家もある。	23) pp.296〜299
		八日節句、師走八日	12月8日	同上。白いご飯を神様に供えるところもある。	同上〈神様〉	同上〈ご飯〉	同上〈神棚〉	12月8日のみのところもある。	23) pp.411
24	和光市	八日節句	2月8日	籠を家のトボグチに立てる。臭いものを燃やす。厄病除け。この日の食物は、米の御飯、ぼたもち、うどんなど普段とちがうもの。	厄病	目籠	トボグチ、囲炉裏	単に厄病除けだけではなく、祭りの夜のオコモリ的な要素がうかがえる。	24) p.391〜393
		八日節句	12月8日	同上	同上	同上		戦後まで。	24) p.391〜393
25	新座市	八日節句	2月8日	メカゴのまじない、ネギなどを燃やす、日常身に付けるものは家の中に取り込んでおく、	厄病神	目籠	軒先、囲炉裏	昭和30年頃まで。	25) pp.279
		八日節句	12月8日	毎年12月7日の夜から8日、9日の朝にかけて行った。	同上	同上		12月8日のみのところもある。	25) pp.307〜308

No.	地名	呼称	期日	行事内容	神・妖怪	掲示物・供物	空間	特徴	出典
26	比企郡川島町	八日節句、ことはじめ	2月8日	目籠を竹竿にかぶせて軒先に立てる。早く寝る日、夜なべ仕事をしない。家の中でネギを燃やす。うどんをつくる(飯島)。他の地区では日常と変らない。	鬼、悪いもの、一つ目小僧、悪魔	目籠	屋根、囲炉裏	針供養。ミカイのめがふさがるほどお金がたまり、福が訪れるという。物忌み。	26)pp.22～23
		師走八日、ことおさめ	12月8日	同様。12月8日のみのところもある。	同上	同上	同上	12月8日のみ。	26)pp.22～23
27	東松山市	コトヨウカ	2月8日	ミカイカゴ飾り、鬼の追い出しと呼んでいる。屋根に目籠、内ではネギをいぶす。	一つ目の鬼	目籠	屋根、囲炉裏	針供養。2月のみのところもある。	27)p.297
		八日節供	12月8日	この地域は12月8日のみ行うところが多いようである。	同上	同上		この地方は12月やる家がおおいようである。	27)p.318
28	入間郡都幾川村	コト八日	2月8日	メカイ・メカエを竹の先に逆さに付け、庭先にたてるのは県内と共通。囲炉裏でグミの木を燃やす。大野では一つ目小僧はグミが一番嫌いといい、庭でグミを燃やす。	一つ目マナク、一つ目小僧、厄病神、鬼	目籠	庭先、囲炉裏	針供養。2が8日のみ。	28)p.290
29	坂戸市(和歌森太郎の参考文献)	コト八日と言う言葉は知らない。	2月8日	県内と同様。5月の幟竿のような竿を立て、メカイを屋根に立てかけたりする。所によってはケンチン汁、小豆粥を食べた。	一つ目小僧、鬼、魔物	目籠	屋根	十二月より早くなくなった。もしくは、師走八日のみ行われるところが多い。けんちん汁・小豆粥。	29)pp.161～164

表　327

No.	地名	呼称	期日	行事内容	神・妖怪	掲示物・供物	空間	特徴	出典
29	坂戸市(和歌森太郎の参考文献)	師走八日	12月8日	12月8日のみのところが多いようである。	同上	同上		魔除けだけではなく、火災除け、年内無事などのいみがあるようである。	30)pp.225〜229
30	狭山市	師走八日	12月8日	県内の目籠、物忌伝承、厄病除けのネギの皮をいぶす伝承は同様。この日の晩まんじゅうかうどんを神様に供える。小豆粥・うどんをつくる。	厄病〈神様〉	目籠〈饅頭・うどん〉	軒先、囲炉裏〈神棚〉〈仏壇〉など	大正頃まで。	31)pp.255〜258
31	入間市	金山様	12月8日	野田では鍛冶屋がよい仕事ができるように祈願した。					32)p.290
32	鴻巣市	八日節供	2月8日	この日には鬼が婿に来るので鬼を払うためにミケーを家の軒先に立てる。	鬼	目籠	軒先		33)p.607
	八日節供	12月8日	同上	同上	同上	同上	昭和20年頃まで。		33)p.628
33	騎西町(ネロハ写真・下向き)(スみつかり写真)(参考文献)	ネロハ	2月8日	目の荒い笊を竹竿にかぶせて庭先に立てる。	一つ目玉の鬼	目籠	庭先	昭和の始め頃まで。中国の雲南省方面の村では似た行事がまだやっているという。	34)pp.291〜292
	ネロハ	12月8日	この日から正月を迎える準備が進められる。すすはらい、餅つき、注連飾り作り、年神棚作り、など	同上	同上	同上			34)pp.315〜316

No.	地名	呼称	期日	行事内容	神・妖怪	掲示物・供物	空間	特徴	出典
34	大里郡江南町		2月8日	長竿の先にメカエを付け、薪を一本入れ屋根に立てかける。囲炉裏の中で生ネギなど臭いものを燃やした。	鬼、悪魔	目籠	軒先、囲炉裏		35) p.277
35	児玉郡児玉町	八日節供	2月8日	メカイを軒先に出しておく。また、田端では、二月八日にコトの餅といって餅をつく。この餅を、子供の初正月の祝いをもらった家にお返しとして配ったものである。また、この餅を馬に背負わせて三本汁に送った。これは、初正月を迎えた子供の厄払いの意味であるという。	一つ目小僧	目籠	軒先、三本汁	2月8日のみ。餅つき。子供の初正月にもらった家に餅を帰す	36) p.685
36	秩父市	コトヨウカ、児の節句	2月8日	コトヨウカあるいは児の節句といっており、穀物をもみのついたまま近所からもらい、それで餅をついて近所の赤子のいる家に配る。				餅つき	37) p.45
37	秩父郡長瀞町	コト八日	2月8日	節分で追い出された鬼や厄神が行き場がなくて一つ目小僧か鬼などに姿を変えてもどってくるという。メカゴを吊るす。囲炉裏でグミのきなどを燃やす。	一つ目小僧、鬼	目籠	軒先、囲炉裏	針供養	38) pp.132〜133

表 329

表11 「コト八日」千葉県

No.	地名	名称	期日	行事内容	神・妖怪	掲示物・供物	空間	特徴	出典
1	野田市船形石川山	八日節句	2月8日	前の日、竿の先端に長ざるをかぶせ、軒に立てると朝その下に銭が落ちているという。	銭	目籠（竹竿）	軒		2) p.968
		八日節句	12月8日	ソバをうつ。		ソバ			2) p.968
2	柏市大青田地区	ヨウカゼック	12月8日	ほとんど見かけないが、籠を先に付けて軒先に立てる。(意味不明)		籠		針供養	5) p.41
3	柏市船戸地区	八日節句	2月8日	メカゴをたてる。		目籠			3) p.41
		八日節句	12月8日	前日に庭先にカゴをたて、朝早く親がお金を撒いておく。子供が起きると庭にお金が落ちてくると告げ、子供が拾う。		目籠（竹竿）、銭		銭をまく	3) p.46
		スス払い	12月8日	家族全員で行なう。					3) p.46
4	柏市根戸地区	恵比寿講	2月8日	カゴを逆さにしてたてる。これは恵比寿様に稼ぎに出る日。そしてお膳の御飯は恵比寿盛にしないという。	〈恵比寿様〉	目籠（竹竿）、〈ご飯〉	軒先、〈恵比寿様〉		3) p.109
		恵比寿講	12月8日	カゴを庭先にたて、恵比寿様が稼ぎから帰ってくる日。そして、2月の時とは違って、恵比寿盛したお膳を供えて感謝する。	〈恵比寿様〉	同上	同上	針供養	3) p.112
5	印西市	針供養	2月8日	殆ど行なわれなくなった。					6) p.374

No.	地名	名称	期日	行事内容	神・妖怪	掲示物・供物	空間	特徴	出典
6	流山市	八日節句	2月8日	前日に背負籠を長竿に付けて庭に立てる。この時に籠の口を上に向けておく。「お金が降ってくるのを受け止めるのだ」という。翌朝これを倒す。他地区では当日籠をたてている。なお、お金をうけるのではなく、籠を立てて下に金をばら撒く地区もある。		目籠（竹竿）、銭		針供養	4) p.147
7	鎌ヶ谷市	アンバ様	2月8日	若い衆の行事で、神輿を練り担ぎ、太鼓を叩いて村中を廻るものであった。一方、来ると各家では盆に載せたオサンゴ（おやつ）と實銭をわたす。これで若者衆は飯を炊き、酒などを買って楽しんだ。			飯、酒など	村の行事	5) p.41
8	佐原市	お恵比寿様	2月8日		〈恵比寿様〉				8) p.1091
		大黒様、お恵比寿様	12月8日		同上				8) p.1093
9	香取郡神崎町	恵比寿講	2月8日	恵比寿が稼ぎに出る日。マメができぬよう黄粉で餅を食べる。	〈恵比寿様〉	餅	〈恵比寿様〉〈大黒様〉		1) p.957
		恵比寿講	12月8日	恵比寿様が稼いで帰ってくる日。餅をついてささげの餡で食べる。	同上	同上	同上		1) p.957

表　331

No.	地名	名称	期日	行事内容	神・妖怪	掲示物・供物	空間	特徴	出典
10	成田市	恵比寿、大黒	2月8日	県内のエビス、大黒伝承と同様。この日は神棚においてある大黒様と恵比寿様をおろして座敷にかざり、きな粉餅、鮒などを供える。きな粉を使うのは大黒様が「マメに働いてくるように」という。(きな粉は大豆で作られたから)また一升枡にお金を入れて供えたりする。両者をあまり区別してない所もあり、混同されているところもある。	〈大黒様〉、〈恵比寿様〉	〈黄粉餅、鮒など〉	〈恵比寿様〉〈大黒様〉		10)p.341
		恵比寿、大黒	12月8日	同様。(郷部)ではこの日を「田の神オタチ」といって、田の神様が田から出てくる日とし、二月十五日に帰ってくると言う。	同上	同上	同上	田の神お立ち	10)p.363
11	香取郡大栄町	大黒様	2月8日	稼ぎに出かけていく日。	大黒様	〈金、御飯や餅をのせたお膳〉	〈大黒様〉		9)p.297
		大黒様	12月8日	稼いでくる日。お金を一升枡に入れて大黒様に供える。また、御飯や餅をのせたお膳をつくって供える。	同上	同上	同上		9)p.297

No.	地名	名称	期日	行事内容	神・妖怪	掲示物・供物	空間	特徴	出典
11	香取郡大栄町	そっちゃもこっちゃも	12月8日	南敷では、12月8日に念仏講の人達が大日塚に梵天を供えて祭り、念仏を唱える。これを大日講ともいう。そして村の人達がお参りに来た時、その参拝者に「そっつあもこっちゃも（そちらにもこちらにも）」と握り飯などを振舞っている。		梵天	握り飯		9)p.297
12	香取郡山田町	村祈祷	2月8日	その昔、厄病の流行を防ぎ、悪魔の退散を願って始められたことであって、榊をたて、徳星寺より大盤若経を奉じて村中の家々をまわった。戸別にお礼と榊を配る。	悪魔			村の行事	13)p.1273
		針供養	12月8日	この日針を使う女たちは豆腐に折れた針などをさして、針にお礼をする。					13)p.1281
13	香取郡干潟町	コトハジメ、ムラキトウ	2月8日	餅をつく。			餅	餅つき	2)p.550
14	香取郡海上町	村祈祷	2月8日	村の安泰を祈祷する日で、ご馳走をつくり神仏に供えた。			ご馳走	村の行事	14)p.128
15	八街町市	女おびしゃ	2月8日						1)p.959
16	長生郡百子町	茶あび	2月8日	二月八日育児に茶の子をかける。病災にかからぬ呪いである。					15)p.1044

表　333

No.	地名	名称	期日	行事内容	神・妖怪	掲示物・供物	空間	特徴	出典
17	長生郡長柄町	辻きり	2月8日	(辺田)では、竹に幣束をつけ梵天を作っておがみ、村境まで送り込んだ。これは主に行人が行なう。				針供養、村の行事	11)p.148
		茶あび	2月8日	(高山・月川・大庭)では、この日初子の場合、女の子は羽子坂、男の子は矢・弓を正月に親類などからもらうので、そのお返しとして親類・トリアゲ親、近所の人などを呼んで、赤飯を炊いたり、餅をついたりして祝う。その時、子供をミの中にいれ、上から茶の葉などをかけた。			赤飯、餅		11)p.148
18	長生郡長南町	茶あび	2月8日	育児のいる家では、疱瘡除けのためする。箕の中に座らせ箭(籠)をかぶせその上から茶をかけ頭を濡らす。				疱瘡除け	12)p.56
19	木更津市牛込	シャカマチ	2月8日	オシャカサマの命日といい、寒餅をついて、あられ・かき餅を作る。			餅		2)p.551

表12「コト八日」東京都

No.	地名	名称	期日	行事内容	神・妖怪	掲示物・供物	空間	特徴	出典
1	大田区（荒神に供えるヤッカガシ/写真）	コトハジメ・コトオサメ	2月8日	①オコト汁と呼ばれるケンチン汁をつくり、神棚にそなえ、皆でいただく。②（馬込）では小豆をオコト汁に入れており、この12月のオコトより正月十五日の小豆粥までは家で小豆を煮てはいけないとしている。ヨウカゾと呼び籠や笊をかぶせ軒先に立てている。	〈神様〉	〈オコト汁（ケンチン汁）〉	〈神棚〉	どちらかをことはじめ・ことおさめと呼んでいる。戦前まではどの家でもやっていたが、昭和40年代には数件となっていた。	1)p.190
		コトハジメ・コトオサメ	12月8日	同上。正月の神事の初め・納め。一年のさまざまな神事の初め・納めといわれる。	同上	同上	同上	12月25日にミカワリバアサンの伝承がみられる。ミカリ（ミカワリ）団子を串にさし、玄関や家の四隅に立てる。この団子はシイナ米やくず米からつくられる。また団子を軒下、神棚、玄関・雨戸の戸袋におくところもある。	1)p.190
1	大田区（荒神に供えるヤッカガシ/写真）	ヨウカゾ	2・12月8日	ヨウカゾと呼び籠や笊をかぶせ軒先に立てている。	鬼、ひとつ目小僧	目籠	軒下	八日節句は掲示物の目籠のみ	

表 335

No.	地名	名称	期日	行事内容	神・妖怪	掲示物・供物	空間	特徴	出典
2	世田谷区奥沢	ミカワリバアサン	12月8日	ミカワリバアサンがやって来るといわれる。①団子を作り串に刺し、家の軒に刺しておいた。またそのような串を何本か作り、1升桝の上に載せオカッてに供える家もあった。②団子の他にメカゴを家の外にだしておく。	ミカワリバアサン	目籠、団子	屋根、軒(団子)	12月8日のみ。ミカワリバアサンは怖いバアサンだがメカゴの目を見て逃げるという。12月25日のミカワリバアサンの伝承とほぼ同様	2)p.90
3	世田谷区松原	メカリバアサン	2月8日	メカリバアサンから目を守るため目が沢山あるカゴを軒に吊るす。	メカリバアサン	目籠	軒先	2月8日のみ。12月8日は針供養。10月20日の恵比寿様にはオハギをあげる家がある。	3)p.34
4	世田谷区下北沢	ヨウカゾウ、ミカワリバアサン	12月8日	ヨウカゾウといい細長い籠をかぶせて立てかけた。	ミカワリバアサン	目籠	軒先	12月20日の「恵比寿・大黒」には神棚にそばを供える。2月8日針供養。	4)p.46
5	世田谷区大蔵	ヨウカゾウ	2月8日	メザルなどを物干し竿の先に被せて庭に立てた。	厄病神	目籠	庭	針供養	5)pp.79〜80
6	世田谷区用賀	オコトハジメ	2月8日	夜に、神棚へ御飯・お神酒・燈明を供える。仏壇に煮しめ・御飯・水を供える。	〈神様〉	〈御飯・お神酒・燈明など〉	〈神棚・仏壇〉	現在では行なう家と行なわない家がある。	6)p.82
6	世田谷区用賀	コトオサメ	12月8日	米飯を神棚に供える。	同上	〈米飯〉	〈神棚〉	現在は行なってない。	6)p.86
7	中野区鷺宮	オコトジマイ	2月8日	12月と同様。釈迦様がなくなった日であり、福蔵院でお経を唱えながら鉦を叩いた。				12月から1月にかけては麦踏み、前月からの大根仕事で忙しいという。	7)p.43

No.	地名	名称	期日	行事内容	神・妖怪	掲示物・供物	空間	特徴	出典
7	中野区鷺宮	オコトハジメ	12月8日	コトハジメというところでは、この日からススハキ、餅つきなどの正月の準備を始める。煤払いを12月13日に行うところもある。また、12月20日から28日までの間に、正月の餅つきを行うところもある。	同様	同様	同様	戦後のすぐ頃までは毎年だったが、今ではソバアゲを玄関に結わきつけてすませようとする。	7)p.54
		ヨウカド	2007-02-08	この日はヨウカドといって、棒の端に籠をさして家の入り口に飾る。これはヨウカドの日のだけのことで、翌日には片付ける。	鬼	目籠		ここではコトハジメといった記憶がないという。	
8	豊島区	オコトハジメ	2月8日	野菜を入れた小豆粥を作る。特に行事は行なってない。				この日から農作業が始まるという。小豆粥	8)p.133
9	坂橋区	八日節句、コトオワリ、セツガワリ	2月8日	魔除けとしてメーケを竹竿にかぶせて屋根の上に立てる、サイカチの実を燃やして悪臭をたてる。	鬼、魔物	目籠	屋根・軒先、かまど	新暦では月遅れで3月8日に行なう。戦後からはやってない。	9)p.163
		コトハジメ・コトオサメ	12月8日(1月8日)	コトハジメは正月行事の開始の意味で、コトジマイは農作業の終わりともいわれる。コトハジメの所では家によってはケンチン汁を食べる。ご馳走を作って食べた。	同上	同上	同上	1月8日の月遅れがみられる。家によってはおコトジマイという。けんちん汁。	9)p.178
10	荒川区南千住	おコトオサメ	12月8日					針供養	10)p.160
		鞴祭							
11	三鷹市井口	八日節句	2月8日	伝承は薄れているが、前の晩から軒先にメカイ（目籠）を吊るしたという。	鬼	目籠	軒先		28)p.551

表　337

No.	地名	名称	期日	行事内容	神・妖怪	掲示物・供物	空間	特徴	出典
11	三鷹市井口	すすはき	12月8日	その日の夕方、神棚にお神酒、散らしずしを供える。オニグチが来るといって、ミカイを軒先につるす。	鬼〈神様〉	同上、〈御神酒、ちらし寿司〉	同上〈神棚〉	すすはきの名称から正月のハジメのように思われる。	28) p.560
12	国分寺市国分寺村	ヨウカゾウ、ヨウカドウ	2月8日	カゴや笊を軒端へ立てかける。ネギの皮を燃やす。③履物を外に出してはいけないという。履物に判をおされると病気になるという。家によっては、カゴを上に向けてつけるのが二月の時、カゴを下に向けてつけるのが十二月であるという。	魔物、一つ目小僧	目籠	軒先、囲炉裏	年二回する家と一回だけの家がある。家によっても行事内容がすこし違う。	11) p.115
		ヨウカゾウ	12月8日	同上	同上。悪病神	同上		ネギの皮はヨウカゾウじゃなきゃ燃やしちゃダメだという。	11) p.115
13	調布市	ヨウカゾウ、コトハジメ・コトオサメ、「フセギ正月」	2月8日	①ミケエバアサン・鬼・厄病神の来訪伝承②魔除け・目籠伝承③白御飯・オコト汁（ケンチン汁）を灯明とともに神棚・仏壇に供える。④「フセギ正月」のフセギは「疫神祭病魔退散之＊」という木礼のようなものに黒書しておいたもの。これを金子の稲荷社でみんなが集まったなか、神主にこれを祓ってもらう。各家にひとつずつわたされると、家の屋敷の入り口に打ち付ける。こうすると、悪魔・疫病神が入ってこないという。	ミケエバアサン、鬼、厄病神	目籠〈白御飯・オコト汁（ケンチン汁）〉	軒先、囲炉裏〈神棚・仏壇〉	①コトハジメ、コトオサメともよばれるが、一概に限定しがたい。②旧金子のみの「フセギ正月」は2月8日に鬼や疫魔の来訪が調布において一般的であるのを示すと思われる。針供養	12) p.429

No.	地名	名称	期日	行事内容	神・妖怪	掲示物・供物	空間	特徴	出典
13	調布市	ヨウカゾウ、コトハジメ・コトオサメ	12月8日	同上。目籠伝承(ヨウカゾウ)、針供養は12月8日が中心。	同上	同上	同上	来訪者とカゴをあげる理由について様々な話(伝説)が存在する。	12)pp.468〜469
14	保谷市	コトヨウカ	2月8日	①この日は鬼や悪いものが来るとか、泥棒よけになるなどいって、うどんを上げるアゲカンゴを家の外の柱に結わえるか、ミイケを屋根にたてかける。②刺激性の強いものを焼いて煙を立てる。③履物を外にだしておかない。	鬼、悪いもの	目籠	屋根、囲炉裏	この市では2月に主に行われた。第2次世界大戦後しばらく行なった。	13)pp.358〜359
		コトヨウカ	12月8日	同上	同上	同上	同上	行なう数は少ない。	13)pp.358〜359
15	清瀬市(目籠写真・下向き)(がらぎょっちょの実と木写真)	ことはじめ	2月8日	2月8日をコトハジメ、12月8日をコトオサメというところでは下総ではことはじめに大黒様の去来伝承が見られる。	〈大黒様〉	〈供物〉	〈大黒様〉	大黒様の例から、本来疫神ではなく、農耕の神であり、神迎えのために家に忌みこもったことから疫神になったと解釈が書かれている。	14)pp.665〜666
		ことおさめ	12月8日	同上	同上	同上	同上	先人たちは季節に敏感であり、その変わり目にごとに神々の去来を感じとっていたと説明。	14)pp.665〜666
		八日節句、師走八日	2・12月8日	2月8日の「八日節供」12月8日の「師走八日」の行事としてメカイを屋根にたてかけておく。夜はネギなど臭いものを囲炉裏でいぶす。	魔物	目籠	屋根、囲炉裏	清瀬市の節分は臭気を出す。	

表　339

No.	地名	名称	期日	行事内容	神・妖怪	掲示物・供物	空間	特徴	出典
16	武蔵野村山市	針供養	2月8日	豆腐や蒟蒻に古い針や折れた針をさして供養する。					15) p.417
17	東大和市	針供養	2月8日	武蔵野村山市と同様、門口に目籠を下げる「事八日」の名残りもうかがえた。		目籠	門口		16) p.90
18	昭島市	おいのこ	2月8日	妖怪の邪気を払うやめ目カゴを立てる。ネギを焼く。カブ団子を食べる。	鬼、ひとつ目小僧	目籠	軒先	カブ団子	17) p.141
		おいのこ、フイゴ祭り	12月8日	同上、この日鍛冶屋などん輔を使う家で行なう。ヤケドをしないという俗信があり、子供達は早起きして俵に入ったみかんをもらいに行った。	同上	同上	同上	12月1日は牛の正月といい、牡丹餅をつくる。市内では一般的。	17) p.151
19	八王子市小津、松木	ヨウカゾウ	2月8日	7日の晩に目籠を軒先に吊るす。	魔物	目籠	軒先	1月8日・12月8日に行うところもある。	18) p.84、 28) p.551
		ヨウカゾウ	12月8日	メカゴを吊るすことはなくなったが、夕飯に白米の御飯にケンチン汁をする。				けんちん汁	28) p.560
20	多摩市	ヨウカゾウ	2月8日	目籠または篩をかけた。山からグミの木を切ってきて囲炉裏にくべた。グミの生木は燃える時悪臭を出す。履物を家の中にしまっておく。一つ目小僧に判を押されるという。団子と蕪を茹で、餡をまぶして食べたこともあった。	一つ目小僧	目籠	玄関、軒先、囲炉裏	両日とも行なわれるところでは1月14日の夜、セーノカミところで焚き上げをする(一つ目小僧と道祖神の伝説)。	19) p.525

No.	地名	名称	期日	行事内容	神・妖怪	掲示物・供物	空間	特徴	出典
20	多摩市	ヨウカゾウ	12月8日	同上	同上	同上	同上		19)pp.541〜542
		コトハジメ・コトオサメ	2・12月8日	所によっては、コトハジメ、コトジマイだといっている。					
21	稲城市	ヨウカゾウ	2月8日	竿の先に四つ目笊を掛けて屋根に立てかけておく。履物や馬などを出さない。焼印を押されると凶事がある。ソバ、団子を食べる。	メカリバアサン（魔女）	目籠	屋根	そば・団子	20)p.957
		ヨウカゾウ	12月8日	同様、落穂・しいな米で作った団子を供える。餅・牡丹餅を食べる。	同上	同上	同上〈場所不明〉	牡丹餅	20)p.963
22	町田市	ヨウカゾウ	2月8日	一つ目小僧やメカリ婆さんなどの妖怪がくるという。下駄を外に出しておくと一つ目小僧が印をおしてゆき、それをはくと病気になると言う。グミの生木を燃やし悪臭をたてる。庭へ竹棒につけた目籠をだす。	一つ目小僧、メカリ婆さんなどの妖怪	目籠	庭	ここにも一つ目小僧とサイのカミの昔話が存在する。	21)p.32
		ヨウカゾウ	12月8日	同様、(昔話)一つ目小僧がこの日来て、年災を与える家をつけた手帳を12月8日まで預けることになる。	同上	同上	同上		21)p.32
23	羽村市	鬼の来る日	12月8日	夕方、目籠を軒につるす。	一つ目の鬼	目籠	軒	履物をしまう習俗は八王子市南部から町田市にかけている。2月8日針供養。	22)p.38

表　341

No.	地名	名称	期日	行事内容	神・妖怪	掲示物・供物	空間	特徴	出典
24	青梅市	針供養	2月8日	日頃から集めておいた古い折れ針を豆腐に刺し、お明かりをあげる。				同じオッショサンの家に通った年寄りでも80歳以上の人には記憶がなく、聞けるのは60〜70歳くらいの人からである。	23)p.219
25	西多摩郡日の出町	八日節句	2月8日	常口に目籠を吊し、竈でグミを燃やし悪臭を出し、履き物を片づける。モロコシ粉でブッツケ団子を作って食べる。	一つ目小僧	目籠	常口(屋敷の入り口)、かまど	団子。両日ともにコトハジメだと言われる所がある。針供養	24)p.745
		防ぎ吊り	2月8日	魔物が入ってこないようにと、集落の入口の道の両脇に青竹を立てて注連縄を張り、その真ん中にお宮からいただいてきたお礼を吊るす。簡略化して、道の端の木の枝にお礼を付けた注連縄を丸めて掛けて置くだけのところもあったという。(大久野)では防ぎ吊り各家ごとにしていることが多い。	魔物	お礼(注連縄)	集落の入り口	集落の入口の道の両脇に青竹を立てて注連縄を張り、その真ん中にお宮からいただいてきたお礼を吊るす。	24)pp.745〜746
		山の神	2月8日	この日には、山に入ることを忌み嫌う。山仕事をしている人達は仕事を休み、山の神に御神酒をあげて祀り、山仕事の安全を願った。	山の神			山仕事を休む。	
		八日節句	12月8日	同上	同上	同上	同上		24)pp.745〜746

No.	地名	名称	期日	行事内容	神・妖怪	掲示物・供物	空間	特徴	出典
25	西多摩郡日の出町	防ぎ吊り	12月8日	同上	同上	同上	同上		24)pp.745～746
26	大島町	目一つ小僧様	2月8日・4月8日・12月8日	物忌に基づく行事も多く行なわれている。むすび（黄粉を摘んで載せたもの）を握り、親兄弟にも配る。屋敷の入口の杭の頭に三崎笊が被せてあった。	目一つ小僧	目籠（三崎笊）	屋敷の入り口	むすび（牡丹餅）。大島では、この二、四、十二月の八日を目一つ様を祭る日だという。山仕事を休む。	25)pp.181～182
		おこと様、ことはじめ	2007-02-08	ボタモチをつくり、神棚に供える。なお、親兄弟にも配り、コトハジメの祝い日だという。	〈神様〉	〈牡丹餅〉	〈神棚〉		
		ことおさめ	12月8日	同上	同上	同上	同上		25)pp.181～182
27	利島村	コトオサメ（八日餅）	2月8日	餅を月の数だけ（閏年なら13）枡に入れて神々に供える。この日は普段食べないような珍しいものを食べる。	〈神様〉	〈餅〉	〈神棚〉	普段食べないような珍しいものを食べる。	26)p.1084
28	新島村	コトハジメ・コトオサメ	2月8日	コトハジメで餅を搗いて供える。一臼餅はついてはいけないといって、二臼以上搗くことになっている。	〈神様〉	〈餅〉	〈神棚〉	コトハジメともコトオサメとも言うようである。餅つき	27)p.961
		師走様、十三社神社大祭	12月8日	十三社神社大祭は一年の安全、豊年万作を祈願する。					27)p.971

表 343

表13 「コト八日」神奈川県

No.	地名	名称	期日	行事内容	神・妖怪	掲示物・供物	空間	特徴	出典
1	川崎市大師河原	8日ドウ	2月8日	両日に8日ドウが来た。目籠を竿の先につけて軒先に出し、ケンチン汁や大根ナマスを作った。	8日ドウ	目籠	軒先	ケンチン汁、大根ナマス	19) p.29
		8日ドウ	12月8日	同上	同上	同上	同上		19) p.29
2	麻生区柿生		2月8日	竹の竿にメザルをつけて立てる。山のグミを燃やす。ソバを食べる。遠出を避ける。	メカリバアサン	目籠	軒先、囲炉裏	ソバ	22) p.49
			12月8日	同上	同上	同上	同上		22) p.49
3	麻生区畑山	メカリバアサン	2月8日	ザルを屋根の上に立てる。履物を外に置かない。メカリバアサンには履物の半が押されると大病するといわれる。	メカリバアサン	目籠	屋根	2月をコトオサメ（正月の用事を終わる）	22) p.49
		メカリバアサン	12月8日	同上	同上	同上	同上	12月をコトハジメ（正月の用事を始める）	22) p.49
4	麻生区上黒川	ヨウカゾウ	2月8日	囲炉裏でグミの木を燃やす。帳つけバアサンは履物に印をおす。	メカリバアサン、一つ目小僧	目籠	軒先、囲炉裏		22) p.49
		ヨウカゾウ	12月8日	同上	同上	同上	同上		22) p.49
5	多摩区生田（栗谷）	ヨウカゾウ	2月8日	メザルを出入り口につるす。団子を食べる。履物を外に置かない。出商売を休む。	メカリバアサン	目籠	軒先	団子	22) p.49

No.	地名	名称	期日	行事内容	神・妖怪	掲示物・供物	空間	特徴	出典
5	多摩区生田(栗谷)	ヨウカゾウ	12月8日	同上	同上	同上	同上		22)p.49
6	多摩区西長沢	ヨウカゾウ	12月8日	目籠を立てる。厄病神・慎ましい人・大金持ち病人の名をつけた帳面をサイの神に預けていく。	メカリバアサン	目籠	軒先	ツジョ団子	22)p.48
7	多摩区東長沢	ヨウカゾウ	12月8日	ツジョ団子を供えて火難を避ける。	ミカリバアサン			ツジョ団子	22)p.48
8	横浜市港北区鴨居町中村	ヨーカゾー	2月8日	一つ目小僧・目籠伝承。また、12月8日は子が祝い、2月8日は親が祝う日であって、小豆粥をこしらえて仏壇、床の間に供える。小豆粥は米・小豆・手打ちソバを切ったものをいれて作る。	一つ目小僧	目籠〈小豆粥〉	〈神棚・仏壇〉	12月8日は子供祝い、2月8日は親祝い。	21)p.189
		ヨーカゾー	12月8日	同上	同上	同上	同上		21)p.189
9	横浜市港北区市ヶ尾町中里	ヨーカゾー	2月8日	悪い日だと言って、ソバやおこわなどを変わったものを作って内祝いをした。この日外に出るとけがをすると言って、牛馬を引く人はこの日を除けた。ツジョウダンゴを暮のいつかに作った。稲穂をカナオキでこいだ時に足元に落ちた米粒を拾って、きれいに洗って、ダンゴにしたものである。	一つ目小僧	目籠、団子〈そば、赤飯〉	軒先、柱〈神棚など〉	外に出かけない。牛馬を引く人は仕事を休む。	21)p.190

表 345

No.	地名	名称	期日	行事内容	神・妖怪	掲示物・供物	空間	特徴	出典
9	横浜市港北区市ヶ尾町中里	ヨーカゾー	12月8日	目籠・ダンゴスクイは魔除けの意味。御飯に炊けないような悪い米を粉にして団子を作り、二、三個を串にさし、柱に縄をしばって串を一本さしておくとお婆さんが食べて帰るという。	メカリ婆さん	同上	同上		21)p.190
10	逗子市	一つ目小僧	12月8日	今夜は一つ目小僧が来るからといって、目が大きく目の多いザルを屋根のヒサシに柊の葉を挿して伏せておいた。	一つ目小僧	目籠（柊）	屋根		2)p.218
11	城山町（目籠の吊したての写真）	一つ目小僧	2月8日	グミの木を囲炉裏で燃やす。玄関前に竹竿の先に目籠を吊し、（中には柊をさし）立てる。判が押されるから履き物を外に出さない。この日山に入らない。けんちん汁を作る。	一つ目小僧	目籠（柊）	屋根、囲炉裏	江戸時代の随筆集『年々随筆』。一つ目小僧を「帳つけ番頭」というところもある。けんちん汁。	3)pp.36〜37
		一つ目小僧	12月8日	同上	同上	同上	同上		3)pp.36〜37
12	津久井郡藤野町	コトオサメ	2月8日	12月13日の「ことはじめ」に対する。一つ目小僧のことを「帳つけ番頭」といっている。	一つ目小僧	目籠	軒先	12月13日がコトハジメ。12月8日針供養。	18)p.786
13	愛甲郡清川村	八日ゾウ	12月8日	ユルリでグミを炊く。門口に目の多いものを出し、履物を家にしまう。	八日ゾウ	目籠	軒先、〈囲炉裏〉		20)p.560〜561

No.	地名	名称	期日	行事内容	神・妖怪	掲示物・供物	空間	特徴	出典
14	座間市	八日ゾウ(コトジマイ)	2月8日	①一つ目小僧(厄病神)が来る日といわれ、目籠・ふるい・笊・大籠など目の多い竹籠を軒先や戸口に吊しておく。(入谷)ではこの竹籠の下に小豆飯を供えておくという家や、鰯の頭などを柊の枝にさして軒に吊しておくという家もみられる。②この日は悪い日なので馬を外に引き出すな、山仕事をするものではない、子供が夕方まで外で遊んでいると一つ目小僧にさらわれる。下駄などを外に出さない。③道祖神との伝説がよく聞かれる。④家々ではこの日、蕎麦やウドン、あるいは小豆飯・小豆粥などをつくって食べるが、小豆を入れた味噌汁をつくって食べる家もよく見られこの汁をオコト汁と呼んでいる。	一つ目小僧	目籠、小豆飯、鰯の頭、	軒先、軒先の下、戸口	山仕事を休む。蕎麦、ウドン、小豆飯、小豆粥、オコト汁(けんちん汁)。一つ目小僧は12月8日の八日ゾウに村々を回り、家々の家族の人数や所業などを調べあげて帳面に記し、その帳面を道祖神に預けていくものの塞土祓いの火(どんどやき)でそれを焼かれてしまったと道祖神が一つ目小僧に言い訳をするとの話。	4)pp.508〜509
		八日ゾウ(コトハジメ)師走八日	12月8日	同上	同上	同上	同上	12月をとくに師走八日とよぶところが多い。	4)pp.508〜509
15	大和市	ヨウカゾウ	2月8日	目籠伝承、一つ目小僧に焼き判をおされると病気になるといわれ履物をださない。	一つ目小僧	目籠	軒先		5)p.190

表 347

No.	地名	名称	期日	行事内容	神・妖怪	掲示物・供物	空間	特徴	出典
15	大和市	ヨウカゾウ	12月8日	同様。一つ目小僧が翌年に災厄をつける家を帳面につけて、帰りがけに道祖神に預けて、二月のこの日に取りにくるという。それをやいてしまうのが1月15日のセートヤキであるといわれる。	同上	同上	同上		5) p.190
16	海老名市	ヨウカゾウ	2月8日	目籠を家の入り口にかけておくもうしく吊しておいた。団子を柳の枝にさし戸口に一年中さしておく。それに目籠をつける所もある。おこと汁を供える。(杉久保)では昔は餅をついたが、今でも家によっては五目飯をつくるという。	一つ目小僧	目籠、団子〈おこと汁〉	家の入り口、軒先〈神棚など〉	「今日は八日だぞ」といい、忌み慎むべき日。『郷土風俗誌』のおこと汁の供え。	6) p.487〜488
		ヨウカゾウ	12月8日	大和市と同様。道祖神、セイトバレエとの関連が見られる。	同上	同上	同上		6) p.487〜488
17	綾瀬市	ヨウカゾウ	2月8日	竿の先に、目一つ小僧は、人に病気や災厄をつけにまわっているとか、子供をさらいに来るという。目一つ小僧は履物に災厄をつける印のための判を押すというので、この日は履物をきちんとしまう。	目一つ小僧(一つ目小僧)	目籠	屋根		7) p.254

No.	地名	名称	期日	行事内容	神・妖怪	掲示物・物・供物	空間	特徴	出典
17	綾瀬市	ヨウカゾウ	12月8日	同様。道祖神・1月14日セエトバライと関係するの話がよく聞かれる。迷信のようだが、道祖神によって災厄をはらうことができるという。この日の晩に豆腐・野菜・小豆をいれたオコト汁、またはハラワタ汁ともいう味噌汁を食べた。小豆の入るものは魔を払うという。	同上	同上	同上	おこと汁、味噌汁（ハラワタ汁）、小豆の入るもの。	7) p.267
18	藤沢市	ヨウカゾウ、ヨウカドウ、オヨウカサマ、コトオサメ	2月8日	①うどん、そば、麦飯などふだんと違うものを神に供えたり、家族が食べたりする。②両日のコトハジメ、コトオサメという呼称の混在がある。③いずれの地区でも目一つ小僧の伝承があり、目籠伝承、謹慎するという行為が行われている。④（石川）では福の神として稲の種をもたらした目一つ小僧の伝承からは両日が稲作に伴う儀礼として考えられ、その神を送り迎えするための祭りごとであると思われる。⑤小正月に行なわれる道祖神まつりのサイとヤキとの結びつきが多く見られ、ここでは厄神である。履物をしまい、門口に笊をかけてその笊に柚子や柊をさしておく。	目一つ小僧(一つ目小僧)	目籠(柊)、柊、〈うどん・そば・麦飯など〉	軒先、門口〈神棚〉など	コトハジメ・コトオサメの混同。田の神・年神の去来。2月1日をオタチオサメ・オサメノツイタチという。正月行事がすべて終わったとして、年神や正月の飾りを取り払う。正月の飾りは14日のサイトで燃やしてしまうが、年棚などの内飾りはこの日まで残しておくことが多い。	8)pp.593〜596

表 349

No.	地名	名称	期日	行事内容	神・妖怪	掲示物・供物	空間	特徴	出典
18	藤沢市	ヨウカゾウ、コトハジメ	12月8日	この日をコトハジメとも読んでこの月から正月の祭事が始まると解釈され、二月八日のコトオサメで終わると言う。また目一つ小僧の来訪伝承や目籠などを門口に吊るす伝承は二月と同様。	同上	同上	同上	12月8日を事始(正月の祭事のはじめ)という場合が多い。柊や鰯の頭を焼いてさす、ヤッカガシはだいたい節分の行事。	8) p.634
19	茅ヶ崎市	ヨーカゾー	2月8日	暮の八日と同じく、目一つ小僧がくるといい、目籠やソバスクイを高い所にかける。ソバやアズキの飯をつくり、豆腐のお汁をよく作った。	目一つ小僧	目籠	ソバやアズキの飯、豆腐のお汁	針供養。ソバやアズキの飯、豆腐のお汁	9) p.565
		師走八日	12月8日	同様。夜、履物を外に出しっぱなしにすると目一つ小僧が焼印を押していくという。小豆飯にケンチン汁がこの日の料理。オコト汁という。	同上	同上	小豆飯、オコト汁	針供養。小豆飯、オコト汁	9) p.575
			12月8日	(柳島)では子供達何人かが、藁で1〜1.5メートルの棒をつくり、村の中の家々の庭を叩いてまわる。他の村では聞かない。					9) p.575
20	高座郡寒川町	ヨウカゾウ	2月8日	12月8日と同様。	同様	同様	同様		10) p.349

No.	地名	名称	期日	行事内容	神・妖怪	掲示物・供物	空間	特徴	出典
20	高座郡寒川町	ヨウカゾウ	12月8日	玄関の入り口か軒下に目籠をさげておく。また、一つ目小僧がその家に災いの印を書いていくので、下駄などを外においてはいけない。なお、子供の心に怖い存在。夕飯にうどん、蕎麦、赤飯、オコト汁などを食べる。	一つ目小僧	目籠	玄関の入り口・軒下	うどん、蕎麦、赤飯、オコト汁	10)p.349
21	伊勢原市	コト八日	2月8日	現在特に行事もなく、オコト汁を作って食べるくらいである。一つ目小僧・目籠伝承、ひいらぎを門口にさす。子供は普段より布団をふかくかぶり早く寝る。				針供養	11)p.476
22	平塚市(針供養塔写真)	目一つ小僧(事八日)	2月8日	一つ目小僧、目籠、物忌伝承、オコト汁を食べる。伝承など県内と同様。	目一つ小僧	目籠	軒先	大根・豆腐・小豆などを入れたオコト汁。十日団子(土穂・ツジョウ団子)。	12)p.605
		目一つ小僧(事八日)	12月8日	同様。ただ、訪れた目一つ小僧はみんなの悪事を帳面に記し、その帳面をセエノカミに預けて帰って二月に取りに訪れるので、セエノカミの火祭り(ドンドヤキ)はその前に帳面を燃やしてしまうために行うのだという伝承が十二月のにはついている。	同上	同上	同上	「今日は八日だぞ」といい、忌み慎むべき日。『郷土風俗誌』のおこと汁の供え。「師走のコトハジメ、2月8日のコトジマイという言い方(あるいはその逆)あり、両日は同じことをすべきだという。	12)p.626

表　351

No.	地名	名称	期日	行事内容	神・妖怪	掲示物・供物	空間	特徴	出典
23	中郡大磯町	目一つ小僧	12月8日	一つ目小僧、目籠を軒先に立てる。子供達は一つ目小僧が泣いたとか泣かないか調べに来るからおとなしくしろと言い聞かせられるので、この日だけは絶対なかない。もし泣くと帳面につけられ、その帳面をセエの神さんへ預け、14日のセエトウバライの日に取りに来る。しかしセエの神さんが燃やしたというと諦め、また、来年持ってくるといって一つ目小僧は帰っていくのである。この日ソバを作り神様へあげ晩に家族で食べる。	一つ目小僧〈神様〉	目籠	軒先	12月1日は、「おさめの一日」で赤飯を神様へあげる。1月14日の晩ソバを作って神様へあげ家族で食べる。	13)p.26〜27
24	秦野市平沢村字小原	目一つ小僧	12月8日	十二月八日に、目一つ小僧が訪れるといわれ、履物は外に置いてはいけないとされ、長い竹竿の先に目籠を吊るす、これはめが沢山あるので目一つ小僧が退散してしまうという。	目一つ小僧	目籠	軒先	12月8日のみ。屋内へ供物はみあたらない。	14)pp.238
25	足柄上郡山北町	目一つ小僧	2月8日	2月8日を行うところとやらないところもある。					15)pp.290〜291
25	足柄上郡山北町	目一つ小僧、師走八日	12月8日	目籠を立て、野ぐみの臭い木をイロリでもやす。目一つ小僧が判をおすから履物を外にださない。赤飯ををつくり夜を静かにすごす。	目一つ小僧(八目小僧、三つ目小僧)	目籠、鰯の頭	軒先、囲炉裏	赤飯	15)pp.290〜291

No.	地名	名称	期日	行事内容	神・妖怪	掲示物・供物	空間	特徴	出典
26	足柄上郡開成町	師走八日、一つ目小僧、目一つ小僧	12月8日	①正月準備の始まり、正月期間（12月8日〜1月13日）②一つ目小僧、目籠伝承、帳面を道祖神に預ける伝承など県内と同様。③目籠（メーケゴ）の代わりに柊をさす。トゲがあるから来ないと言う。④下駄などを外にださない、子供をなかせない、家に早く帰ってくるなど物忌が厳しい。④ネギをくべて家の中をくさくした。⑤（上延沢）では目籠を軒先に立てるとともに、神様にケンチン汁をつくってあげる。ケチンボ餅をついて家だけで食べる。おはぎ・かぼちゃを食べる。また、家の隅にに塩をふったり、水を三回ずつ湿らせた。魔、火事除けのいみである。	目一つ小僧（一つ目小僧）〈神様〉	目籠、柊、〈ケトン汁〉	軒先（玄関先）、囲炉裏、〈神棚など〉	一つ目小僧は山からやってくるという。関東大地震（大正十二年）以前まで、戦後は殆ど行なわれない。2月8日の行事と対応していない。正月準備の始まりが12月8日であり、1月13日をもって終了する。	16)pp.279〜281
27	足柄上郡大井町・中井町	師走八日	12月8日	一つ目小僧が訪れ、それを防ぐため、朝早く、メカイを竿の先につけて玄関先に高く上げた。今はやっていない。	一つ目小僧	目籠	玄関先(軒先)		17)p.82

表　353

表14 「コト八日」山梨県

No.	地名	名称	期日	行事内容	神・妖怪	掲示物・供物	空間	特徴	出典
1	西八代郡三珠町大塚	親祝	2月8日	子が親を呼ぶ。					1) p.552
		子祝	12月8日	親が子を呼ぶ。				針供養	1) p.562
2	西八代郡下部町大炊平	初午	2月8日	稲荷社の祭。		〈三角餅〉		12月8日針供養	1) p.552
3	南巨摩郡早川町	風の神送り	12月8日	各戸で紙の旗へ「風の神送り」と書いて寺へ集まり坊さんを先頭にして「風の神送れ」と唱えながら川原に出て旗を川へ流す。	風の神	紙の旗	川	ムラの行事	1) p.562
4	南巨摩郡福沢町福士	薬師詣り	2月8日	徳間寺の境内に有り。				昔は若衆が神楽をやった。	1) p.552
		風の神送り	12月8日	徳間では戸毎に縄4ひろにしめをつけ、八幡社に進ぜ神主が払いをして部落の川を越して高く張るといい矢島はカツの木かフシの木を薄く削ったものに神主がモジを書いたものを各組の境毎立て杉の葉で輿を作り「御送神を御送ると」と唱えながら若衆が村境に送ったという。	風の神		ムラ境	徳間は土用の丑の日といい矢糸では12月8日だという。	1) p.562
5	北巨摩郡須玉町比志	お八日様	2月8日	道祖神へ藁馬を引いていく。					1) p.552
		針供養	12月8日	婦人会や女子供がやる。蒟蒻に針をさす。					1) p.562

No.	地名	名称	期日	行事内容	神・妖怪	掲示物・供物	空間	特徴	出典
6	北巨摩郡若神子	針供養							1) p.562
7	南都留郡道志村	ほうそう神送り	2月8日	年寄りが5色の幣を切って各戸に配り組長の所では、村からオセンジを集め赤飯を炊き子供などに分ける。また、組長の処では大数珠を座敷に広げ、太鼓を打ち念仏を唱える。	疱瘡神			戦前まで行なわれた。	1) p.552
8	南都留郡勝山村	お八日	2月8日	親が子を招く日とした。嫁に行った者、分家した者など全部を招き楽しい一夜をすごした。食べ、飲み、泣く同胞だけの楽しい日とした。					1) p.552
		汚八日	12月8日	同上					1) p.562

表 355

表15「コト八日」静岡県

No.	地名	名称	期日	行事内容	神・妖怪	掲示物・供物	空間	特徴	出典
1	田方郡韮山町	八日節句	2月8日	履物を外に出さない。ヨナベを戒める	目一つ小僧			物忌みの重視。	1)pp.497〜498
		八日節句、師走八日	12月8日	同上。①赤い御飯のオニギリに味噌を付けて焼いて、囲炉裏のはたで主人がウンウンなりながら食べる習俗があった。この家は病人がいるなと目一つ小僧が寄らずに帰るという。②針仕事はしていけない。③12月8日に悪者が罪人帳といって、悪病にかからせようとする人の名前を書き入れる帳面をもってきて、道祖神に預け、来年の2月8日に取りにくるまで記入しておくように頼んで帰るので、村の人は悪者に帳面を返されては困るので、正月14日にどんどん焼きをして道祖神ごと焼くのだという話が残されていた。	目一つ小僧	赤い御飯のオニギリに味噌を付けて焼いて、囲炉裏のはたで主人がウンウンなりながら食べる		赤飯のおにぎり。道祖神と密接な関係がある。12月1日はカワピタリ。11月20日は恵比寿講。	1)pp.497〜498
2	伊東市吉田	一つ目小僧	12月8日	山の神を祭る。この神は目が一つで足が一本しかない天狗だといわれた。この日、目籠を竿のさきにつるして軒先に立て、ヒイラギの枝を玄関にさしたりした。	〈山の神(天狗)〉	目籠、ヒイラギ	軒先、戸口		2)pp.562〜563

No.	地名	名称	期日	行事内容	神・妖怪	掲示物・供物	空間	特徴	出典
3	裾野市	目一つ小僧の日、ヨウカゾウ	2月8日	目一つ小僧が山から降りて不幸をもたらすから履物を外に出さない。メカゴを竹竿の先に吊し軒先に立てる。グミ木をイロリで燃やす。	目一つ小僧	目籠	軒先	毎月八日に旅立つことを忌み、またこの日は何をするにも厄日だとされている。コト八日などの名称はなく、目一つ小僧の日が一般的。	3)pp.480〜489
4	沼津市三津	節供はじめ	2月8日	ヒイラギまたはバラを門口にさし、目籠を竹竿の先につけて立てかけたり、米のとぎ汁を家の入口にまいたりタライにくんでおいて目一つ小僧がこないようにした。	目一つ小僧	ヒイラギ、バラ、目籠	握飯	針供養	9)pp.730〜731
	節供おさめ	12月8日	目一つ小僧は2月に稼ぎに行って12月に帰ってくる。この日は握飯をテッキに焼いて食べるものだった。	目一つ小僧	同様	同様	針供養	9)pp.730〜731
5	沼津市	八日節供	2月8日	八日は外出や外泊を慎む。長い竹竿のウラッポにヒイラギやグミの枝をさした目籠を被せて家の軒先に立てておき、竹竿の元には米のとぎ汁を入れた盥をおいた地域が多い。履物や農具などを外に出さない。	目一つ小僧	目籠(ヒイラギ、グミ)、盥	軒先	2月8日は厄日にされ、目一つ小僧が山からやってきて災いをもたらすという。子供達にとって一年で一番恐い日である。	8)p.436
	八日節供	12月8日	同上	同上	同上			8)p.436

表 357

No.	地名	名称	期日	行事内容	神・妖怪	掲示物・供物	空間	特徴	出典
6	沼津市内捕地区	八日節供(節供始め)	2月8日	①バラの枝を戸袋にさし、赤飯の握り飯をつくり、一つは外に出しておく、これは目一つ小僧がこれを食べて奉公口をさがすようにとの意があるという。②ネギを食べ、赤飯の握り飯を作り親戚に配ったりした。西浦地区では赤飯または小豆飯を食べ、残りをおにぎりにして夕飯に焼いて食べた。	目一つ小僧	バラの枝、赤飯	戸袋、屋外	阿須決め、ネギ	8)pp.436～437
		八日節供(節供納め)	12月8日	2回とも同じことを行う地域と少し異なる地域があった。				2月と12月、年二回行なうところもあり、そこで二月は節供初め十二月は節供納めといった。地区によって2月は行なわない所もあった。	8)pp.436～437
7	御殿場市上小林	ヨウカゾウ、コトヨウか	2月8日	①目籠を高竿にさげる。履物や洗濯物を戸外におくと目一つ小僧が判を押していき、それを身につけると足が痛くなったり病気になるので、家の中に片付ける。囲炉裏でグミの木を燃やすといやな臭いが出るので、目一つ小僧がこないと言われている。②ある家ではアズキメシを椿の葉8枚に各々盛って神棚の下に台をつくりその上に並べた。ヨウカゾウの神様に進ぜる。	目一つ小僧	目籠、小豆飯	軒先、神棚の下の台	ある家ではアズキメシを椿の葉8枚に各々盛って神棚の下に台をつくりその上に並べた。ヨウカゾウの神様に進ぜる。針供養	9)p.622
8	富士宮市黒田	八日節句	2月8日	赤飯を炊き、神々に供え、家々の繁栄を祈る。	〈神様〉	〈赤飯〉	〈神棚など〉	針供養	2)p.553

No.	地名	名称	期日	行事内容	神・妖怪	掲示物・供物	空間	特徴	出典
8	富士宮市黒田	八日節句	12月8日	同上。	同上	同上	同上		2)p.563
9	庵原郡由比町屋原	八日餅	2月8日	朝、餅をつき神前に供える。餅つきに使用した手がえしの水又は米とぎ水を入れた桶を入口に出しておく。「子供の着物を質においても必ずつけ」と言い伝えがあり、子供の無事息災を祈る。		桶〈餅〉	入り口、〈神棚〉	昔は毎月八日に行い、太平洋戦争の前は2, 5, 9, 12月に実施。	2)p.553
	八日餅	12月8日	同上			同上	同上		2)p.563
10	安部郡清沢村黒俣		2月8日	八日神様に、粟餅12個を供える。(閏年は13個)	〈八日神〉	〈粟餅〉			2)p.553
			12月8日	同上	同上	同上			2)p.563
11	藤枝市(七人隠れの山の神写真)	山の神様、山の講	2月8日(12月8日)	①「お八日」と称して山の神様の日とした。この日は山の神様が山を見回る日だから山へ入って邪魔をしてはいけないといい、木を伐ってもいけないと伝えた。②仕事を休み牡丹餅を作って食べた。③2月8日は「山休み」「山の神」と称して、麦蒔きが終わってから、寒中にかけて薪や焚木を狩り出していたので山の神を祀った。④「山休み」。膳の上に女笹を敷き、餡をつけないほどの牡丹餅24個並べたものを元は2膳(現在1膳)をを作って、座敷で山に向かって供える。山の神に供えたぼた餅を食べると風邪にひかないというところもある。⑤12月8日に金山様を祀った。役員の3軒で、早朝、子供に赤飯の三角むすびをくれた。	〈山の神〉〈金山様〉	〈牡丹餅〉	〈座敷〉〈山の神様〉	藤枝市では2月8日に重点を置き、この日を山の神様の日とする例が圧倒的に多い。牡丹餅、おこわ(赤飯)。山に行かないことは共通(山に行くと怪我をするという)。	4)pp.353〜357

表 359

No.	地名	名称	期日	行事内容	神・妖怪	掲示物・供物	空間	特徴	出典
11	藤枝市(七人隠れの山の神写真)	コト八日(山の神様の祭り)(コトハジメ・コトオサメ)	2月8日・12月8日	①(コト八日)山の神様の祭りで、この日山に行っては行けない。山道具持ってもいけない。12月も同様で、山の忌みの日。②(2月コトハジメ・12月コトオサメ)2月8日は「山休み」。朝、餅を折敷に盛って山の神様に供える。この日は山の神が猟を行う日だから、山に入らない。	〈山の神〉	〈牡丹餅〉	〈山の神様〉	山に入らない。コトハジメ・コトオサメの餅	4)pp.353〜357
		風邪の神送り(山の神様の祭り)	2月8日(12月8日)	①2月8日は「山休み」。この日折り掛けに神酒を入れ、南天をさして供えた。また、「風邪の神送り」で子供達が風邪の神を送るよーと唱えながら真竹の笹をもって笹川峠へ風邪の神を送った。この日餅を搗いた。②山の神様の日で休む。この日「八日牡丹餅」と称して牡丹餅を作り、並年には12個、閏年には13個床の間に供え、家族も共食した。2月は朝、12月は夜に注意しなければならないとした。またこの日、村行事として大山石尊のお礼を竹に挟んで、「風邪の神よおくるよ」と唱え村境まで送ってその竹を立てた。	〈山の神〉、風邪の神	〈牡丹餅〉、お礼を挟んだ竹	〈床の間〉、村境	12月に行なう所もあり、村境まで送って竹を立てる。②は三つの要素が同時に行われる。	4)pp.353〜357

No.	地名	名称	期日	行事内容	神・妖怪	掲示物・供物	空間	特徴	出典
11	藤枝市（七人隠れの山の神写真）	ツボハタキ	2月8日・12月8日	秋の収穫・脱穀の際落ちこぼれた米をハタキ餅にして神棚に供えずに臼だけに供えた。この日、暮らしの大変な人が頬かむりをして顔をかくし、「お八日を呼んでおくんなさい」といって門口に立った。家人は、横を向いてツボ餅を差し出して与えた。	暮らしの大変な人	〈ハタキ餅〉	〈臼〉、門口	門口に立つ者は一種の来訪神であろう。	4)pp.353～357
12	志太郡大井川町藤守	事始め	2月8日	荒れる日として、オボタを作り米飯を炊いて神仏に供える。			オボタ		2)p.553
13	榛原郡金谷町竹下	山の講	12月8日	山の講とて山に入らない。	〈山の神〉				2)p.563
14	榛原郡中川根町徳山	山の講	2月8日	山の神を祀る。	〈山の神〉				2)p.553
15	榛原郡相良町片浜字大機	やくはらい	2月8日	夜12時から、すすはきの竹に白紙を切ってつけ、15才の少年がもち、他は各自笹をもって部落の奥から6～15才までの少年全員で「なアーり神を送るよ」と唱えながら、雨戸を戸毎に払っていく。各家からはお礼として一銭5銭くれた。全部落を終わると15才の者が後ろを振り返らないで海まで走って行き、竹や笹を納め終わると殆ど夜が明けはじめる。	ナアーリ神	竹に白紙、笹		ムラの行事	2)p.553

表　361

No.	地名	名称	期日	行事内容	神・妖怪	掲示物・供物	空間	特徴	出典
15	榛原郡相良町片浜字大機	やくはらい	12月8日	同上、「師走八日をおくるよ」と唱える。					2)p.563
16	小笠郡菊川町横地	山の神様の日	2月8日	山に入ってはならない。				節分の日に魔除けの目籠伝承がみられる。正月17日も山の神様	5)p.123
		コトオサメ	12月8日	餅つきをして、神棚に供える。		〈餅〉	〈神棚〉	餅つき	5)p.131
17	磐田市磐田(節分の目籠写真)	師走八日、八日様(八日餅)	12月8日	「八日様」と称して何の神様かわからないが、餅を作り、神棚に供えた。なお、師走八日の別れ餅といって奉公人の契約更新の日である。	〈神様(八日様)〉	〈餅〉	〈神棚〉	八日餅の行事は県内中西部によく見られる伝承。2月の節分には目籠伝承が見られる。	6)pp.158〜159
		節分	2月初旬	厄よけの「豆まき」「目籠」(オニオドシ)「ヤイカガシ」。節分の日、目籠に柊やとべらの葉をつけ、これを逆さに結わえ付けた長い竿を庭先に立てる。(見付)では、明治の頃の話だが、門口に1メートルほどの四本竹を立て、その上に杉皮で屋根をふいた小さな家をのせ、中にご馳走をいれておくと悪病が入らぬと言う。				目籠、笹神類似伝承(杉利用)。	
18	磐田郡豊岡村	八日様の日	2月8日	(栗下)では山の神様が赤い頭巾を落としたのでこの日に拾いに来る。そこでこの日に山に行ってはならないという。	〈山の神〉			山に行ってはならない。2月と11月7日に山仕事の人が「山の講」といって山の神を祭る。	7)p.351

No.	地名	名称	期日	行事内容	神・妖怪	掲示物・供物	空間	特徴	出典
18	磐田郡豊岡村	八日様の日	12月8日	①「インネコまじない猫の糞」といってオクドの　を子供の額につける。②同じ日、奉公人を雇っている家では、オコウやぼた餅を作って奉公人に振る舞った。					7)p. 351

表16「コト八日」長野県

No.	地名	名称	期日	行事内容	神・妖怪	掲示物・供物	空間	特徴	出典
1	上水内郡戸隠村	コトジマイ	12月8日	コト納めの餅をつく				餅つき、コトオサメの餅。	1)p. 261
2	下水内郡栄村暮坪	ことのだんご	2月8日	ダンゴを床の間に上げたり、また神様・仏様に供えるなどををする。その後一時間ほど供えたら、下げて家の者が食べる。2月8日はすべての始まりの日であるため、朝に供える。		〈団子〉	〈神棚、仏壇〉	コトの日の団子	1)p. 388
		ことのだんご	12月8日	行事内容は同上。ただし、12月8日は一年のおさめの日であるため、夕方に供える。		同上	同上		1)p. 388
3	南安曇三郷村中萱	コト八日						餅	1)p. 988
4	東筑摩郡朝日村針尾	おようか						餅	1)p. 988

表　363

No.	地名	名称	期日	行事内容	神・妖怪	掲示物・供物	空間	特徴	出典
5	下伊那郡南信濃村木沢	カゼの神送り（コトハジメなど）	2月8日	カゼの神、厄神を村外へ追い払う行事。まず、サンヨリと呼ばれるワラジを作り家の中で振り回し、門口に立てかける。その後夕方になると、子供達がそれらを回収し、禰宜を先頭に村境まで行列する。到着後、禰宜が払いを行い子供達はサンよりを投げ捨てる。少し戻った場所で子供達が、禰宜が差し出した小刀の下をくぐり抜け、終了となる。	カゼの神、厄神	草鞋	門口、ムラ境	1960年前半まで。オヒヤシ（生米を冷やし臼でついて生のまま固めたダンゴを、笹の葉で包んでワラで結んだもの）。草鞋を投げ捨てる。	2)pp.40〜41
		カゼの神送り（コトオサメなど）	12月8日	行事内容は2月8日のカゼの神送りと同じ。ただし、カゼの神を送る方向が異なる。	同上	同上	同上	方向が異なる。笹神の方向との関連性。	2)pp.40〜41
		針供養の日	2月8日・12月8日	オハギやゴヘイモチをつくって食べる。この晩縫い物をするとコトコトバアサンが覗きに来る。					2)p.41
6	真田町真田	馬引き（道祖神、ドーロクジン）	2月8日	朝早く餅をつき小豆の餡をつけ、それを藁どの俵に入れ、ワラウマの背中に括りつけ、ウマを引いて道祖神に行き、供えてお参りをする。またウマを引いて帰り、ワラウマを車からとって屋根へ投げ上げる。	〈道祖神〉	〈藁馬（餅）〉	ムラ境（道祖神の場所）、屋根	小豆餅、屋根へ投げあげる。屋根とムラ境の空間的共通性。	3)pp.292〜293
7	真田町岡保	馬引き（道祖神、ドーロクジン）	2月8日	早朝に餅をつき、ワラマにつけて道祖神に供える。餅は近所にも配る。	〈道祖神〉	〈藁馬（餅）〉	ムラ境（道祖神の場所）		3)p.293

No.	地名	名称	期日	行事内容	神・妖怪	掲示物・供物	空間	特徴	出典
8	真田町荒井	馬引き(道祖神、ドーロクジン)	2月8日	餅をつき、あんこ餅、きなこ餅をつくって道祖神に供える。餅は近所にも配る。	〈道祖神〉	〈餅〉	ムラ境(道祖神の場所)		3)p.293
9	真田町戸沢	馬引き(道祖神、ドーロクジン)	2月8日	朝にネジを持ち、ワラウマをつけた車を引き、子供をオブって道祖神にお参りをする。この時道祖神の前で行き合った人同士でそれぞれネジの交換をする。交換したものが自分の家のものより上等であると、組勝ったと言って喜ぶ。道祖神から持ち帰ったものは家中で食べる。ネジ作りは、子供が生まれて初めて初午の日を迎えた家で盛大に行い、隣近所や親戚にもネジを配る。	〈道祖神〉	〈藁馬(ネジ)〉	ムラ境(道祖神の場所)	ネジ(うるち米を粉にしたものをこね、鳩などの形にする。また食紅などを使い見ばえのする物を神棚、仏壇に上げる)。	3)pp.293～294
10	南佐久郡小海町宮下	馬引き(道祖神、ドーロクジン)	2月8日	ドーソジンが商いに出かけていくといい、米の粉でネジを作ってワラウマにつけて道祖神碑まで供えていく。	〈道祖神〉	〈藁馬(ネジ)〉	ムラ境(道祖神の場所)		4)p.540
			12月8日	ドーソジンが商いに負けてこっそりと帰ってきて、米びつの陰に隠れているといい、おはぎをつくって米びつの上に供える。(同郡佐久町上本郷や八千穂崎田の伝承があり、いずれも12月8日・2月8日に祭りを行なう。また上本郷では行事に子供の関与が見られるという。)	〈道祖神〉	〈おはぎ〉	〈米びつの上〉	道祖神祀りではない。	4)p.540

表　365

No.	地名	名称	期日	行事内容	神・妖怪	掲示物・供物	空間	特徴	出典
11	諏訪郡下諏訪町下の原		2月8日	厄病神を追い払うため、木戸先でこしょう、さいかちの実、ねぎ、籾殻などをいぶす。	厄病神		木戸先		4)p.541
12	諏訪市豊田文出	コトエブシ	2月8日	厄病神を追い払うため、木戸先でこしょう、さいかちの実、ねぎ、籾殻などをいぶす。	厄病神		木戸先		4)p.541
13	茅野市北山湯川		2月8日	木戸先でこしょうなどをいぶした後、餅をついて道祖神に供えに行き、道祖神の口に餅を塗りつける。それは道祖神がムラの様子を疫病神に話すのを防ぐためだという。	厄病神〈道祖神〉	〈餅〉	木戸先、ムラ境（道祖神）		4)p.541
14	下伊那郡上村中里	ヨーカサマ	2月8日	総代の家にムラの人々が集まってお日待ちをし、悪霊を追い出す。					4)p.541
15	松本市両島	お八日念仏	2月8日	木戸先でこしょう、さいかちの実、ねぎ、籾殻などをいぶす。ムラの入り口に大きなワラジを下げ、悪い病気などが入ってこないように祈る。ワラでアシナかやワラジを作り、念仏を行なってムラ境にかけて一年の無病息災を祈る。	悪い病気	草鞋	木戸先、ムラ境（ムラの入り口）	念仏	4)p.541
16	諏訪郡富士見町若宮		12月8日	お神酒をあげ、オカケジをかけて金山様を祭る。道具屋を招いてもてなす。				鍛冶屋の行事	4)p.563

No.	地名	名称	期日	行事内容	神・妖怪	掲示物・供物	空間	特徴	出典
17	塩尻市北小野宮前	フィゴマツリ	12月8日・9日	金山様の祭りをする。この日は従業員一同仕事を休み、宴会を開いて祝う。				鍛冶屋の行事	4)p.563
18	下高井郡山ノ内町横倉	フィゴマツリ	12月8日	心安い友人や親戚を招待して祭りをする。この時不動さんの持つ新しい剣を作り、火事場の部屋に飾ったという。				鍛冶屋の行事	
19	上水内郡信濃町上柴津		12月8日	フィゴを祭るとも、不動明王を祭るとも言う。				鍛冶屋の行事	4)p.564
20	茅野市玉川菊沢	コトの日	2月8日	門口でさいかちと唐辛子を中に埋めたもみぬかをいぶす。	厄神		門口		5)p.553
21	松本市入山辺	初午、オヨーカ(馬引き)	2月8日	朝早くに門口でこしょうや籾殻などを燃やして厄除けをする。また各地でオヨカノモチをついて、この日までに作っておいた一尺から一尺三寸位の小さなワラウマに餅をつけて道祖神碑まで引いていく。餅は道祖神碑に塗りつけくる。お神酒や赤飯を供える家もある。	厄神〈道祖神〉	藁馬〈餅〉	門口、ムラ境(道祖神)		7)p.135〜136
				お神酒や赤飯を供える家もある。		〈御神酒、赤飯〉	〈神棚など〉	初午の行事	

表　367

No.	地名	名称	期日	行事内容	神・妖怪	掲示物・供物	空間	特徴	出典
22	松本市上手町	風邪の神送り、貧乏神送り（馬引き）	2月8日	早朝木戸先でモミガラ、トーがラシを焼く。早朝木戸先でモミガラ、トーがラシを焼く。それから餅をつきドーソジンに供えるが、誰よりも早く供えるとドーソジンが願いことを適えてくれるといわれる。夕方トーヤに各戸から藁束を持ち寄り、太い木を心棒にして馬をつくり、ワラでジイサン、バアサンという人形を作って馬に乗せる。完成後、会員が車座になって念仏を唱え、その後、「ビンボーガミ送り出せ、風邪の神送り出せ。」と唱えながら地区中を引き回し、途中で火をつけ、村境の田んぼで焼き払う。	風邪の神、貧乏神〈道祖神〉	藁馬（御神酒など）〈餅〉	木戸先、ムラ境		7)p.146
23	松本市奈良尾	風邪の神送り貧乏神送り、粕念仏	2月8日	早朝木戸先でモミガラ、トーがラシを焼く。かつては風邪の神は辛いものが嫌いだといって水車で引いたモミガラをジューノにおきを入れてその上に乗せ、そこへコショーをかけて木戸先へ置いた。餅をつきドーソジンに供える。ドーソジンに供える餅は、少し残りを持ち帰り、御供だといって食べた。夕方、公民館に小学生と各戸一名の大人がワラ一束持ち寄る。太い木を芯にして馬と人形を作る。その間女性が粕汁をつくり、完成した馬に供える。その後、「ビンボーガミ送り出せ、風邪の神送りだせ。」と唱えながら地区中を引き回し、途中で火をつけ、村境の田んぼで焼き払う。	風邪の神、貧乏神〈道祖神〉	藁馬（粕汁）〈餅〉	木戸先、ムラ境		7)p.146

No.	地名	名称	期日	行事内容	神・妖怪	掲示物・供物	空間	特徴	出典
24	松本市原	ヨーカ念仏	2月8日	女性と子供が主体となり、大きな数の珠を持って各戸を回り「ナンマイダボ」と念仏を唱える。最後にトーヤで出し合ったお金をもとに豆腐料理をご馳走になる。この日夜明け、悪病神を追い払うといって木戸先に籾殻やコショー、サイカチの実などに火をつけていぶした。	悪病神		木戸先	念仏行事	7)p.146
25	松本市厩所	風邪の神送り貧乏神送り	2月8日	早朝、木戸口でモミガラ、トーがラシ、抜けた髪の毛などを焼く。それから餅をつきドーソジンに供え、また塗りつける。午後、公民館に大人がワラを持ち寄り、ビンボーガミに見立てたジジ、ババと呼ぶ男女の人形を乗せたワラウマを作る。完成後、円座になって鉦を叩きながら「南無阿弥陀仏」と念仏を唱える。その後、風邪の神追い出せ、貧乏神送り出せ。」と囃子ながら川まで運び、そこで再び円座になって念仏を唱え、最後に焼き払う。このあと後ろを振り向くと払った厄がついてくるといい、一目散に公民館まで戻る。	風邪の神、貧乏神〈道祖神〉	藁馬(ニンジンなど)〈餅〉	木戸先、川		7)pp.146〜147

表 369

No.	地名	名称	期日	行事内容	神・妖怪	掲示物・供物	空間	特徴	出典
26	松本市中山	八日の年取り	2月8日	餅をつき年取りの真似ごとをする。若木と言ってナラなどの雑木の枝を表に並べ、お神酒をあげ、御飯を供える。		御神酒・ご飯		餅つき	8)pp.111〜112
27	南佐久郡北相木村	馬引き(道祖神、ドーロクジン)	2月8日	この日のためにワラで馬、人形をを作り、これにそば粉や米の粉で作ったネジモチ、あるいはオネジと呼ばれるものを、この日の朝家々で作り、これをワラツトに4〜5個入れる。これを車のついた台の上に乗せて、ドーロク神の所まで引いて行く。ネジモチはドロク神に一つ供え、残りはネジクシといってその時ドーロク神の所まで引いてきたものと、それぞれのネジモチを交換して家に持って帰ってくる。自らのネジモチの方が立派だった場合、「勝った」という。ネジモチを食べると一年間無病息災だという。または初孫が生まれた家の者は、子供が丈夫に育つといって、念入りに行なう。最後にワラ馬は屋根の上に投げ上げる。	〈道祖神〉	〈藁馬(ネジ餅)、藁人形〉	ムラ境(道祖神の場所)、屋根	藁馬だけを屋根に投げあげる。	9)p.19
28	南佐久郡川上村梓山	馬引き(道祖神、ドーロクジン)	2月8日	朝に(1月14日の道祖神祭りの際に立てた)オンべを倒す。またこの日には藁で馬を作り、その背中に団子などをいれた俵(ネジクミ)をつけて、道祖神に供え、また家々で交換し合うなどをした。	〈道祖神〉	〈藁馬(団子)〉	ムラ境(道祖神の場所)	おんべを倒す	10)p.122

No.	地名	名称	期日	行事内容	神・妖怪	掲示物・供物	空間	特徴	出典
29	南佐久郡川上村秋山	馬引き(道祖神、ドーロクジン)	2月8日	朝に(1月14日の道祖神祭りの際に立てた)オンベを倒す。団子や餡の入った餡頭を俵に入れ、藁馬の背につけて道祖神に供え、それを交換し合う。	〈道祖神〉	〈藁馬(団子)〉	ムラ境(道祖神の場所)		10)p.124
30	南佐久郡川上村川端下	馬引き(道祖神、ドーロクジン)	2月8日	藁で馬を作り、背中に米の粉の団子などをワラにくるんだネジクミを乗せて、道祖神に供え、また他の家々と交換する。その後(1月14日の道祖神祭りの際に立てた)オンベをころがす。	〈道祖神〉	〈藁馬(団子)〉	ムラ境(道祖神の場所)		10)pp.124～125

表　371

あとがき

　柳田国男と折口信夫は日本民俗学を代表する学者である。柳田国男の柳田民俗学と折口信夫の古代学はいずれも日本の神の存在を解明することを目指したといえる。本書では、「コと八日」というテーマを通して、日本の民間信仰や年中行事を分析するための民俗学的視点や方法論とは何かを考えてみたかった。とくに、柳田民俗学の祖霊一元論・稲作一元論が神や儀礼の性格を一元的に捉えた原因であると判断したうえ、折口信夫の依代論やマレビト論から、神や儀礼の多元論的研究の新しい可能性を探ろうとした。

　柳田国男の「田の神・山の神去来信仰」は、年中行事研究において稲作農耕儀礼中心の基盤をつくったものである。また、そこには柳田国男の「一つ目小僧＝山の神零落」説が潜んでおり、これによって「妖怪」および山の神が田の神として一元的に捉えられた。「コト八日」の農耕儀礼説はまさにこれに当てはまるが、＜山の神・災厄よけ＞の儀礼的特徴が、＜田の神・農耕儀礼＞のなかに同化かつ吸収されていた。これが柳田民俗学を無批判的に受用したためであるのはいうまでもない。

　しかしながら、柳田民俗学の「田の神・山の神去来信仰」は神や霊的存在の解明から儀礼の性格を明らかにする視点をすえたものである。むしろ、こうした分析視点じたいを発展的に継承しなかったところに大き

な問題があったとも思われる。

そもそも折口信夫の分析概念としての依代とは精霊（災厄）の対立概念といえる。また本書で筆者はこの依代を単独概念ではなく〈依代（物体）-来訪神〉、〈依代（人）-まれびと〉の連続概念として把握すべきと主張した。これによると、山の神の依代としての目籠、足半などの依代じたいが来訪神祭祀であり、祭祀の目的はあくまで災厄鎮圧となる。本書の学術的な意義は、災厄よけ儀礼を農耕儀礼と分離する学術的基盤を立てるところにあったともいえよう。

日本の年中行事において仏教と習合されたものと、習合されていないものがある。農耕儀礼が仏教と結び付くことはほとんどないが、来訪神祭祀は明らかに仏教民俗として存在していた。当然、時期的に来訪神祭祀が仏教より先行しているが、そこに仏教の土着信仰化が明らかである。仏教はあくまで来訪神祭祀の災厄鎮圧という目的にそって習合され、来訪神の力を増すことが期待されたと考えられるからである。したがって、一つ目小僧とは、山の神が零落したものではなく、仏教民俗を基盤とした来訪神と考えなければならない。

このような結倫は折口信夫の依代やマレビトという優れた分析概念があるから可能であった。柳田民俗学は最終的に「祖霊信仰」を提出したが、一方、折口信夫のマレビト論は「死霊信仰」を前提としている。日本民俗の「固有」的性格はどこにあるのだろうか。本書ではその性格を「祖霊」から「死霊」に転換させるための議論でったと言っても過言ではないのである。

曺圭憲(ジョ ギュホン)

祥明大学韓日文化コンテンツ学科助教授。
早稲田大学大学院人間科学研究科博士課程修了。博士(人間科学)。
専門は日本文化(日本民俗学)。
共著に『新東北アジアの文化原型と地形図(신동북아 문화원형과 지형도)』(中央大学外国学研究所、二〇一五年)、『老年の風景(노년의 풍경)』(グルハンアリ、二〇一四年)、『帝国日本の文化権力1(제국 일본의 문화권력 1)』(翰林大学日本学研究所、二〇一一年)、『日本社会文化演習(일본 사회문화연습)』(韓国放送大学、二〇一一年)などがある。

「コト八日」の祭祀論的研究

초판 인쇄 | 2017년 2월 28일
초판 발행 | 2017년 2월 28일

저　　자 曺圭憲

책임편집 윤수경

발 행 처 도서출판 지식과교양
등록번호 제 2010-19호
주　　소 서울시 도봉구 쌍문1동 423-43 백상 102호
전　　화 (02) 900-4520 (대표) / 편집부 (02) 996-0041
팩　　스 (02) 996-0043
전자우편 kncbook@hanmail.net

ISBN 979-11-5562-115-8 93380　　　　　　　　　　　　**정가** 28,000원